甘肃省黄河国家文化公园建设 专项资金资助

兰州大学黄河国家文化公园研究院

◎ 黄河文化研究丛书

◎ 总主编 彭岚嘉 杨建军

大河文明视域下的
乡创美学

孙若风 ◎ 著

兰州大学出版社
LANZHOU UNIVERSITY PRESS

图书在版编目（ＣＩＰ）数据

大河文明视域下的乡创美学 / 孙若风著. -- 兰州 ：
兰州大学出版社，2024.10
（黄河文化研究丛书 / 彭岚嘉，杨建军主编）
ISBN 978-7-311-06598-0

Ⅰ．①大… Ⅱ．①孙… Ⅲ．①黄河流域－农村文化－
建设－研究 Ⅳ．①G12

中国国家版本馆 CIP 数据核字(2024)第 003014 号

责任编辑　马媛聪
封面设计　倪德龙

书　　名　大河文明视域下的乡创美学
作　　者　孙若风　著
出版发行　兰州大学出版社　（地址:兰州市天水南路222号　730000）
电　　话　0931-8912613(总编办公室)　0931-8617156(营销中心)
网　　址　http://press.lzu.edu.cn
电子信箱　press@lzu.edu.cn
印　　刷　兰州人民印刷厂
开　　本　710 mm×1020 mm　1/16
成品尺寸　170 mm×240 mm
印　　张　15.75
字　　数　246千
版　　次　2024年10月第1版
印　　次　2024年10月第1次印刷
书　　号　ISBN 978-7-311-06598-0
定　　价　60.00元

（图书若有破损、缺页、掉页,可随时与本社联系）

中国乡创美学的曙光（代前言）

有乡村就有乡村文创。中国乡村文创可以追溯到黄河流域和长江流域的仰韶文化、龙山文化、大汶口文化、河姆渡文化和半坡文化等，从旧石器时代、新石器时代到青铜时代的种种石器、陶器、玉器以及金属制品，很多都是当时的文创产品。《诗经》记载，周朝先祖不窋带领族人改地穴式居住为窑洞，这项如今已经成为国家级非物质文化遗产的技艺，从建筑文化角度来看，未尝不是我们今天开展乡村建筑包括乡村民宿的创意源头之一。作为一个农耕文明的代表性国家，几千年来与农业生产、农民生活相联系的文化创新、创造绵延不绝，是我国乡创美学的历史积淀。

按照鲁迅的观点，我国文学艺术的觉醒时期是在汉魏六朝，在这个时期，因为人的觉醒，带来了文学艺术的自觉。中国的乡村之美也在这个时候有了新的发现。以王羲之的《兰亭集序》为代表的山水文艺，以陶渊明的《桃花源记》《归园田居》组诗为代表的田园文学和乡居文学，深刻影响了乡土中国的文人趣味。而在乡村田野之间，我口唱我心、我手绣我情的各类民间艺术，不仅陪伴了祖祖辈辈厮守那方土地的农人，而且滋养了一代又一代的中国文学艺术，也为今天在乡村开展特色文化产业提供了直接支持，成为乡创美学的灵感源泉。

中国的乡村文化发展是内源性力量与外部力量的结合。土地革命时期，特别是抗战时期大批知识分子奔向革命根据地，许多文艺工作者深入乡村，深入农民，创作出了一大批文学、美术、音乐、戏曲等各种艺术门类的作品，成为不朽的红色经典，这些文艺工作者也成了今天进入乡村的艺术家、设计师和创客的先行者。

今天的乡创美学迎来了重大的发展机遇。乡村文化是中国传统文化复兴的试金石，也是文化强国的基石。如果说欧洲文艺复兴的发源地在小镇，当代中国的文化复兴基地则是在乡村。中国的文化复兴当然离不开城市这个主战场，但是，乡村将是它开辟的另一个主战场。城市更新与乡村振兴，构成了当代中国文化的辉煌交响。就如同城市文化会以恰当的方式进入乡村一样，乡村文化也会在城市中酝酿、发酵。在这样的双向交流中，怀有乡土情结、向往叶落归根的中国人，更倾向于把城市文化场景变成对乡村环境的模拟，把城市艺术的旋律变成对乡村艺术的回响。乡村振兴的大幕已经拉开，乡村已经从边缘走到国家经济社会发展的中央，乡村农业和乡村文化也将在举世瞩目中得到精耕细作，成为中国未来发展方案中浓墨重彩的一笔。从文化演进看，乡村既是当前发展的短板，又是未来发展的洼地，中华文化的复兴，将定格在它的返乡之旅与再出发征程中。

在当前的乡村文化发展中，参与者、建设者的主体结构发生了积极的变化。越来越多的艺术家、设计师把眼光投向了乡村，让艺术介入乡村。这种村落再生实践，是出于艺术的敏锐，也是出于对乡村艺术的向往，他们会真诚地向乡村艺术家和传承人学习，尊重生活在乡村里的居民，有想法会和他们商量，寻找最佳的艺术解决方案，小心翼翼地还原乡村应有的面貌，保护乡村艺术的生命力。事实证明，真正的艺术家、设计师凭借其职业敏感度和专业素养，更能辨识当地的生活之美和艺术之美，并把它们提炼和呈现出来，帮助当地居民更好地发掘乡村艺术，呈现或重塑乡村艺术之美。解决乡村的内源性力量与艺术界前沿力量的关系，用艺术拯救衰败的村落，这在日本等国家已经有了成功的案例。21世纪以来，我国的艺术界也表现出主动走向公共的积极变化，"艺术介入乡村"作为一种潮流方兴未艾，开放的乡村欢迎这种力量。最重要的还是让农民参与，让农民动手，让农民成为创造的主体。中国的农耕文明，源远流长，博大精深，乡土文化深植于我们的体内，成为民族文化的基因。回归这样的场景，会让人感到熟悉、亲切，于是触景生情，心领神会，于心戚戚，然后有所发现、有所创造。因此，必须返回乡村，返回曾经文化与庄稼一起生长的土地，立体式地搜寻，沉浸式地体会。轻抚这里的草木，一草一木皆关情；与这里的百姓交流，乡言乡音有共鸣。

乡村是中国传统美学的故乡。乡村有最适合中国式审美的语境。孔子是面向乡村的，所以他说"礼失而寻诸野"；老子、庄子的核心语汇，比如山、水、自然，都在乡间；王阳明创立心学的灵感来自多年的乡村生活，最后在龙场悟道。在很大程度上，中国传统美学是开在乡村的花朵。今天，在乡村文化建设上，政府、社会组织、企业、村民、新农人、设计师和艺术家之间，共同语言最多，最容易达成共识，其原因就是他们有着共同的审美追求。

以乡村为论场，是重构中国审美话语体系的基础。大学、科研机构是建设中国审美话语体系的重镇，书房、课堂也是研究、阐发中国审美话语体系的场所。我们希望的是，能够把研究的目光投向乡村，关注乡村与中国审美的关系、历史，更要关注今天发生在乡村的审美实践和审美经验。我们期待，在乡村会有美学工作者的身影，更会关注乡创一线的艺术家、设计师、创客作为乡创美学主体力量的崛起。

近现代以来，中国美学经历了第一阶段蔡元培提出的以美育代替宗教，第二阶段以朱光潜、宗白华为代表的生活美学，第三阶段以蔡仪、李泽厚为代表的实践美学，第四阶段以文化产业和公共文化服务为主导的文化建设理论表现出大众美学倾向，随之而来的乡创美学，终将成为未来中国美学之冠上的新明珠。

目　录

第一章　中国乡创的摇篮：黄河流域

一、黄河文化产业带的城市更新与乡村振兴

如果城市更新与乡村振兴能成为当今中国的一双眼睛，文化则是点睛之笔。破旧的老城、落后的乡村，向来被视为"老大难"甚至是包袱，但它们会因为城市更新与乡村振兴的文化协同，形成当今文化建设的"逆袭组合"，联袂演一场反转大戏，主题就是"迁徙中的精神原乡"。遍及中国的广大城乡都是这样的舞台，而黄河文化产业带将更多地出现在这个舞台的聚光灯下。

不言而喻，推动黄河流域的文化发展是一项系统性的工程，特别是要整合黄河流域的文物和文化资源，阐释黄河文化价值，弘扬黄河时代精神，加大管控保护力度，并且把发展公共文化服务放在十分突出的位置。而这些年来的事实证明，发展文化产业能有效传承和利用各种文化资源，尤其是特色文化资源，弘扬时代精神，与公共文化服务形成良性互动，造福于百姓。用黄河文化产业带的手指，叩击尘封已久的老城和乡村之门，能打开一个历史、现实、未来三进院落的"最中国"家园。

黄河流域城市更新与乡村振兴，将是又一次的"黄河对唱"。伟大的黄河述而不作，一如成长于这个流域的孔子。黄河岸边先民创造的文化，则是中华文化的母本，黄河流域城乡关系的演变，在当今的中国也最具有典型性和示范性。黄河作为中华文明的摇篮，也是孕育当今中国新的城乡关系的最佳场景。黄河流域城市更新与乡村振兴的文化协同，将改变城市与乡村各自发展的格局，让城市文化和乡村文化交错、交织在文化产业带

上，在城乡互动中实现文化"在地重组"，成为区域文化发展乃至中国文化发展的又一次动能转换。

文化和旅游部发布的《"十四五"文化和旅游发展规划》强调：加强区域间、城乡间文化产业发展的统筹协调，鼓励各地发挥比较优势，推动形成优势互补、联动发展格局。围绕国家重大战略，发展京津冀、粤港澳大湾区、长三角、成渝双城等文化产业群和黄河、长江、大运河等文化产业带。该文件明确提出要加强包括黄河在内的文化产业带建设。2021 年 9 月中旬，文化和旅游部在甘肃金昌举办"黄河文化产业带投融资促进活动暨金昌市文旅产业投融资对接平台活动"，这是较早以"黄河文化产业带"名义开展的活动。

把黄河流域建设成为文化产业带，是实施黄河流域生态保护和高质量发展战略的产物。这个流域的历史、民族、本土文化资源丰富，特色鲜明，对国内文化和旅游消费者有持续的号召力。历史上的中国产品与文化经由丝绸之路传至国外，曾掀起了一波波"中国风"，今天的"一带一路"倡议得到了广泛响应，增强了黄河文化在国际市场的吸引力。建立黄河文化产业带，是要把资源优势转化为产业优势，达到育民、乐民、富民的目的，满足消费者对黄河特色文旅产品的需求，壮大黄河流域文化产业实力，解决文化产业发展区域不平衡问题，让这个流域的百姓文化同享、有钱同赚。文化产业带的优势是具有纽带作用，把相关的文化区域贯穿成一个有机的整体，如同用一条锦链将散落的珍珠串在一起。白居易诗云："独绕回廊行复歇，遥听弦管暗看花"，我们期待文化产业带也有这种长廊审美效应，徜徉于此，有轻风，有斜雨，能捡到时光，捡到故事。

把黄河流域建设成为文化产业带，顺应了文化产业带状发展的趋势。文化产业团块发展、带状发展，依靠文化产业要素的集聚和辐射规律。这一思路与其他产业有相通之处，而文化产业的特殊性在于，除了一般产业所具有的聚散效应，还具有文化渗透、覆盖、融合能力。就文化产业带思路和效果而言，它是团块式发展与带状发展的结合体，是以黄河为轴线，联结沿河大小区域性文化产业团块。一个时期以来，黄河流域相关部门加强合作，为建设黄河文化产业带打下了基础。以黄河名义举办的不同层级、不同类型的文化产业活动，密切了产业联系和市场互动，例如兰州黄河文化旅游节，这项活动到2020年已经成功举办了十届。其他不少城市也举办了这样的旅游节。如今，国家启动建设黄河国家文化公园，开展黄河文化产业带建设，正当其时。

用文化产业带的方法促进黄河流域文化建设是一个创新。20世纪八九十年代，"文化线路"作为遗产类型的理念在国际上逐渐形成，2008年国际古迹遗址理事会通过了《文化线路宪章》，"文化线路"也由此进入世界遗产名录的范围。它注重区域合作，汇集文化遗产保护、旅游开发、休闲游憩、教育审美、生态维护等综合性功能。与文化线路相近的概念有历史路径、文化廊道、遗产廊道、线状遗迹等，美国黑石河峡谷、英国哈德良长城和东南欧文化走廊，是较早的案例。我国在20世纪90年代初由二十个部委参与的"万里边疆文化长廊建设工程"，以乡镇文化站为重点加强基层文化设施建设，初步搭建起边疆地区的公共服务平台，为保护和发展民族民间文化发挥了重要作用。2014年，原文化部和财政部联合发布了《藏羌彝文化产业走廊总体规划》，并着手实施"藏羌彝文化产业走廊工程"。这是国家第一个建设的文化产业带。这本是历史上的一条民族迁移大通道，汶川地震后，四川省首先提出将"藏羌彝文化产业走廊工程"作为灾后重建工程。在原文化部产业司的推动下，这项工程很快上升为国家文化产业工程，并且得到这条走廊涉及的陕西、青海、甘肃、四川、云南、贵州、西藏七省（区）的热烈响应。用"廊道"的思维建设文化产业带，显然是借鉴了此前国内外的相关理念和经验，而且共同之处是保护和利用特色文化资源，国外也已经把旅游休闲纳入此类工作的视野，但是我国明确提出建设文化产业走廊，是一个创举。

把城市更新与乡村振兴联系起来开展黄河文化产业带建设，或者说，把黄河文化产业带作为城市更新与乡村振兴之间的桥梁纽带，又将是一个创新。

就如同黄河在向前奔流中会汇入众多的河流，今天的黄河文化产业带建设就遇上了多方面的新的机遇。最需要关注的是两个方面：乡村振兴与城市更新。这是涉及中国城乡的两件大事，而文化在其中都有重要的分量。在《中华人民共和国乡村振兴促进法》中，文化振兴位列五大振兴的第三位，而且它能够全面赋能于产业振兴、人才振兴、生态振兴和组织振兴。与此同时，国家在"十四五"期间实施的城市更新行动，也受到了各方面的高度关注。这两件涉及中国城乡的大事，都贯穿着文化的旋律，尤其是在保护城乡文化、维护城乡肌理方面异曲同工。例如，反对大拆大建。2014年，原文化部产业司相关负责人到西宁参加"青洽会"期间举办的"国家藏羌彝文化产业走廊（青海片区）项目解读会"，对项目做了系统解读，而媒体报道时用的标题则是《中国建设藏羌彝文化产业走廊承诺不"拆真建假"》，可见社会对大拆大建的担心。城市更新方面，住建部发出通知，同样反对在城市大拆大建，要求不随意迁移、拆除历史建筑和具有保护价值的老建筑，不脱管失修、修而不用、长期闲置。不破坏老城区的传统格局和街巷肌理，不随意拉直拓宽道路，不修大马路、建大广场。鼓励采用"绣花"功夫，对旧厂区、旧商业区、旧居住区等进行修补、织补式更新，严格控制建筑高度，最大限度地保留老城区具有特色的格局和肌理。

　　用黄河文化产业带联结城乡，是因为这个流域的文化是城乡的共同创造，就像黄河流过之处不问城乡。中国是农耕文明类型的国家，千百年来城市依附乡村，紧贴着乡村，乡村与城市声气相通。虽然乡村也在不停地吸纳城市文化，但总体上说，中国社会是乡土中国，黄河流域的城市与乡村都有着鲜明的乡土气息。黄河是中华民族的发源地，中国最早的城乡雏形就出现在这里。传说周朝先祖在这里躬耕稼穑，开农耕文化先河。从夏朝孔甲年间到商代康丁年间古公亶父南迁岐山，周先祖在这里传十二代，《诗经》中以《公刘》为代表的诗篇，记载了这段辉煌的历史，也可以看出中国最早城乡的端倪。《公刘》中说："笃公刘，逝彼百泉，瞻彼溥原，乃陟南冈，乃觏于京。京师之野，于时处处，于时庐旅，于时言言，于时语语。"他们在这里筑城，也在这里躬耕。"七月流火"出自《诗经·七月》，它不仅记载了当时这里的农事活动，还可以将其看作黄河边上中国最早的乡村画卷。《诗经》里提到的小麦、高粱、糜子、韭菜、苋菜等农作物，至今仍在种植，农事和今天的一一对应，许多习俗延续至今。如今，老城墙依旧伟岸，周先祖陵已历经数千年风雨，当年的京师礼制与乡村烟火，留下了许多痕迹。周先祖最具标志性的贡献是把地穴式居住改为窑洞，"窑洞营造技术"现已被列入国家非物质文化遗产保护名录，同样被列入名录的还有"庆阳香包绣制""庆阳唢呐艺术""环县道情皮影""庆阳剪纸"等。庆阳还是最早的国家级文化产业示范基地，香包产业是文化产业起步阶段闻名全国的成功案例。

城乡融合是实现乡村振兴的战略选择，是实现城乡共赢、惠及城乡居民的必由之路。城市更新与乡村振兴的融合可以在城乡融合中探索出一条新路，这也是黄河流域城乡发展需要高度重视并充分利用的"新融合"。通过文化产业带，加强城市更新与乡村振兴的文化互动，相互拉对方"入群"，有以下积极作用：

第一，有利于弘扬优秀传统文化。国家启动的长征、长城、大运河、黄河、长江等国家文化公园建设，是新时代文物和文化资源保护传承利用的新路。2021年4月，国家发改委等七部委印发了《文化保护传承利用工程实施方案》，该方案明确了到2025年的总体目标，包括进一步完善城乡公共文化服务体系，提升文化自然遗产保护水平，推动文化旅游融合和高质量发展等。方案还特别提出，在重大旅游基础设施建设方面，重点景区旅游基础设施条件显著提高，智能化水平明显提升，红色旅游实现规范和高质量发展，培育形成了一批富有文化底蕴的世界级旅游景区和度假区、文化特色鲜明的国家级旅游休闲城市和街区。黄河文化产业带建设将与这样的发展目标和战略相互配合，相互借力，共同促进黄河流域文化发展，造福于两岸的人民，拓展传承中华优秀传统文化的路径。在社会主义市场经济体制下，通过产业的方式、市场的渠道，巧妙地将这样的目标融入城市更新与乡村振兴两大任务之中，融入城乡两个环境里，应该是最值得期待的办法。

第二，有利于发展特色文化产业和特色旅游。城市更新与乡村振兴最重要的结合点是本地文化，或者说是特色文化。黄河文化产业带应该如同黄河文化一样，包容性强，除了特色文化产业，还会有其他众多丰富的文化产业类型和业态，但是在内容上，特色文化应该是这个产业带的底色，特色文化产品和服务也是它的优势所在。"藏羌彝文化产业走廊工程"就是典型的特色文化产业带工程，这项工程推出之初，原文化部和财政部很快又出台了《关于推动特色文化产业发展的指导性意见》。所谓特色文化产业，就是依托各地独特的文化资源，通过创意转化、科技提升和市场运作，提供具有鲜明区域特点和民族特色的产品与服务的产业形态。要求立足各地特色文化资源和区域功能定位，发挥比较优势，明确发展重点，把文化资源优势转变为产业优势，构建具有鲜明区域特点和民族特色的文化产业体系，促进多样化、差异化发展。其中，黄河流域在打造特色文化产品、形成区域性文化产业体系方面卓有建树。在文化和旅游融合之后，特色文化产业与特色旅游首先实现融合，在黄河流域也取得了突出的成效。黄河流域的城乡文化产业，秉承良好的生态资源、文化资源，迎来了发展的高光时刻。黄河文化产业带就是在这样的背景下，遵循文化产业发展趋势和规律，遵循黄河流域的乡村对发展文化产业实现育民、乐民、富民的需求，顺势出场。

第三，有利于促进城乡融合。城市更新与乡村振兴通过特色文化产业联结在一起，兼顾城乡不同的功能与优势，形成合力。事实上，这些年来乡村特色文化产业的发展始终离不开城市市场和产业的带动，但是尚未自觉地把城市更新这项新任务与乡村振兴结合起来，如果在这个方面形成共识并自觉谋划，效果应该会大不一样。例如，庆阳的香包产业、剪纸产业就是在这样的城乡结合中发展起来的。有一年，某全国性文化产业活动在甘肃庆阳举办，期间，与会者考察了一家剪纸专业户，在离城不远的一个乡村，是一座大四合院，正面三层楼。参观时，女主人正在教一群年轻女孩剪纸，男主人则在城里"剪纸一条街"上的小店里负责营销。参观者问她一家人都在做剪纸，能维持生活吗？女主人拿着手中的剪刀说："我家这个院子就是我用这把剪刀'剪'出来的。"这种夫妻协作，从空间角度看，就是城乡协作。如果在未来的城市发展与乡村建设中能促进这样的协作，对城乡文化市场、文化产业的发展，都将会是一个双赢的结果。

城市更新与乡村文化振兴，二者的相互呼应可以形成以下模式：

"前店后厂"。城市是"店"，乡村是"厂"。市场就是城市的一个主要功能。城市占有人流、信息流、物流等多方面的优势，是城乡之间、区域之间乃至国际大循环的市场结点，同样也是特色文化产业重要的交易通道和平台。而乡村则为城市提供了源源不竭的产品、服务、原材料和人才。随着科技的发展和市场的变化，城市对于乡村的功能发生了改变，例如电商平台直接将乡村产品送到消费者手中；城市人到乡村旅游时购买乡村特色文化产品，"砍"去了市场的中间环节，但是城市的"线下"功能和聚散效应仍然是不可替代的。目前，各地乡村特色文化产品已经通过各种渠道进入城市的不同空间，例如特色文化产业一条街，或是在城市的不同位置有一个门店或铺面。如能借城市更新之机，将更多的乡村特色文化产业门店安排进去，把乡村特色文化产业元素或符号嵌入进去，可以丰富老城区的文化内涵，为老城区寻找保护、利用特色文化与获得经济效益的新的平衡。这可以说是一举两得。

"前沿后方"。城市是"前沿"，乡村是"后方"。历史上，文化发展的基本格局就是城市引领文化的潮流与风尚，乡村则是本土文化的源泉和蓄水池。如果说城市是伸向天空的天际线，乡村则是坚实稳定的地平线。城市文化与当地经济发展的节奏具有同步性，而且与外地文化交流多，反应快，因而变动性强。乡村相对平静、和缓，常常还表现得有些滞后。城市与乡村的快与慢、动与静、变与不变，构成了一个区域文化发展的张力。曾几何时，人们鄙视乡村，鄙视农耕文明，简单崇尚快、动、变，而现在风向又转为向往慢生活，承认人是需要停一下、静一下，需要保持不变的定力，对工业文明、现代文明的弊端也越来越抵触。仅这二十多年的时间，中国城乡关系就经历了城市对乡村从"送文化"到"种文化"再到"找文化"的转变。从乡村文化发展的角度看，也必须加强与城市的联动，包括主动吸收城市的前沿成果，特别是发展乡村文旅产业，面向城市消费主体时，需要精准把握他们的消费需求和消费习惯，通过创意，把本土特色与城市文化结合起来，包括城市流行文化和时尚文化，这是当前最能吸引消费者特别是年轻消费者的手段。目前在城市更新与乡村振兴中，要加强两者之间的文化联动，取长补短，各取所需。

"前呼后应"。在很长一个时期里都是城市"呼"，乡村"应"，但目前以城促乡的模式在乡村振兴的背景下，已经演变为城乡互促。在中华优秀传统文化回归的潮流中，乡村的地位也显著提高，在文化发展模式上不再单以城市马首是瞻。因此，城市与乡村，不论主次，不分主客，应该是互为主体，互相呼应，这是一个创新。把城市更新与乡村振兴从文化上联系起来，彼此加强，声气相通，也是一个创新——这将是一个可以出彩的新空间。在城市更新中，应该增强本土文化意识，增强助力乡村振兴思维和城乡融合思维，主动对接乡村文化，到乡村文化中寻找资源、灵感，寻找事业和产业上的合作对象。政府部门无论是对乡村振兴还是城市更新都负有直接责任，如果能统筹考虑，将会是两全其美的好事。要考虑利用全域旅游以及其他相关机制，加强协调，促进城市更新与乡村振兴在文化上的联动。

"世界就像股水流，从你身上穿过，有一段时间会把你染成它的颜色，然后离开，把你留在原地。"这是旅行家、诗人、摄影师尼古拉·布维耶关于旅行的话。其实，黄河对于它流经的城乡以及城乡居民也是这样的作用，黄河把那片大地和大地上劳作的人，都染成了黄色。遥望历史，黄河流域行走过多少民族，上演过多少传奇，有些鱼跃于天，有些星沉大海，河水东流去，基因永流传。黄河文化产业带上的城市更新与乡村振兴，将真实还原并永葆这样的颜色。

二、中国文化在城市更新与乡村振兴中回归自然

为什么面向黄河，就会想起《黄河大合唱》？为什么国家《黄河流域生态保护和高质量发展规划纲要》讲黄河生态保护的同时要弘扬黄河文化精神？我的理解是，黄河生态问题，也是文化问题。山水中国，是生态中国，也是文化中国。

《山海经·海内经》载："洪水滔天，鲧窃帝之息壤以堙洪水，不待帝命。帝令祝融杀鲧于羽郊。鲧复生禹，帝乃命禹卒布土以定九州。"鲧禹治水的上古传说以及千百年来对这个传说的解读，反映了我们民族对于自然的态度：鲧堵水，导致事业失败和个人悲剧；禹疏水，汲取教训终获成功，而且他的治水经验在后来还推广为治世、治身、治心、治文的方法。父子英雄，结局不同。在面对自然的态度上，中国的文化立场是与自然和谐相处，不是把人与自然对立起来。人与自然是生命共同体，大地怀抱，山水有情，人的主体性表现在守护绿水青山，并把它们变成金山银山。

人源于自然，先民首先面对的是自然，进而说，是水。水至柔，是生命的源泉；水至刚，是悬在头上的利剑。水成就生命，也毁灭生命，人感

恩水也恐惧水，洪水是世界上许多民族神话的主题，荣格学派把洪水神话称为"原型"，认为它根植于人类集体无意识，反映了人类远古祖先的种族记忆必然要通过原型在后代反复出现。这种人类童年的经历是自古至今的梦魇。《淮南子·览冥训》载："往古之时，四极废，九州裂；天不兼覆，地不周载，火爁焱而不灭，水浩洋而不息，猛兽食颛民，鸷鸟攫老弱。于是，女娲炼五色石以补苍天，断鳌足以立四极，杀黑龙以济冀州，积芦灰以止淫水。"这又是一部轰轰烈烈的英雄史诗，但明显区别于挪亚方舟的传说。我曾在甘肃天水拜谒过伏羲庙，也在离它不太远的甘肃平凉寻访过女娲村。传说中伏羲、女娲是人文始祖，他们以尊重自然、修复自然的角色出场，带领先民走出洪荒，奠定了中华文明的自然根基。

这种关于人与自然的认知以及对自然的友好态度，成为我们中国人认识和应对世界万物的起点，也成为中华文化体系的原点，它将中华文化导向人际、导向生活，而不是导向宗教、导向上帝。在今天生态已经恶化到危及人生命的时候，我们才想到与自然重归于好。从深层次看，这种和解不是出于一时的妥协和自我保护，而是回归中华传统文化中对自然的态度，回归以自然为尺度的价值观、人生观和方法论，回归自然的文化，回归中华传统文化追求的哲学观、艺术观和生活观。环保"很时尚"，也"很传统"——这也将从文化方面给生态文明建设以有力支持。

哲学观。中国哲学根本上是生态哲学，中华文化的特征是生态文化。热爱自然是人类的共性，比如日本当代著名建筑设计师安藤忠雄的建筑理念是，"让风进来，让阳光进来，让自然进来"。而中国人对自然的热爱是出于中国传统哲学思想"天人合一"，而非"神人合一"，这种主客一体论显然不同于主客二分论。我们的前人把自己看作是自然之子，与天地万物为一体，人融入自然，也在自然中获得生命的存在和生命的意义。被视为中国人文元典的《周易·系辞下》记载了伏羲画卦的传说：伏羲仰观天文、俯察地理，"远取诸物，近取诸身"，然后画出卦象，"以类万物之情"。这表明在古人看来，文化来于自然，又取法自然，是自然的一部分。孔子说"天何言哉？四时行焉，百物生焉，天何言哉"，孟子说"上下与天地同流"，老子说"人法地，地法天，天法道，道法自然"，庄子说"天地与我并生，万物与我为一"，无论儒家还是道家，都主张物我一体。

艺术观。中国古代文艺理论始终将自然推崇为最高审美标准。西晋陆云《与兄平原书》中推崇"意之至此，乃出自然"。《南史》记载："（颜）延之尝问鲍照，己与灵运优劣。照曰：'谢五言如初发芙蓉，自然可爱；君诗若铺锦列绣，亦雕绩满眼。'"自然与雕绩高下立见。六朝文论家刘勰将"自然"概念引入文论，并把它作为《文心雕龙》全书的立论基础。历代文论家基本上都以自然为美，以不自然为丑，南朝梁钟嵘在《诗品·序》中批评文坛"自然英旨，罕值其人"，唐司空图《二十四诗品》专列"自然"一品，宋代苏轼说自己的创作是"大略如行云流水，初无定质，但常行于所当行，常止于所不可不止，文理自然，姿态横生"。今天我们注重特色文化、地域文化，深层原因是出于对人与当地自然相处之道的尊重和敬畏。

生活观。中国古人历来与自然都是亦师亦友的关系。《论语》记载："子在川上曰，逝者斯夫，不舍昼夜。"庄子与惠子在濠水桥上讨论"鱼之乐"，"川上"与"濠上"，是思考生活的重要场域。辛弃疾说"我见青山多妩媚，料青山见我应如是"，把自然引为知己。这种面向自然的思考还延伸到对伦理、政治、人生等各个领域。孔子说"仁者乐山，智者乐水"；在老子那里，"水"是治理天下的效法对象。魏晋六朝盛极一时的玄学和山水诗，分别从哲学和文学的角度表达了将自然与生活融为一体的理念。

"知之者不如好之者，好之者不如乐之者"，如果我们不是简单地把对待山水自然看作是一件环保工作，是不得已而为之的包袱、累赘，而是像孔子、庄子那样与自然亲密相处，在乐山、乐水中获得人生的乐趣，让今天的中华文化回归自然，那么，我们就不只是在修复身边的自然，也是在修复中华优秀传统文化。

黄河流域的城市更新与乡村振兴，为进行这样的文化修复提供了机会。从文化的角度看，有什么样的环境就有什么样的文化。中华文化与水相连，更进一步说，与黄河相连。所以，中华文化具有突出的亲水特征，有与自然和谐相处的特征。早在远古时期，以蛇为图腾的黄河流域的华夏族战胜并融合了其他氏族，同时吸收了其他氏族图腾，组合成龙的图腾。伏羲被认为是龙图腾的创始者。蛇与龙，都出身于水。具有象征意义的是，龙潜于渊，才能自在生存，中华文化也只有回归自然，才能永续发展。

在国家《黄河流域生态保护和高质量发展规划纲要》中，生态保护被"置顶"，这与国家对水系区域重在生态保护的思路一致。几年前出台并实施长江经济带建设规划，首先讲的不是经济，而是经济发展的基础，也是经济发展的红线——生态保护。时至今日，生态保护理念更加深入人心，生态保护的地位也随之提升。《黄河流域生态保护和高质量发展规划纲要》把生态保护与黄河文化发展紧密联系起来，使我们进一步认识到，黄河文化是黄河生态之土长出的大树，黄河文化之树又涵养着黄河生态之土。

离开了黄河流域的生态环境，就没有黄河文化的基本场景。黄河生态发生了根本性改变，黄河流域的文化也就失去了唱戏的舞台。城市更新与乡村振兴为搭建这样的场景和舞台创造了条件。国家"十四五"规划在强调加大黄河上游重点生态系统保护和修复力度的同时，指出优化中心城市和城市群发展格局，统筹沿黄河县城和乡村建设。实施黄河文化遗产系统保护工程，打造具有国际影响力的黄河文化旅游带。把城乡建设纳入这一工作范畴，并将其作为建设黄河流域生态保护和高质量发展先行区的内容。这是我们在黄河流域文化发展中把乡村振兴与城市更新衔接的理论依据和工作导引。

在城市更新与乡村振兴中体现中国传统文化的自然精神。城市更新应表现出我们这个时代特有的城市生态观：城市生活要适应人的自然属性，在环境上让人感到亲切、放松，有家园感和归属感，多些空地、多些绿化，不要用逼仄、狭窄的城市空间"折叠人"、压迫人，少用一些高入天际的建筑限制人仰望蓝天白云，不要把人塞进钢筋水泥的丛林，不要大拆大建，使得居民找不到生活的记忆，甚至摸不着回家的路。住房和城乡建设部发布的《关于在实施城市更新行动中防止大拆大建问题的通知》，贯穿的就是这样的精神。在国家《黄河流域生态保护和高质量发展规划纲要》中，单列了加强矿山修复的章节。在甘肃金昌，这里的金川国家矿山公园，在已经形成的矿坑周边种了不少树。这些树看起来不是那么郁郁葱葱，在这些缺水的地方，种活一棵树是多么不容易。有些树十几年了都长不大，被称为"小老树"，全靠坚持不懈地浇水才能存活。而且，金昌这个大坑旁边的树是种在矿渣上的，活下来更不容易。

生态振兴与文化振兴是乡村振兴的主要内容，《中华人民共和国乡村振兴促进法》提出了系统要求。乡村振兴的五大振兴任务各有侧重，又互相关联，在工作上也需要相互配合。生态振兴中的生态保护，在文化振兴的乡风文明建设中得到了支持。不只如此，乡村文化产业和旅游业属于环保产业、绿色产业，相对而言能耗低、污染小，而且门槛低、产业链长，因而带动就业、创业的能力强。它依靠青山绿水，依靠良好的生态，同时又反哺青山绿水，保护生态。没有乡村应有的生态，乡村文化产业和旅游业就失去了资源、底色和支柱，望得见山、看得见水、记得住乡愁，山水是乡愁不可缺少的载体。乡村与自然从来密不可分，但是在认识和行动上，从来没有像今天这么自觉。当然，这也是因为保护乡村自然生态与振兴乡村文化的形势从来没有像今天这么严峻。无论是城市更新还是乡村振兴，反对大拆大建不只是为了留住历史记忆，更是因为过去的建筑与自然更近，一个时期以来，大拆大建的过程就是与自然渐行渐远的过程。

在城市更新与乡村振兴中大力发展文旅产业，助推中国文化回归自然。我在兰州工作期间，休息时总喜欢在黄河边上发呆，很多市民也是这样，或是在那里唱歌跳舞。黄河两岸开通了一条东西长50多千米的滨河路，被打造成著名的黄河风情线。青海西宁的湟水岸边，既是游人喜欢的地方，又是老百姓活动的好场所。有些外地客人说这么美的风景以前多次来西宁怎么没有注意到，实际上，这是近些年来加强治理的结果。湟水湿地公园，定位就是"湟水清水入城，湿地生态文化与地域文化展示的平台，人与自然和谐共处的生态乐园"。黄河流域的文旅产业将会在城市更新与乡村振兴中发挥更大的作用。

城市更新与乡村振兴中突出生态意识，会有助于唤醒中华传统文化的自然追求。2021年5月，某全国性旅游活动在青海西宁举办，参观者考察青海湖。有的与会者以前虽然多次去过，但季节不对，没有去过鸟岛，这次正是候鸟来青海湖的时机。与会者注意到沿路乡村旅游已经做起来了，村民吃上了"旅游饭"。到了湖边，看到景区门口有通知，内容是根据国家环保的相关法律、法规，于2017年8月29日起关停鸟岛景区和沙岛景区，并停止一切旅游经营活动。虽然很多与会者是专门来鸟岛的，但是仍然为这个通知叫好——破坏生态做旅游，就是竭泽而渔。与会者还得知，这里曾叫停过已经启动了的"青藏明珠号"豪华游轮建设。这座号称集吃、住、娱乐于一体，相当于一座水上"四星级宾馆"的项目因中国科学院、中国工程院数名院士反对而取消。与会者看到不远处有座风格独特的建筑，导游说那是已经叫停的五星级酒店，因为环境影响评估没有通过。这些都是旅游中的好故事。

在城市更新与乡村振兴中强化中华传统文化的自然精神。与自然相亲相融的生态观，体现在农耕文明、游牧文明和海洋文化上，当然也体现在黄河流域文化上，而且在很大程度上，它就是黄河流域盛开的思想花朵。它规范着黄河儿女的思想行为，也庇护着这块土地上一代代人的生产生活。它给这里的人以精神上的皈依，也让这里的人懂得如何与自然相处，如何通过保护自然最终保护自己，在生命意义上与自然联系在一起；懂得与自然友好相处，就是给后辈留饭碗，就是造福子孙后代。这种自然观对接上中国传统社会的血缘宗法观念，把自然的繁衍与人的繁衍结合在一起，使这样的自然观有了更深层次的伦理支持。保护山水林木，经常出现在村规民约、家训族训中，有时出现在县、乡的政策中，相关的教育有时还出现在私塾讲授、故事传说中。从中国第一本诗集《诗经》开始，大多数作品都是先写景后写情，是文人创作与民间歌曲创作的基本格式，情景交融也是普遍追求的美学意境。孔子认识到诗可以"兴观群怨"，其中的"兴"，按照朱熹的解释，"兴者，先言他物以引起所咏之辞也"，就是借助其他事物作为诗歌的发端，以引起所要歌咏的内容。而这个发端的事物一般就是景物。这种格式仍是中国诗歌创作的基本"套路"，甚至人们发微信时不仅"有图有真相"，而且会议论一两句，追求的也是这种情景交融的"意境"。

在城市更新与乡村振兴中，要注意挖掘、利用这些具有自然精神的文化遗产。这是一个以前关注度不够的角度，应该用对待优秀传统文化的态度，在历史资料和乡土文化中爬罗剔抉。这些年来，各地已经把历代文人吟咏本地自然山水的作品整理了出来，有的还刊于城市或乡村的公共空间。这些作品除了已经揭示出的种种积极作用之外，还应从本土文化中具有自然品格、自然趣味、自然精神的角度去认识、强化，当然，在展示、宣传的过程中，也要符合文旅规律，要善于运用创意，让城乡居民和游客喜欢并接受。对于他们利用新媒体展示本地自然风光，更应珍惜和鼓励。要把现代全球性的绿色意识与中华文化中的自然精神衔接起来，鼓励引导绿色消费，弘扬中华优秀传统文化。

让中国文化回归自然，仅从文旅产业的角度看就会有以下作用：

第一，丰富文旅产业内涵。自然，是中华传统文化的核心命题，有与自然直接相关的理念，比如生态、绿色，还有与自然间接相关的理念，比如健康、养生，等等，本是文化的题中应有之义。如果我们能从文化的本体认识自然、亲近自然、体会自然，将是中国传统文化在当代的再发现和再利用。由此出发，就可以重新认识和改进文旅产业的工作。例如，风光游里有没有文化？自然类景区里有没有文化？显然是有文化的。现在强调文旅融合，可以考虑在风光类景点、景区融入一些演艺、文化展示等方面的内容，同时，要善于解读、突显自然风光的文化意义，特别是要给游客营造体会自然风光、与自然风光对话的环境，营造出"相看两不厌，唯有敬亭山"的氛围。围绕亲近自然，开展研学、亲子、康养、医养等多种业态的旅游。

第二，延伸文旅产业链环。这些年来，文化和旅游分别与相关行业实现融合。其中有些融合从行业划分看是跨界，但从中国传统的自然观看，在本质上是相通的，特别是文体康旅融合、农文旅融合、森林文旅、生态文旅，等等。因此，应该进一步加强文旅部门与环保、卫生、体育、水利、农业、林业和草原等部门的联动，以中华传统文化的自然观为纽带，相互赋能。要引导和刺激新的文旅相关的农特产品、绿色食品的消费，让消费者从中华传统文化的角度认识到这些产品的自然属性和文化属性，吃绿色食品，住自然环境，就是"吃文化、住文化"，是人与天地自然的双向互动。这些年来，不少地方的民宿发挥了带动农特产品消费的作用，而且带动农特产品消费远远超过民宿本身，看起来是两件不相干的事，结合起来却有意外的惊喜，实际上，起作用是我们中国人根深蒂固的自然观，现在重要的是要揭示和发挥这样的理念。

第三，促进文旅产业积极、自然地发展。文旅产业宣传自然、利用自然，靠山吃山，靠水吃水，就要格外珍惜山水，做爱护山水的榜样。文旅产业几乎是所有行业中对自然破坏最小的产业，但也要防止出现破坏行为。之前在一些景区的建设中发生过破坏，以后要杜绝此类事件的发生，已经发生的地方，要把它作为反面教材。正在开展的乡村旅游、周边游等，切不可重蹈覆辙。文旅企业的相关人员要了解一些传统文化中以自然为核心的哲学观、艺术观和生活观，把它们与当代审美结合起来，融入文旅产品、服务之中。可以借鉴、使用一些相关的传统术语，例如天人合一、道法自然、物我一体、乐山乐水、天趣、比兴等，也可以化用一些已经融入当代审美生活的概念，例如意境。另外，文旅企业自身的发展和内部的运营、管理，也要体现自然的规律，顺时而动，应势而为，有定力、有静气，能做到人与自然一理、企业与自然一理。

有一年，全国文化产业会议在甘肃举办，其间，车行驶在长长的河西走廊上，正是盛夏，远处的祁连山峰上冰雪皑皑，与会者不由想起两汉时的《匈奴歌》："失我焉支山，令我妇女无颜色。失我祁连山，使我六畜不蕃息。"当初匈奴是因为军事上的失败丢掉了焉支山、祁连山，今天，如果不能让中华文化重归于自然，也会失去焉支山、祁连山，失去山水中国，失去中国女性的美丽容颜和所有中国人精神上的桃花源。

三、打造黄河流域特色文化城市版与乡村版

为加强城乡历史文化遗产保护，中央有关部委已经连续出台政策。中共中央办公厅、国务院办公厅印发的《关于在城乡建设中加强历史文化保护传承的意见》，是最具推动力的文件。2018年住建部出台了《关于进一步做好城市既有建筑保护利用和更新改造工作的通知》，接着又出台了《关于在实施城市更新行动中防止大拆大建问题的通知》。国家发改委、农业农村部等也动作频频，文化和旅游部与国家文物局在加强文物和非物质文化遗产保护方面，更是责无旁贷。

据此，围绕历史文化保护传承，有三个趋势可以利用并推动：

一是隐性趋势：从保护具有历史价值的单体建筑、街区和村镇，到保护城市、乡村整体风貌和文化机理，再到关注作为城乡文化载体、文化符号的人。这是一个逐步走向综合、深化的过程。与之类似的是，从保护单

体珍稀树木，到保护森林，再到伐木工人变为护林工人。

二是显性趋势：历史文化保护传承同时从城乡两个维度展开。以往评定国家历史文化名城、历史文化名镇、历史文化名村，主要在城乡分别进行，各有评价体系和标准，各有促进政策和相关项目，现在城乡联动，双管齐下，成为又一种重要的手段和思考方式，城乡建设与文化建设关联度加强。城市与乡村成为开展保护中华优秀传统文化的车之两轮、鸟之两翼。

三是可以形成但需要自觉推动的趋势：城市更新和乡村振兴正好处在城乡建设与文化传承发展的结合点上。实现城市更新与乡村振兴的文化联动，这个话题已逐渐吸引学界和业界，还没有进入相关政策视野和项目盘子，但这只是时间问题。老城的断壁残垣和乡村的老房旧屋，在这个文化自信的时代，让历史再一次聚焦和凝望。历史文化保护传承，需要在城市更新与乡村振兴中形成同步性与协调性，二者唇齿相依，合则双美，分则两伤。

"日照一隅，亦是国宝"，过去被视为破旧的老城和落后的乡村，只有在重视文化的人的眼里，才能看到它们的价值，只有在吹响文化号角的时代，才能唤醒并集结起散落城乡的遗珍。目前，能形成以上三个趋势社会脉动和群众基础的，一是全社会增强文化自信，二是中华优秀传统文化回归，三是城乡基层群众的文化权益、文化愿望和当下文化生活受到重视。具体表现为：

尊重历史。这是出于对前人的尊重，也由此知道我们从哪里来，并能找到归途。在我们这个自古以来大多不讲宗教信仰的国度，慎终追远、敬畏前人成为传统文化的终极关怀，"上对得起祖宗，下对得起子孙"是每一代人的责任和使命。因此，透过历史丛林的疏散阳光，总能让后人体会到其中的温暖。

珍视文化。老城与乡村的建筑和文化风貌里，有令人怀想的烟火气息，老城街头和乡村巷陌，有一代代人的履痕。老城与乡村是这片土地上的文化容器，是追怀过往生活的载体，它们似旧乍新，虽然历经漫长蜕变和风雨剥蚀，但穿行于此，目之所及，足之所及，处处是历史与现实交汇的痕迹。这是时光经过发酵后的馈赠，是日积月累的劳动智慧和生活创意的积淀，是最好的本地文化向导和乡土教材。

热爱家乡。老城与乡村的古老氤氲里，有吾乡吾民敬天法地的追求，有对子孙后世瓜瓞绵绵的向往，有在生产生活中寻找乐趣的人生态度，有远亲不如近邻的人情味。这里的一砖一瓦，都藏着家乡的故事，或豪放雄奇，或婉约秀美，或是家乡无上荣光，或是一茶一饭的家常日子，组成了这块土地上的风雨交响，也演绎着不同年代的生活真相，触摸这里木质的门楣、石雕的门墩、砖雕的门神、具有特色的瓦当，就触摸到了家乡的艺术细节，进入与这方水土最适应的审美空间，感知家乡在历史大潮中的蝶变。

家国情怀是世世代代中国人立身处世的基本态度，推己及人，由近及远，由小到大，"修身齐家治国平天下"，"老吾老以及人之老，幼吾幼以及人之幼"，都反映的是正己、治家、爱家乡、爱国家的道德观、伦理观和思维逻辑。这也是今天在城乡文化建设中，在城市更新与乡村振兴中，注重文化地域性、加强特色文化建设的依据。

莎士比亚说，推动摇篮的手就是推动世界的手。黄河文化是中华文化的摇篮，黄河就是推动摇篮的手。黄河文化自身就是特色文化，同时又是中华文化向心力下黄河流域各地特色文化的结晶。黄河流域不同区域、不同城乡的文化，如同一棵大树长出不完全相同的树叶，如同在黄河不同的地方看到的不同风景。文化的演进规律与生物界一样，用进废退。只有重视保护并且充分利用黄河流域各地特色文化，才能保护传承这些文化，用这些特色文化继续构筑中华文化的根基。

乡土文化是构成特色文化的重要来源。另外，一些地方在长期的经济社会发展中，形成了本地特有的城市文化资源，比如山西平遥的商业文化、甘肃玉门的工业文化，都是特色文化的组成部分。

如今的黄河流域居民，不论是在城市还是乡村，都生活在这样的特色文化之中。

一个区域的城乡有着同一种区别于其他地方的特色文化。方言是特色文化最典型的代表，城乡居民基本是一个口音。饮食也是城乡同此风味，兰州牛肉面、陕西羊肉泡馍、河南胡辣汤、山西刀削面、山东煎饼，都是当地城乡居民舌尖上的最爱。还有建筑、非遗，藏着这个地方的文化内核，是城市之根、乡土之魂。不论城市、乡村，都脱离不了文化上的地域性。地缘、人缘形成了牢不可破的文缘。即便是远在长江流域的上海，说起这个城市就想到海派文化，但应该注意的是，上海关于文化工作的排序是红色文化——江南文化——海派文化。江南文化置于海派文化前面，是因为遍及上海城乡的江南文化是海派文化的根。黄浦江边大量的洋楼，当年有众多的中国设计师，特别是海外学成归国的中国设计师，在参与设计时融入了中国文化、江南文化的元素，石库门更是西方文化与中国民居的合璧。

强调文化的地域性，并不是要混合城乡各自的功能，模糊城乡各自的面貌。城市与乡村，功能、产业、环境等方面的不同，形成了不同的文化结构和生态。这两种文化反映了地域发展的必然规律，也满足了人们不同文化、不同审美的需求，类似于人需要红尘也需要自然，需要出走也需要归乡，需要入世也需要出世，需要儒家也需要道家。一个地方的城市文化与乡村文化，是一奶同胞的兄弟，没有优劣之分。当地的特色文化，是前人在这方土地上的共同创造，传承和弘扬这种文化，也是我们今天共同的责任。当然，无论是在功能上，还是在生活方式上，城市就是城市，乡村就是乡村，是两种文化、两种风景，它构成了一个地方文化发展的张力和生态，构成了地域文化的天际线与地平线。特色文化，则是这个地方城乡文化的共同内涵和基因。

特色文化的城市版，一般表现为：一是片段式。它或是立身于市区的某个街区、商场的某个门面，或是在街头巷尾的某个角落，或是在某个家庭。二是间歇式，对于绝大多数市民来说，在市区接触特色文化产品，有时是在文化市场上，有时是在传统节日里，当然，也包括在当地特色餐饮中。三是潜在式，虽然市民接触特色文化是在局部的空间和偶然的机会中，但作为一种文化精神和乡土情结，根深蒂固地深植在城市居民的日常生活中，以潜移默化的方式影响着城市的文化结构和功能，作用于市民的精神世界，在城市文化的池塘里，它是露出尖尖角的小荷。特色文化产品进入市场要有创意，这是城市与乡村的共同之处，但是在城市版的特色文化中会表现得更突出。

特色文化的乡村版，一般表现为：一是生态式。虽然特色文化在很多乡村已经失去了鲜活，乡村的生产生活方式不可避免地改变，城市化的快速推进，从根本上削弱了特色文化，人类在前行中有所收获也会有所失去，这是历史发展二律背反的规律。但是，这里毕竟是传统文化的故乡，还有当初长出文化之树的土壤，也相对较多地保留了与这种文化相适应的生产生活方式和地理环境，还有生于斯、长于斯、老于斯的村民，因此，它是城市居民寻找"乡愁"的地方。二是持续式。可以在乡村的绿水青山和风土人情中，在不间断的精神时空中，体验特色文化。当然，这样的环境还需要修复和重建。三是生活式。特色文化融入乡村的种种生活细节中，融入衣食住行的日常化生活中。乡村农家乐相继迭代为乡村民宿，就是顺应了游客对家居式体验特色文化的需求。

比较而言，城市版的特色文化是折子戏，乡村版的特色文化是全本戏。

在一个区域里，如果城市与乡村相向而行，在地方特色文化上相互呼应，至少有以下几方面的作用：

一是相互补充。城市更新与乡村振兴各自在城乡展开，各有资源，各有优势。发生在城里的故事，就没法到乡村去说，反之亦然。历史上有些重大事件、文物，原先在哪里就还应在哪里，老地方存储着完整的历史信息。稷下学宫的"百家争鸣"发生在齐国故都，现在就在乡村。面对一片庄稼地，仍能发思古幽情。即便再喜欢稷下学宫，也不能在城市里弄出这么一个旅游景区来，但可以考虑将稷下学宫的一些文化内容、符号嵌入城市更新中的相关建筑、项目中。

城市更新与乡村振兴中，很多文物是不可移动、复制的。城乡各处的老建筑、老风貌、老肌理不能随意改变。城市里有历史价值的老建筑，就不要随意搬到城乡接合部甚至乡村来了，不要再用财力支持和较大空间作为置换条件引诱城市里的老房东为房地产让空间；同样，乡村里的老房子，也不要随意买下、拆开、搬到城市里做盘景式的"风景"。鼓励在有历史依据、与周边环境或整体建筑风格协调的前提下，采用当地乡村建筑的元素甚至整体风格，批判在乡村模仿城市样式，甚至是欧式风格。

二是相互强化。在城市更新与乡村振兴中，把具有地方特色的文化内容，通过创意方式表现出来，会起到相互唤醒、活化的作用。在心理学上，同一事物在不同环境下反复出现，会给人留下更深刻的印象。历史上中国的城市依附于乡村，与乡村关系密切，有些乡村文化实际上就是地域性文化的代表，非物质文化遗产是当地城乡居民共同创造的。目前这些非遗主要留存在乡村，但离城市居民的生活不远，至少离他们的记忆不远，如果在城市更新中加强这些内容，会密切城乡居民的生活联系和情感联系，增强区域归属感和认同感，也有助于游客找准并欣赏这种特色。在当前城市建设中，把当地建筑特色融入城市建设中，特别是在城市更新中加大这方面的权重，会有助于破解千城一面的难题。但这种融入不能简单化，把特色资源转化为特色产品，有一个关键性的环节就是发挥创意。

城市与乡村的各自禀赋，构成了这个区域的文化结构和生态。有时专家主张地方宣传旅游不要太多、太杂，应该突出主要内容，聚焦某个主题，从营销的角度看是有道理的。但每个地方的文化都是结构性存在，某个主打的资源与其他文化元素有着或远或近的联系。游客到某个地方旅游，确实有人是为了单一目的，比如只是想要欣赏某个景区的风景，品尝某种美食，住某个网红打卡的民宿，但大多数游客更愿意了解更多的内容，如有意外的惊喜，便会有"误入莲花深处"的审美感受。而且，如果能揭示它们与主要特色之间或明或隐的关系，会进一步彰显主要特色，从旅游的角度看，就是丰富了旅游产品和服务的内涵。

三是相互带动。不同于只强调城市对于乡村的带动作用，新的城乡发展观认为，要形成城乡相互带动、相互促进的作用。无论是强调乡村振兴中的文化振兴，还是在城市更新中强调文化分量，都是这个文化自信时代的产物。要形成城市更新与乡村振兴的新结盟，把单兵突进变成两翼推进，把孤掌难鸣变成两方面的合力，把只在城市或乡村开展的活动彼此拓展、延伸，形成城市与乡村共同的文化新优势。

在这种相互带动中，要处理好政府与市场的关系。城市更新和乡村振兴，政府都负有直接责任，包括文化责任。比如城市和乡村的老旧建筑、文化风貌和文化肌理、优秀传统文化和非物质文化等，这些都需要每一届政府维护、利用好。我们需要从加强文化自信的高度进一步认识到城市更新与乡村振兴的重要性，并且认识到城市更新与乡村振兴之间的关联，以及利用这种关联可能带来的机遇。要科学制定规划，加强政策引导，营造良好氛围，创造必要条件，调动社会力量参与。围绕城市更新与乡村振兴，政府都有较大力度的投入，应该有增加文化投入的意识。同时，要尽可能利用产业的方法、市场的机制，只有把产业联动起来，打通相互的市场，才可能更有可持续性。

要探索利用城市更新与乡村振兴的机遇，形成黄河流域特色文化的城市版与乡村版。各地的特色文化元素不一样，有的原本就生长于城市，比如甘肃金昌这样的地方是因矿兴市、以厂兴市，由此决定了这里的工业文化就是当地的特色文化。总体而言，特色文化主要发端于农耕文明时代，这个时代的中国特征是城市依附于乡村，乡村既是特色文化的发源地，也是今天的蓄水池，当初很多包括非遗在内的特色文化就是从乡间出发，进入城市，然后在城市获得孵化，发扬光大。因此，要分别打造特色文化城市版与乡村版，要像孔子说的"礼失而寻诸野"，来一场特色文化产业"从农村包围城市"：

一是在城市更新中，尽可能地保留和激活特色文化。有价值的东西，留有历史印迹的东西，能留尽留，并且要尽可能恢复被破坏、损坏的老建筑、老物件、老风貌。同时，要继续挖掘历史文化，发现并利用非物质文化遗产。非物质文化遗产能列入国家级、省市级的固然珍贵，暂时没列入名单的也可能是好东西。在当前的城市更新中，要特别防止一种情况的发生，那就是有的领导怕承担责任，不愿将一些有保留价值的建筑列入文物保护单位的名单，因为只要列入，出现了问题就要担责。对于这种情况，各级有关部门、社会舆论要发挥监督作用，不允许这种对本地文化、子孙后代不负责的情况持续下去。

二是在城市更新中增强旅游业。比如，甘肃临夏的八坊十三巷，在一个时期是"低收入群体聚居区"的代名词，当地在发展文化旅游的理念下，把这项城中村改造项目变成了旅游项目、惠民项目，现在已经成为最具特色的旅游名片。随着旅游主体和理念的变化，特别是大众旅游和深度旅游的兴起，游客也不再只是对著名景点景区有兴趣，而对城市文化也很有兴趣。一些年轻人，甚至只是想去看看某个城市的风貌，景点早已不是他们的首选或必选。

三是搭建平台。比如，黄河风情线是兰州市民的休闲之处，也是很多人唱"花儿"的地方。"花儿"是黄河上游多个民族的创造，是联合国教科文组织认定的人类非物质文化遗产。一代又一代黄河儿女在这里唱"花儿"，形成了洮岷"花儿"、河湟"花儿"、六盘山"花儿"大三流派。三大流派之间又有许多地方、民族的特色。在黄河风情线，到了节假日和周末，一群群来自周边乡村的少数民族群众，主要是年轻人，在这里结对唱"花儿"，即兴而作，我口唱我心。这些歌者在乡间的山头上唱，在城里的黄河边也唱，毫无违和感。

城市有突出的人才、信息、市场和公共服务设施等优势，要发挥其对于本地特色文化，包括乡村文化的窗口作用。有条件的，还可以成为乡村文化公共服务平台和乡村文化产品展示、交易枢纽。它既丰富了城市文化内容，又突出了当地文化的地域性。

上演过千年风华的老城与乡村，风流总被雨打风吹去。黄河流域山水远阔，历史在兜兜转转中发展为城市更新与乡村振兴。如果能就此找回传统文化，像找回失散的亲人，人们就会发现，穿过时代归来的传统文化，仍是风华正茂的少年，我们要打造的特色文化城市版与乡村版，既是传统版，也是青春版。

四、寻找黄河人家的中国气质、国际范儿

2021年，山东省旅游发展大会在烟台举办，来自各地的游客在宾馆房间的桌上看到《图说烟台（1935—1936）》，这是位名为阿美德的英国人写的，生平不可考。这是一本再版书，最早出版何处也不清楚，但今在的中国人看到这本书却像遇上了知音——这位外国小哥很多年前就已经在寻找黄河人家的中国气质、国际范儿了！

第一，关于地方特色。阿美德在书的序中提出，理解这个国家的最好办法，是分别研究某个省或某个城市的细节。据他自述，父亲在上海定居六十年，在他写作这本书的头三年去世。作者对中国曾进行过广泛游历，对中国语言、民俗以及民族特点有广泛的了解，对烟台有特别美好的回忆，写这本书是为了记录这些回忆，并向世界介绍烟台。今天，在我们看

来，"中国语言、民俗以及民族特点"恰恰是理解中国文化乃至中国地方文化的渠道，阿美德显然抓住了根本。

当中国面向世界，一直有两种观点，一种是全盘西化，一种是在坚守中国特色的基础上有所借鉴。1946年，费孝通等著的《人性和机器——中国手工业的前途》中说："讨论设计中国战后经济建设的朋友中间有不少心目中似乎只有'英美式呢还是苏联式'这一简单的课题。这课题背后有一个极不合常识的假定，那就是中国好比一张白纸，要染什么颜色就是什么颜色。我们说这个假定不合常识，因为中国并不是一张白纸，是一件极简单而易明白的事实。"中国文化的底色，不仅我们无法改变，而且应该自觉维护。比如，上海有着典型的海派文化，但是我们又注意到，红色文化、江南文化、海派文化是这里文化工作的排序，即便是海派文化，也是外来文化与江南文化的结合，江南文化是它的底色。在黄浦江边的一排排西式建筑中，有很多中国文化的元素，这是早期学成归国的设计师自觉或不自觉的选择。至于石库门，是典型的江南民居与工业化时代西式建筑的混合体。翟雅阁是武汉市现存最古老的大学建筑，距今已有一百多年的历史，是文华大学（现华中师范大学前身）的体育馆，首任校长是翟雅各（James Jackson）。这个中西风格混合的建筑，一度被人善意地戏称为"戴瓜皮帽穿西装"，现在是武汉设计之都的"客厅"。中国底色，不只是中国人自己的坚守，也是外国人对中国文化的尊重，《图说烟台（1935—1936）》就是很好的例证。在文化自信日益成为中国社会的自觉意识的今天，更应该坚持和弘扬中国的文化特色。

第二，关于世界视野。要把中国特色放在世界潮流中去认识。阿美德在《图说烟台（1935—1936）》的序中说，中国不受世界关注的时代已经成为过去，他对中国怀有热烈的期待，他还认为，把整个中国笼统地看作完全一致和一成不变的认识的时代，已经成为过去。事实上，作者对当时中国的乐观判断并不准确，1935年至1936年正是中华民族面临着日本帝国主义入侵的前夜，是中华民族最危险、最黑暗的时刻。或许，这位对中国怀有感情的作者，已经感觉到中国在世界上应该有的地位，世界不应该忽略中国。这与拿破仑关于中国是一头沉睡的雄狮的判断有相近之处，只是阿美德并不担心它的醒来。历史上的中国，确曾有过辉煌，近代以来，历经屈辱与荣光。今天，中国以崭新的面貌受到世界的关注，一切正如阿美德所愿。

敞开胸襟迎接世界文化的八面来风，曾是古代中国的主要姿态，直到宋朝才有变化，特别是明朝以后走向封闭。包容是黄河文化的重要内涵，是中华文化的特征，千百年来的中国文化，就是在与世界文化的交流中发展而来的，这个过程丰富了我们的民族文化，强化了中华文化的和谐精神。面向世界，要积极吸引人类优秀成果，更要向世界介绍中国。即便是鸦片战争后被西方的坚船利炮打开国门，中国还处于积贫积弱的时代，有头脑的中国人也想着要向世界展示中国，特别是展示中国文化。晚清状元、著名的实业家张謇，写信邀请梅兰芳到南通一起做戏曲教育，开头就写道："世界文明相见之幕方开。不自度量，欲广我国于世界，而以一县为之嚆矢"（南通当时是县）。这是中国人睁开眼睛看世界时就有的清醒头脑：中华文明要与世界文明相向而行，相互学习、借鉴，让世界了解中国。今天，我们要与世界各国共同构建人类命运共同体，更应有立足本国文化、为人类文明的共同进步做出努力的积极态度和行动。

第三，关于会讲故事。阿美德为了写这本书，跑了烟台的不少地方，访了不少人，而且这本书图文并茂，显然很会讲故事。另外，当地有关部门在历史中爬罗剔抉，找出这本书由齐鲁书社正式再版，是一个很好的创意，也是"会讲故事"。到一个地方去，住进宾馆，一般都有地方旅游指南，而《图说烟台（1935—1936）》实际上就是一本城市指南。今天的烟台人再版这本书，是向这位为烟台旅游做出过贡献的人士致敬，也为读者提供了一个外国人观察当时黄河流域沿边城市、乡村的视角。

无论是传承本国文化，还是以文化的方式参与构建人类命运共同体，都要善于发现和表达。在今天这样一个创意的时代，还要善于运用创意。越是民族的就越是世界的，这是颠扑不破的真理。张謇写信邀请梅兰芳，强调的就是戏曲在民族特色上的代表性。他还特别重视刺绣等传统手工艺，并在南通办了传习所，可以说已有这样的自觉意识。今天中华优秀传统文化回归现代视野，首先是因为中国经济社会持续稳定的发展，进一步坚定了中国人的文化自信，同时让世界产生了认识中国、认识中国文化的兴趣。把准中华文化的精神内核，将具有当代价值、世界意义的精髓提炼出来，并且找到最好的对话方式，至为关键。

横贯黄河流域的丝绸之路，是人类史上最具有代表性的文化交流符号，可以由此看出文化交流、发展的基本规律，并从中获得开展城市更新与乡村振兴的启示：

一是开展特色文化交流。文化是对外交流的先行者。丝绸西去，天马东来，唐代诗人张籍的"无数铃声遥过碛，应驮白练到安西"，生动地描述了这条路上的热闹景象。以丝绸为代表的中国产品，在沿线国家开展贸易，一次次惊艳欧洲，掀起"中国风"，从宫廷到市井，拥有来自中国的物品是时尚、高雅、先进、荣耀的象征。许多来自异域的产品和服务，也丰富了中国人的生活和文化。汉代乐府《羽林郎》写一位卖酒的胡姬，义正词严而又委婉得体地拒绝了权贵家豪奴的调戏，这是后世文人继续描写胡姬的基本形象，也表明中原文化常常是用欣赏的眼光打量来自丝绸之路的文化的。今天的民族舞剧《丝路花雨》，其中的乐器和舞蹈大多来自丝绸之路，但已演化为中原地区的民乐、民族舞，有些乐器和技艺可能在它的原生地已经衰微甚至失传，但在中国却成为国家级或地方级的保护项目，作为人类共同的文化遗产受到守护。就如同城市、乡村发展到最后都成为文化的容器，丝绸之路也最终成为文化之路。这条路在不同的国家、不同的民族被称作铜铁之路、纸张之路、皮毛之路、奴隶之路、铁蹄之路、黄金之路、朝贡之路、宗教之路，等等。1877年德国地理学家李希霍芬在《中国》一书中将其称作"丝绸之路"，被广泛接受，而"丝绸"是最具特色的产品，是中国的文化符号。丝绸早在春秋战国时期就传至希腊，古罗马人则用"丝绸"称中国，就像英语中用"瓷器"指代中国一样。

二是开展产业、市场交流。对外交流开启了早期的文化市场和文化产业。山东是草编大省，莱州草编更是历史悠久，"编筐编篓，家家都有"。当年湖广总督张之洞在鄂创办草编业，特聘这里的手艺人传艺。接着，德国商人专程来这里招募手艺人，签订合同，到德国传授技艺，打响名号，带动了胶东半岛港口出口贸易额，被称为中国"近代实业之光"。山东省临沭县的乡村，十几年前就有来自荷兰的创意设计师长期驻扎，与从事柳编产业的农民配合，让柳编产品更适合欧洲消费者。胶东一带几乎所有妇女都会的"棒槌花边",原是欧洲传统的手工艺,但在20世纪走向衰落,现已无人传承。而山东自古以来是刺绣之乡,遇到棒槌花边这项技艺,就有了相见恨晚的感觉,到了20世纪八九十年代进入鼎盛时期。但此后又急剧萎缩,现在作为非遗项目得到政府扶持,并且被开发为特色文化产业。

三是开展民间交流。中国古代的文化交流主要是在民间展开。民间往来渠道广、层次多、方式灵活,在潜滋暗长中助成民心相通,拓展大众视野,培育社会的心态。马可·波罗是个意大利商人,当初从新疆和河西走廊一步步走来。他自述受到忽必烈赏识并为官三年,但是从书中看,他仍然是民间立场,关注点也涉及一般官员或学者不曾注意的经济现象和市场细节。在丝绸之路上行走的,除了朝贡之外,有产业交流、市场交流,还有思想文化交流,都是民间行为。有的得到了朝廷的认可或者支持,有的还受到过打压。从西域传来的各种宗教思想文化影响更大,特别是佛教,从汉代开始传入中国,此后的历史上有过几次朝廷发动的灭佛运动,但经过一代又一代的浸润,化为中国思想文化的一部分,深刻作用于中国的经济、政治、社会各个方面,改变了中国历史进程。儒释道既鼎足而立,又三教合一。至于禅宗,则是中国化的佛教,不仅受到历史上文人和百姓的欢迎,而且还传播到其他国家。

今天的中国,仍然要面向世界,向世界先进国家学习,采取鲁迅所说的"拿来主义"。从构建人类命运共同体出发,尤其需要在坚守民族立场和民族特色的基础上融入世界。实际上,中国发展文化产业,包括特色文化产业,都从西方发达国家得到借鉴,再结合自己的国情,走出了一条适合自己的道路。

从文化的角度看,城市更新是城市的窗口,乡村振兴是当今中国的"风口",如何对待国外文化、对待中外文化交流,这在很大程度代表了当今中国社会的态度。采取正确的方法,将直接促进城乡文化发展、带动特色文化产业和旅游业:

第一,丰富城乡文化内涵。这是从对外交流的角度对地域文化的新发现,以及对其价值的再发掘。人类从来就有跨文化的兴趣,这或许是文化自身生长的本能反应,因为只有进入不同文化物种构成的生态,才能更有效地吸收有益成分,强壮自己。这种需求潜藏在人的深层意识中,渴望在与其他文化的相遇中，也是在与其他文化的比较中，更清楚地认识自己，相互欣赏，又相互吸收。鲁迅在《摩罗诗力说》中认为："意者欲扬宗邦之真大，首在审己，亦必知人，比较既周，爰生自觉。"这是比较早的提出文化自觉的理论。他还说"国民精神发扬，与世界识见之广博有所属"，并且明确主张"别求新声于异邦"。这就是城乡文化开展对外文化交流的吸引力所在。兰州黄河铁桥——中山桥是黄河上唯一现存的老桥，2009年，兰州市政府接到当年帮助建桥的德国建桥公司来函，告知这座桥已期满百年，到了该大修的时候。而且，德方还保存着当时的相关图纸和资料。如今讲起这座铁桥，总让人感慨德国公司的负责态度和工匠精神，这是丝绸之路上新发生的一段佳话。兰州白兰瓜也是一百多年前时任美国副总统的华莱士来兰州看望朋友，带来了瓜种，在很长一段时间里，白兰瓜成为兰州的著名土特产。后来品种退化，据说经过农业专家的改良，又恢复了过去的味道。这样的故事在黄河流域很多，每个故事都会增加一个地方城市和乡村的魅力。

第二，发展城乡特色文化产业。历史上的外来文化，已经与黄河流域的各地文化水乳交融地结合在一起，成为当地特色文化组成部分。在城市更新与乡村振兴中，发掘、展示这样的内容，证明我们的文化从来就是在交流中获得发展的，表现出当地对外来文化的包容和主动吸收，也表现出我们的前人有自信，今天的人更有自信。据西安人说，"买东西"一词中的"东西"，最初指唐代长安城两大集市"东市"和"西市"，而长安城是当时全国的工商业贸易中心，也是中外经济交流活动的重要场所。有资料记载，白居易就住在城东，皇家座上客李白可能也住在城东，这里当年是达官显贵和文人墨客的聚集地。唐武宗年间，一场大火让长安东市损失惨重，渐渐消失在历史长河中。在今天这个发展文化产业的年代，已经实施了集文旅商于一体的大唐西市项目，重建大唐东市项目也已经列入西安的老旧小区改造计划之中。

第三，发展城乡特色旅游。好奇之心，人皆有之，人类总是希望自己能够突破时空限制，更好地认识世界，这种对外部的新鲜感与探索精神是文化前行的动力。旅游是通过行走的方式，达到求知求乐的目的。旅游作为一种审美和艺术体验，还"允许"以小见大、无中生有。金昌市永昌县境内有个村子，过去叫者来寨，现已改名骊靬村，据说2000多年前，曾经有一支古罗马军团东征失利，数千名将士突围后几经辗转进入西汉版图，在此落地生根。尽管这里的村民是不是古罗马军团后代，可以让史学家去研究、争论，但不影响以此为资源做旅游。如今，骊靬遗址已经建起了骊靬古城，金昌骊靬文化旅游节也已经举办多年，和永昌县结为友好城市的意大利博拉市，还组团来"走亲戚"，带队的副市长说："在意大利博拉周边的帕兰佐，可以找到非常古老的古罗马小镇遗址；而在中国丝路小镇永昌县者来寨（村），也可以找到类似古罗马军团留下的遗迹。"兰州永登县红城大佛寺是第六批全国重点文物保护单位，宝殿墙壁悬空塑有《西游记》，表现了唐僧玄奘大师西天取经历经的九九八十一难。在甘肃丝绸之路沿线，庄浪云崖寺、张掖大佛寺等地，也有和西游记有关的壁画、塑像。榆林窟的壁画《唐僧取经图》创作的年代要比小说《西游记》早300年。据原敦煌研究院院长段文杰考证，唐僧身边的猴形人就是悟空的原型。悟空原型名叫石磐陀，其家乡在敦煌瓜州锁阳城一带。在敦煌，还有一个叫高老庄的地方。这些都是有意思的旅游故事。

在城乡融合加快节奏，新的文化和旅游业态不断涌现的背景下，中外文化交流又有新的表现。有越来越多的外国游客在中国的城市更新和乡村振兴中找到了新的旅游兴奋点。逛老城区是外国游客的老爱好，从马可·波罗到《图说烟台（1935—1936）》的作者阿美德，莫不如此。除了大都市的风光，他们更喜欢都市里的胡同小巷，喜欢市民生活的烟火气。随着中国乡村旅游的兴起，外国游客也"跟风"产生了兴趣，而越来越多的乡村，也具备了接待外国游客的能力，浙江等省还推出了面向外国游客的乡村旅游路线图。内行人都知道，做这一块市场，只要考虑到外国游客的一些生活习惯就行，不需要刻意去做些什么，特别是在内容上好好坚持自己的乡土特色，就能让外国游客满意。

还有一些外国人在今天中国的城市更新和乡村振兴中，找到了一个很好的切入点，那就是文旅产业，比如在老城改造中开个咖啡店，又比如在乡村办个洋家乐。洋家乐是指一些外国人租借当地乡村的民居，改造成休闲住宿场所，形成的一种乡村旅游新业态，不仅带动了入境旅游市场发展，而且还促进了农民增收致富。这种业态较早出现在浙江德清莫干山、杭州梅家坞、苏州三山岛等地，然后在其他地区，包括在黄河流域也有分布。陕西省蓝田县的有关部门还制定了《周至县民宿（洋家乐）经济发展指导方案》和《周至县关于加快推进民宿（洋家乐）经济发展的实施方案》，促进洋家乐与乡村民宿健康有序的发展。

深受"天人合一"思想浸染的中国老城与乡村，面积不大却意境辽远，街巷不长却穿越千年，风物不多却风情万种，养育一方人的一方水土也翻滚着五湖四海。汉天胡月下的黄河逝者如斯，草木几番枯荣，城乡几多沉浮，中国人的气度与格局，就是在这样的老城与乡村文化哺育中形成的。在环球同此凉热的今天，中外交流前所未有地活跃，中国城乡与世界联系前所未有地紧密，发生在这里的城市更新与乡村振兴，也当成为呈现给人类文明发展史的生动样本，后人视之，亦当如今天的中国人看到阿美德的《图说烟台（1935—1936）》，被深深打动。

第二章 中国乡创的摇篮:长江流域

一、从乡村振兴角度看长江流域乡村文化流变

　　长江与黄河同为中华民族的母亲河,两大流域的乡村同为中华文明的摇篮。梳理长江流域乡村文化流变,有助于确证今日乡村振兴中文化振兴的历史方位和时代高度,并且把握其内在规律和外在表现。

　　滚滚长江东逝水,这个流域乡村文化也在千淘万漉中一路向前。旧石器时代中期之前的原始部落还不能称为乡村,这以后,特别是新石器时代,农业从畜牧业中分离出来,人类才得以定居下来,乡村和乡村文化就出现了。长江上游的三星堆遗址,震惊世界的是它的二、三期青铜器,其实它的一期也很重要,因为一期是巴蜀大地上新石器时代晚期的农渔文化代表。下游的吴越地区,有河姆渡文化、马家浜文化和南京北阴阳营文化,还有杭州良渚文化,它们是当时农业发展状况的物证,学界认为它们"翻开了中国东方文明的历史",这些就是长江流域乡村社会和乡村文化的第一缕阳光。这个时期江淮流域的薛家岗文化遗址,考古学家苏秉琦对这个遗址的判断是:淮河流域在中国考古学中确实具有不可低估的重要性。这个地区也是中国古代文化的发源地之一。这也应该是中国乡村和乡村文化的发源地之一。每次当地人返乡,感觉能呼吸到最早的乡村文化气息,这是混合着长江水汽和家乡泥土味道的乡野气息。

　　几千年了,这些作为中华文化发源地的遗址,绝大多数仍在今天的乡村,在同一块土壤上储存着中华文明的基因,也年复一年地累积着乡村文

明的成果，成为乡土文化的地标，特别是在宋代以后，中国经济政治中心南移，这个作用更加突出。

万里长江不舍昼夜，流淌出从巴山蜀水到江南水乡的千年文脉，打造出中华民族的代表性符号，成为中华文明的标志性象征。长江文化，作为南中国文化的主体，浩浩荡荡，波澜壮阔。乡村文化则是紧贴这个文化河床的深流——静卧两岸的村庄，受到这条大江的哺育，又以自己创造的文化乳汁，哺育了中华民族。长江流域的乡村社会虽然千差万别，但毕竟共饮一江之水，都是依江而生、缘江而兴、因江而美，水脉连着文脉，水的灵气连着人的灵气，因而又有类似的文化样貌：

由长江串联起来千万个乡村，有着大致相同的生产生活方式。它们傍水而居，气候温和多雨，十分有利于农业生产，主要是稻作生产和渔业，还有适宜乡村自给自足的各种产业。这种相对稳定性，为乡村建设，特别是乡村文化建设创造了必要条件。它有利于百姓在解决温饱劳作之余，进行文化传承和创造。这种耕作方式促进形成了安土重迁思想观念和植根家园的情怀，有利于耕读传家的乡村传统代际交接。没有这样的相对稳定性，没有就像庄稼一样一年又一年、一茬又一茬的劳作与收获，就很难想象有那么多的乡村文化千年传承，不绝如缕。当然，由此也带来了乡村封闭保守，这是其两面性。

与这种生产生活方式相联系的是相对稳定的长江流域乡村社会，这同样是乡村文化生态的组成部分。中国乡村的治理，主要依靠血缘宗法制度，家族和宗族是乡村治理的主要组织形式，以亲属和血缘关系构成人际关系网络，村规民约、宗法伦理、道德礼俗是主要的规范模式。这种"德治"模式，本质上是依靠文化的约束力量。这一治理模式，与修身齐家治国平天下的人格修养和处世方针相结合，在"天地君亲师"的敬仰环境中，自然会十分重视文化的熏陶。由隋唐开始的科举制度，持续刺激了这样的学习，乡村子弟争取通过科举进入仕途，不论成功与否，它在客观上打通了城乡治理的链条，促进了乡村文化与城市文化两方面的发展。

同样与这种生产生活方式相联系的是相对稳定的长江流域乡土文化。在这样有利于文化积累、创新的空间里，乡风民俗的原真性、独特性、完整性得以保存，它们成为一代又一代村民日常生活的一部分，不会出现断档，也不是硬性楔入。在这个过程中，乡土文化能人自然涌现出来，成为乡村文化骨干。可以说，千百年来的乡村文化传承，主体是居家过日子的寻常村民，骨干则是乡村贤达和有一技之长的文化能人。迄今，在长江流域的乡村，保留着丰富的农业文化遗产和非物质文化遗产，有众多的国家级和地方不同层级的非物质文化遗产传承人，靠的就是这种乡村文化生态的余绪。

长江流域的自然生态，也是乡村文化生态的重要组成部分。一方水养一方人，也养育了一方乡土文学艺术。相信"天人合一"，把人看作自然之子，是自古以来中国社会的集体意识和大众哲学。长江流域景色优美，雨顺风调，最易激发人的审美冲动，刘勰在《文心雕龙·物色》中描述人与自然生态的这种互动关系时说："山沓水匝，树杂云合。目既往还，心亦吐纳。春日迟迟，秋风飒飒。情往似赠，兴来如答。"这种创作过程最适合长江流域，事实上，他写作《文心雕龙》的地点就是在江南。他在《文心雕龙·辩骚》中分析认为，以屈原为代表的楚辞作家，其风格放逸奇诡、汪洋恣肆，与当地山水氤氲、云雾迷离的自然环境密切相关。东晋时期，文人发现自然之美，由此推动了山水诗、山水画的形成，涌现出一大批优秀的文学艺术家和旅行家。大江东去，天地造化，这里引领了一次又一次的时代潮流。汉代民歌《江南》唱道："江南可采莲，莲叶何田田，鱼戏莲叶间。鱼戏莲叶东，鱼戏莲叶西，鱼戏莲叶南，鱼戏莲叶北。"滔滔长江水，孕育了同样滔滔的两岸乡土文学艺术，从江南文化区域，上溯荆楚文化区域，再上溯巴蜀文化区域，包括云贵地区，山歌土谣，丝竹管弦，刺绣剪纸，雕刻漆艺，还有乡村饮食文化、信仰文化、器皿文化、建筑文化、船舶文化，林林总总，无一不是沾着湿漉漉的长江水痕，无一不体现了刘勰所说的"江山之助"。

再有长江流域的城乡关系，也是乡村文化生态中值得关注的要素。"江南形胜，三吴都会，钱塘自古繁华"，这是宋代词人柳永吟诵当时杭州的诗句。宋以后，经济重心南移，依靠长江流域的优越条件，相继崛起一批繁华都市，又由此串起珍珠般的集镇，年复一年，对乡村形成明显的经济带动和文化辐射作用。古代的徽州就是在杭州成为政治、经济中心的背景下，涌现出的文风鼎盛的村落之一，这里走出去多少灿若星辰的文学艺术大家、儒商、徽医、能工巧匠！而都市的繁华依托于当地的经济社会条件，依托于广袤乡村的支撑能力。柳永还写道："烟柳画桥，风帘翠幕，参差十万人家"，"市列珠玑，户盈罗绮，竞豪奢"。从今天杭州及周边乡村留下的非遗，比如舟桥、雕镂、漆艺、织锦、穿珠等技艺，就可以想象当时都市与乡村的密切关系。在中国古人的笔下，城市与乡村之间并无中城墙、护城河这样的壁垒，唐代诗人杜甫的《春夜喜雨》写道："好雨知时节，当春乃发生。随风潜入夜，润物细无声。野径云俱黑，江船火独明。晓看红湿处，花重锦官城。"随风入夜的春雨，没有阻碍地穿过成都盆地的城乡，滋润了乡村的野径和渔火，也滋润了锦官城里的鲜花。这完全不同于后来城乡之间的严重对立。

近代以来，中国乡村发生剧变，处于经济发展前沿的长江流域，可以说是乡村演变的缩影和典型。工业化的发展，对一直占主导地位的传统农业形成冲击，城市经济职能的强化，改变了它对于乡村的依附地位，并成为区域经济的轴心。实际上，从宋明开始经济重心转向南方，特别是转向江南地区后，以乡村自给自足为基础的传统中国经济结构就悄然发生了变化，进入明中后期，封建制度出现衰落，在一些地区，特别是江南地区，出现了资本主义的萌芽，手工业、商业获得空前发展，在工场手工业等领域形成新的雇佣关系。乡村经济也随之出现变化，产业结构开始调整，乡村中国的基本性质和社会面貌不可避免地也在改变。

封建社会内部新的生产力和生产关系的出现，在思想文化上也有直接反应。它当然表现在当时的知识分子的理论和作品中，比如明代以李贽为代表的思想家，以汤显祖、冯梦龙、袁宏道等为代表的文学艺术家，也表现在乡村意识的变化中。当代学者、曾担任过全国人大常务委员会副委员长的费孝通先生，其1938年在英国伦敦大学完成的博士论文《江村经济》，呈现了他在江苏省吴江县开弦弓村（今属苏州市吴江区七都镇）的调查资料，描述了当时这里农民的消费、生产、分配和交易等情况，从这个调查中可以看出，在世界大潮的冲刷下，这个村庄正经历着一个巨大的变迁，也能看到当时中国正在变化着的乡村经济动力和存在的问题。《江村经济》被公认为人类学中国学派的代表作，它把人类学的研究对象从"异域"转向了"本土"，从"原始文化"转向了"经济生活"，为人类学的发展开辟了一个崭新的领域。从"原始文化"到"经济生活"的转换之所以能在费孝通的手上顺畅发生，能在这位长江之子的案头自然转换，是因为这与我们的中国传统文化有关，与长江流域在我们的思想深处就把乡村当作根系所在有关——乡村有着我们中国社会最原始的基因编码。这本书中记载，有位在村庄工厂工作的妇女忽然一反常态，变得很硬气，斥责丈夫没有给她送伞，直观地反映了当地女工因为经济地位的提升，改变了千百年来妇女的家庭地位。十多年前我寻访过费孝通先生的家乡苏州吴江的乡下，他就出生在他熟悉的这片土地上。从李贽、汤显祖、冯梦龙、袁宏道到费孝通，他们都曾是长江流域乡村里玩大的孩子。

中国乡村没有能够走上一条与发达国家一样相对正常的发展道路，与中国城乡结构固有的缺陷、中国乡村文化的保守性有关。但是，中华民族跌入灾难深重的谷底，是因为西方列强发动侵略战争，中国沦为半封建半殖民地国家。这是中国乡村急剧衰落、乡村经济濒于崩溃的根源。帝国主义国家利用种种特权，掠夺廉价工业原料、推销其商品，并控制市场，向中国广大农村辐射，攫取高额利润，农产品价格微不足道，农村与农业相关的产业纷纷破产，农民深受其害。与此同时，封建土地制度严重阻碍了生产力的发展，清王朝、北洋军阀等各路军阀、国民党政权腐败奢侈，进一步加剧了乡村的动荡，中国农村长期处于落后、贫困和战乱之中。

长江流域的乡村也在这样的背景下进退维谷，几乎陷入绝境。王先明在《城乡发展的背离：1930年代乡村危机》一书中提到，乡村危机显然并不仅仅是农业生产力下降或农业收获量减少的问题。因为对于当时的中国乡村而言，"不仅歉收成灾，丰收也成灾"，"已陷于东不是、西不是的走投无路的状态中"。例如，1932年各地大多丰收，"照理一般农民就此可以欢天喜地，额手称庆了。但是实际上恰恰相反，因为粮价太贱，农民的穷困非但没有减轻，反而益加深重"。他还特别提到长江流域："春夏之间，粳米每石十三四元……等到新谷登场，立见倾跌至十元以内，现已在八九元左右。"以至于"'谷贱伤农'恰是农业恐慌中农民生活的简单描写……眼下中国农产价格的往下直跌，便是这种幻象造成的结果。同时这种农产价格狂跌的现象就成为中国农业恐慌基本的标志"。

中国现代文学史上最伟大的三个现实主义作家"鲁巴茅"（鲁迅、巴金、茅盾），都有在长江流域乡村成长的经历，他们的作品也都真实反映了当时中国乡村，特别是长江流域乡村的没落，包括传统乡村文化的式微。在鲁迅笔下，科举制的牺牲品孔乙己，是乡村知识分子的代表，迂腐麻木，穷困潦倒，成为人们嘲笑的对象；勤劳善良的祥林嫂，早年守寡，再嫁又寡，幼子阿毛也被狼吃了，由此被视为伤风败俗而且不祥的女人，在命运的重锤击打之下，更是在人们日常的歧视中，变得精神失常并最终失去生命；靠给人打短工为生计的贫苦农民阿Q，受尽压迫，心灵扭曲，用精神胜利法浑噩度日，最终也因稀里糊涂地参加所谓的"革命"丢了性命。鲁迅在小说中塑造了一系列当时江南乡村的人物形象，他们是那个时代的乡民代表，是那个时代的乡村文化符号。巴金和茅盾，也分别在他们的作品中描绘了当时长江流域的乡村突变，反映了乡村生活和乡村人物的沉沦。除了他们，还有很多长江边上乡村长大的作家，比如长江上游的郭沫若、李劼人、沙汀、马识途、何其芳，长江中游的闻五多、沈从文，长江下游的朱自清、郁达夫、余光中，等等，都曾把目光投向乡村，为中国文学史提供了长江流域的乡村人物资料。即便是鸳鸯蝴蝶派的代表人物张恨水，写作重点在都市男女，比如《金粉世家》《啼笑因缘》，但故事的场景也常常在都市与乡村之间穿插，而且他的悲剧情结总是体现在这样的穿插中。后来，他又把笔锋更多转向不幸的乡村和农民。这是当时长江两岸农民的悲惨时刻，这也是长江流域乡村文化的至暗时期。

中华人民共和国成立后，长江流域的乡村发生了翻天覆地的变化，乡村文化也焕然一新。在长期的计划经济时期，由于城乡二元体制的影响，这个流域的乡村发展和乡村文化建设受到了严重影响，但是，在每次的社会变动中，特别是改革发展中，这里常常能立于潮头。1978年，安徽凤阳县小岗村十八位农民冒着极大的风险在乡村首创土地承包责任制，其中敢为人先的"小岗精神"，还有"托孤""立生死状"的方式，正是长江流域乡村文化特有的表现。改革开放后，江浙一带乡村经济率先兴起，其背后也有这种文化精神的支持。有不少学者在探索这种文化精神时会追溯到历史上这里曾有过的学术流派，比如由黄宗羲领衔的浙东学派，其代表性人物都是今天宁波、绍兴一带的人士。黄宗羲、顾炎武、方以智、王夫之、朱舜水及"明末清初四大家"，都出生于长江流域的乡村或小城镇，他们的理论与这里的乡村都有着渊源关系，在一定程度上可以说是乡村文化的反映，当然也会作用于这里的乡村。王阳明也是这里的人物，其思想的最终形成，是同在长江流域的贵州乡间，即龙场悟道，而他的出生及其思想的酝酿，又是在老家浙江宁波余姚的乡下。曾经我到这里参加民宿大会，在演讲的开头说，在座的做乡村民宿的各位都是王阳明的同乡，也是他的传人，是"知行合一"的践行者。

改革开放后，长江流域的文化建设进入了新的发展时期。一些省份相继提出建设"文化大省""文化强省"的目标，乡村文化建设是其中的重要内容。这些年，长江流域的乡村文化建设也发生了重要的变化：

在文化遗产保护传承方面，长江流域历史文化积淀深厚，文物和非物质文化遗产丰富，有一系列重大考古发现。2001年在成都金沙遗址出土的太阳神鸟金饰造型被国家文物局于2005年确定为中国文化遗产专用标志图形。长江流域保护历史文化遗产的意识相对来说觉醒最早，而且由于经济条件相对较好，工作力度也较大，浙江省的国家级非遗数量，从国家启动这项工作开始，便一直处于领先地位。安徽等省份率先制定了古村落保护方面的法规。

在现代公共文化服务方面，这个区域创造了不少好的经验，也涌现出一批在基层，特别是在乡村服务农民方面的领头人。宁波市在全国首倡"十五分钟文化圈"，从城市推向乡村。费孝通的家乡苏州市吴江区，开展乡镇群众文化活动大联动，这项活动坚持多年，在全国产生示范效应，"大联动"的经验和品牌进而拓展到社会治理的各个方面。

乡村特色文化产业和旅游业更是做得风生水起。宁波市象山县石浦镇利用自古以来就有的开捕祭海的民俗，结合当今生态保护意识，于1998年举办了首届"开渔节"，成为著名文旅品牌，再接再厉，之后几年又成功申报为国家文化生态区。成都市郫县农科村从1987年开始办"农家乐"，被原国家旅游局授予"中国农家乐旅游发源地"的称号，此后在成都平原遍地开花，出现了"渔家乐""羌家乐"等品牌，成都市锦江区三圣花乡，在农家乐的基础上不断升级，成为集商务、休闲度假、文化创意、乡村旅游于一体的旅游休闲胜地，先后被有关部门授予"国家AAAA级旅游景区""首批全国农业旅游示范点""中国人居环境范例奖""国家文化产业示范基地""市级森林公园"等称号。同样是"农家乐"升级版的乡村民宿，在长江流域的上中下游遍地开花，浙江一带的乡村民宿，借助长三角城市群地缘优势，更是风头无两。

发源于"世界屋脊"青藏高原唐古拉山脉的长江，穿过上游的高原、高山、峡谷，穿过中游的江汉平原、洞庭湖平原、鄱阳湖平原、苏皖沿江平原，又穿过深阔江道与密集河网交织的下游，最后汇入大海，其情状如同农人之四季，湍急如春忙，舒展如夏长，丰盈如秋收，沉积如冬藏——这恰恰就是长江流域乡村文化流变的象征。

二、长江流域城乡文化的心有灵犀

城乡融合发展是乡村振兴的必由之路。滚滚的长江，是流动的城乡文化要素，长江流域的城乡文化融合，有着独特的地理优势和文化传统。

一千三百多年前早春的一天，风和日丽，因避乱卜居长江上游的杜甫，在浣花溪草堂写下了这首诗："两个黄鹂鸣翠柳，一行白鹭上青天。窗含西岭千秋雪，门泊东吴万里船。"有天府之称的成都平原，大地湿润，万木葱茏，一派勃勃生机。在门口停靠着驶往下游东吴地区的船只，上船便可让归心似箭的诗人"千里江陵一日还"——这是李白的诗句，李杜是唐代诗坛的双子星，都曾面对长江感叹水运之伟力、大地之丰饶。

长江自古以来就是黄金水道，流域面积广阔，不仅有赣江、汉江、湘江等支流，而且串联起沿江的种种陆上交通要道，承东启西，接南济北，形成了蔚为壮观的立体交通和综合运输体系。再就是资源充沛，物产丰富。沿江的水土、能源、矿产、森林、农业生物等资源丰富，地广物博，沿江布满鱼米之乡以及种种特色物产之乡，作为中华民族的重要河流，哺育着南国大地。

读杜甫的这首诗，还会联想到杜甫躲避的那场安史之乱，是唐王朝由盛而衰的转折点。这场浩劫直接导致北方经济衰落，中国经济中心逐渐南移。北宋灭亡，宋室南渡，南宋把朝廷建在长江边上。相对安定的南方，为经济社会发展提供了稳定的环境。经济中心南移，又促进了南方、长江中下游地区，特别是江南地区全方位发展，包括乡村社会和乡村文化的发展。

今天长江流域的乡村社会和乡村文化发展，不只有着更好的交通条件、生产生活条件，更有以往不可比拟的政治、经济、社会条件，特别是文化振兴成为乡村振兴的重要内容，城乡融合将产生新的城乡文化互动模式、新的乡村文化发展动能。在乡村文化振兴中，这个流域城乡的任何一个角落，都是拼图中不缺少的一块，而关键就是让城乡文化要素流动起来，这也是乡村文化未来发展的底层逻辑。

需要正视的困难是，近代以来，乡村社会衰败，乡村文化跌落，城乡文化关系恶化，长江流域的乡村文化更是深受其害。中华人民共和国成立后，乡村文化有了翻天覆地的变化。但是，长期的城乡二元体制，扩大了城乡文化的鸿沟，在新形势下形成城乡文化新融合，还要走出城乡关系的创伤甚至是危机。

长江流域历史上有"三多"可居全国榜单前列，即都市多、宗祠多、藏书多，进而认为它们对这个流域城乡关系的形成有重要作用，并想借此理清今天重塑城乡文化关系的路线：

第一，都市多。长江流域古代就都市密布，不少是大都市。《史记》的"一年成邑，三年成都"，原本是说西周王朝建立都城的历史，但作为地名却落在成都的头上。重庆是历史上的渝州，李白说"夜发清溪向三峡，思君不见下渝州"，"下渝州"与"下扬州"一样，是走向大都市的惯常表达。而扬州素负"扬一益二"的盛名，春风十里，繁华如梦，有道是"腰缠十万贯，骑鹤上扬州"。杭州更是人间天堂，柳永说"东南形胜，三吴都会，钱塘自古繁华"。南京是多个朝代的国都，刘禹锡说"台城六代竞豪华，结绮临春事最奢"。南昌这座"豫章故郡，洪都新府"，天才少年王勃《滕王阁序》中，对它的"物华天宝""人杰地灵"极尽铺排。武汉又名江城，九省通衢，被称为大武汉，大城市前面被冠以"大"的还有同在长江流域的大上海。长江边的众多大、中、小型城市，都曾是商贾云集之地。

长江流域都市多，连结的城镇也多，紧紧依附在密集的乡村土地上。没有厚实的乡村支撑，就没有繁华的都市。同样，没有都市的带动，或者说没有城市需求的强劲拉动，就没有乡村的发展。长江流域的乡村文化，在很大程度上是乡村与都市互动的结果。一方面，近代以前，中国经济的主导结构是自然经济，长江流域的都市发展没有打破这样的经济结构，而是与乡村和平相处，相互支持，维持了乡村存在，稳固了乡村文化的特性。用现在的眼光，这种自然经济有保守落后的一面，所以融入现代经济比较困难，与西方文明正面相撞时很快崩溃，但是在人类反思工业文明的弊端并重新认识农耕文明价值的时候，它为我们重拾乡村文化遗珍、重建乡村文明提供了便利。这也给我们一个启示：虽然城市占尽信息、人才、市场等各种方面的优势，但在解决城乡关系时不能处处以城市为圭臬。现在的城乡融合以乡村需求为导向，在一定意义上是向传统回归。另一方面，文化总是在与其他文化的相互学习、借鉴中获得发展，历史上长江流域都市的发展，明显促进了商业意识在乡村的觉醒，提升了农家孩子的经商能力，所以会有一批批浙商、徽商从大山里走出来，在都市大显身手。长江流域众多的乡间小曲小调，进入都市后成为文人诗词的样式范本，李白写的《长干里》就像是原汁原味的乡间小调。而越剧、黄梅戏、汉剧、楚剧，最初都是乡村小戏，在都市大舞台上演变成有影响的剧种。清末几次徽班进京，最初也是从乡间收拾戏装锣鼓出发的，安庆潜山程家井的程长庚，被誉为"徽班领袖""京剧鼻祖"。

乡村文化振兴，必须强化城乡之间市场要素的流动。今天的长江经济带，有长江三角洲城市群、长江中游城市群、成渝城市群，无论是规模还是功能，都远非昔日可比，为增强城乡文化的市场要素流动创造了有利条件。"市"是城市的功能，在中国古代是乡村交易的最重要场所。今天城市仍然是乡村的市场交易枢纽，以此为平台，各类市场要素在城乡流动，其中有文化行业的市场要素。现在需要激活并增强其流动性，没有它，城乡文化产业和旅游业就发展不起来。如今，文化产业和旅游业已经崛起为新兴产业，文化和旅游市场更是前所未有的繁荣，但是乡村还是明显薄弱，城乡更没有形成相互依存、共同发展的血肉联系；文化和旅游市场有统一的管理体制，但促进要素流动的机制薄弱、动力不足、方式单一，目前的主要方式是，城里游客到乡村消费文旅产品，或者是乡村文旅产品通过开店铺、网上销售、参加博览会和交易会而进入城市。城市进入乡村市场的则是现代文化产业和文化市场的内容，包括影视、传媒、书店、网吧等。

在乡村振兴中建立新型城乡文化关系，要加强城乡的彼此带动。以城带乡不是过时了，而是做得远远不够，必须更加有效地发挥城市文化市场和文旅产业的带动作用。即便将来乡村文化市场和文旅产业有了很大发展，特别是在特色文化产业、特色旅游方面超过城市，但是在市场和产业的总体格局上，还是需要城市带动，乡村文旅产业的强项，还是需要得到城市的涵养，就像历史上的农村小曲小调都是在都市孵化后脱颖而出的。但要改变以往乡村对于城市被动、依附的关系，体现乡村的主体地位，强化在文旅市场和产业中积极、创造的身份，与城市互生互动。这就需要深化城乡的彼此认识。乡村要精准把握城市的消费需求，并确定经营方向；城市要体现乡村的发展需求，体现城乡融合中促进乡村发展的初心。城乡之间市场要素的流动是市场行为，但地方领导和有关部门有责任通过出台政策规划和搭建信息、咨询、项目、资源、资金对接平台，为流动营造环境、创造条件。要有向城市挖潜的意识，把城市对于乡村产业和市场发展的有利条件用好、用足。

第二，宗祠多。宗祠是祭祀祖先的场所，也是凝聚同姓血亲关系的精神纽带。历史上的中国，长期以忠孝礼仪为制度基础，以血缘宗法理念治理社会。这种制度和理念，源头可以追溯到原始社会的父系家长制，夏商周三代是部族国家，政治制度也带有部族胎记，逐步演变成上至朝廷，下至家族、家庭的社会制度。在今天看来，这种制度的落后性是不言而喻的，但是它对中华文明的塑造，对中华优秀传统文化内容的形成、积淀和传扬有积极意义，现在所讲的家国情怀、思想逻辑和传承谱牒就要上溯到这里。而在长江流域特别是在中下游地区，几乎是有家族集聚的地方就有宗祠，每个姓氏，至少是大姓，都有自己的祠堂，有的大姓除了最高等级的祖先祠堂，还有分支宗祠。今天长江流域的宗祠，虽然经历了时光的侵蚀，甚至是严重的破坏，但仍然是遗存多、保护好的区域。媒体曾做过国内最著名的十大宗祠排行榜，大多是在长江流域，这与乡村相对稳定有关，更与千百年来乡村的重视有关。时光流转，现在这些场所很多成为乡间公共空间，比如"文化礼堂"，仍是当地村民开展文化活动、增强凝聚力的空间，从"祠堂"到"礼堂"，反映了巨大的时代变化，但是一个"礼"字，又清晰地显示出与以礼为核心的祠堂一脉相承。

宗祠是我们前人的精神殿堂，也是进入社会的学堂。无论为官、为民，在都市、乡村，居家、离家，识字、不识字，经过它的熏陶、训练，才能做人做事，安身立命，修齐治平。宗祠还是我们前人的人生之锚，哪怕走得再远，甚至漂洋过海，也要返归家乡，到宗祠报到、致敬、接受心灵的洗礼。中国最早的诗集是《诗经》，分"风""雅""颂"三部分，"颂"为朝廷祭祀乐章，按照《诗·大序》的解释是："颂者，美盛德之形容，以其成功告于神明者也。"后代民间、乡间的宗祠，基本上也是这个规制和作用。一代又一代人从乡间进入都市，或告老还乡，或解甲归田，或荣归故里，或失意还乡，拴着他们的是乡土乡情，但最重要的原因是要回归宗祠。因此，乡村游子无论走得多远都要返乡，召唤他们的是宗祠的旗帜。宗祠由此成为维系城乡关系的精神纽带，返乡祭祀宗祠也成为文化要素在城乡流动的驱动力。

时代变了，不能指望宗祠还发挥以往的作用，虽然有的地方又恢复了这个作用，但一般来说，只希望今天的乡村作为中华文明的摇篮，在整体上能够成为我们现代中国人的宗祠，在这里能望得见山、看得见水、记得住乡愁。乡村的这种作用，在很大程度上要靠城乡互动才能发挥出来、存续下去，或者说，乡村文化资源的价值要通过城乡之间的流动、城乡居民的共同体认，才能体现出来，才能保值、升值。因此，要认真保护并且相应发挥乡村文化资源的作用，包括乡风文明建设中可发掘、利用的乡村民规民约，关于先祖先贤的事迹、传说，还有当地农业文化遗产和非物质文化遗产等。乡村建筑是中国人的共有祠堂，今天散落在乡村的各类建筑，特别是传统民居，也具有祠堂的分量，或者说是我们中国人共有的祠堂。这些建筑留下了一代又一代人创业、守业的身影，留下了他们对幸福生活的心中默念，也留下了引起我们这些后世子孙强烈共鸣的精神气息。乡村建筑特别是乡村民居能起这样的崇高感，是基于我们民族特有的集体意识，即家国意识、家族意识、家居意识。在这样的民族心理结构中，乡村建筑承载着不同寻常的家国大义。各类民居满足的是家庭生活所需，不像祠堂那样以表达人纪纲常为主要目的，但也贯穿着祠堂里倡导的思想内容和行为要求，六朝文人谢灵运在《山居赋》中说"家传以申世模"，"家传"与"世模"具有同一性。因此，博大精深的中华优秀传统文化具体而微地体现在乡村建筑中。各地老民居在建筑格局和房屋安排上，尊敬长者，老幼有序，或以厅堂字画，或以房头雕刻，或以室内装饰，展示耕读传世、勤俭持家、父慈子孝、循礼而行、温柔敦厚的内容。民居延伸、拓展、丰富了祠堂文化，并把这种文化融入日常生产生活，形成了各家各户优秀的家风。

第三，藏书多。研究表明，宋以后，我国藏书家明显南移至长江两岸，主要在江浙一带，并向广东、福建地区发展，明清两代，江浙一带最多。据《浙江采集遗书总目》，乾隆三十七年（1772年）开四库馆，采访天下遗书，进呈图书最多的五个省是：浙江、江苏、江西、安徽和山东。江浙一带迄今还有天一阁等著名的藏书楼。与藏书多直接相关的是发达的印刷业，这是早期文化市场和文化产业的主要门类，也是那个时代城乡之间文化市场要素和文化产业要素流动最活跃的方面。与之关联的还有文房四宝，歙砚、徽墨、宣纸均出自杭州附近的徽州。最重要的关联是读书人多，自古江南多才子。相对便利的交通条件、充裕的生产生活资料、稳定的生产生活方式，使得更多的乡村人能够读书。大城市的文化影响，特别是出版业的发达，为乡间读书人提供了难得的条件。科举制在这个流域得到最持久、最积极的响应，在古徽州的休宁县，南宋以后，出过十九位状元。一年又一年的科举考试，是一次又一次的乡村读书大动员。科举失败并不意味着读书的失败，很多人转向其他行业，也有非凡成就，比如很多杰出的文学家、艺术家、儒医、儒商等。即便无所成就，他们也是一代代读书人的种子。而长江流域农村"耕读传家"的传统和家风，又使得这里成为最适合读书人成长的土壤，这里的很多乡村，自古以来就文风鼎盛、人才辈出。

读书人在城乡间穿梭，他们自身就是城乡人才流动的缩影，作为文化载体，他们又是乡村文化与城市文化的使者，不同的文化在他们身上碰撞与交融。当然，这种文化反应是很细微的，并没有到需要转换文化身份的地步，在都市、在乡村，在官场、在私人场合，来自乡村的文化角色并没有让他们感到身份上有违和感，更没有让他们感到低微，而恰恰相反，他们把很多乡村文化带到城里，甚至带到远方。来自徽州乡村的建筑，白墙青瓦，融砖、木、石"三雕"艺术于一体的徽派建筑风格，把自己的符号镶嵌在江浙一带许多城市的建筑上。这样的心态，对保持乡村文化自信、保留乡土文化特色，有着至关重要的意义。这种文化风气对于人才流动的作用并不都体现在读书人身上。还有一些人凭技艺行走于城乡之间，像齐白石，早先是乡村木匠，后成为画家，进京成一代宗师。

无论是从乡村振兴出发，还是从中国文化发展的需要出发，促进文化人才在城乡间流动都十分重要。一方面要让乡村有艺术天赋的年轻人有进城学习的机会，或是凭一技之长进城就业、创业、开拓市场。要把这项工作纳入城镇化的整体工作中，把农民进城变成乡土文化进程，变成文化人才城乡间的流动，而不是简单地在城里谋得一份工作。另一方面要关注和支持城里艺术家、设计师、创客进入乡村，这是乡村振兴和城乡融合出现的一种新现象，不同于有组织地送戏下乡或是春节书法家下乡写对联，也不同于艺术家在乡村体验生活。这是艺术人才以产业的方式、从市场的渠道进入乡村。对于这种新生事物，要按产业的规律和市场的办法，支持他们在乡村闯荡，有更大的作为，并且考虑从艺术发展、非遗传承等角度出发，给予鼓励和引导，包括项目和资金支持。

水流不腐，户枢不蠹，城乡文化要素积极互动起来，才能让创新创造的源泉充分涌流。城乡文化之间的相向而行，既要保持各自的特点，又要各自祛魅，理性对待生活方式的差异甚至是价值冲突，向对方充分敞开。态度、姿态很重要，但更重要的是体制、机制，因为体制、机制能促成流动的社会情势和走势，如同促成水流的地势。这就是在乡村振兴中负有使命的各级政府和有关部门的责任了，要认识到城乡文化要素流动的交汇点就是最重要的切入点和突破口。

"渔歌互答"是宋代范仲淹的《岳阳楼记》中描写长江中游洞庭湖的景象，长江流域的城乡文化，也应该是这种和谐唱和。它将在乡村振兴中，在推动区域发展和实现家国情怀中，让城乡之间心有灵犀。

三、长江流域乡村文化的"成长烦恼"

"滚滚长江东逝水，浪花淘尽英雄。"这是明代状元杨慎的诗句，词牌名是《临江仙》。这位长江上游的成都人，又在上游的滇南为官三十年，是真正的文坛领袖、才子魁首，面对几乎是终身厮守的长江，也会有长江后浪推前浪、一切过往皆为序章的感慨和敬畏。事业从来如江上逆水行舟，不进则退。

今天，乡村振兴在长江流域方兴未艾，黄金水道旁的乡村文化也迎来了黄金时期。就历史传统和现实基础，长江流域的乡村文化发展应该能在全国走到第一方阵，让万里长江的两岸，成为由一幅幅现实版富春山居图构成的乡村长廊。但是，一江跨南北，一水牵万乡，家家有本难念的经，村村也有自己"成长的烦恼"。

完成脱贫攻坚任务，几乎是举全国之力打的一场硬仗，而着力点仍然是在一些局部的贫困县区、乡村。在此基础上实施的乡村振兴，则是面向全国乡村的浩大战役。如果说脱贫攻坚战，如同长江上游的水流急越地穿过高原、山地、峡谷，那么到了乡村振兴，则如同长江到了中游，江面宽展，波澜不惊，下游更是江阔水深、河网纵横。进入乡村振兴阶段的长江流域乡村文化，也是在这样的整体规模和节奏中推进，在江水旁边荡漾起乡村的人间烟火，用不舍昼夜前行的江水，丈量乡村文化的发展。

长江流域的乡村千差万别，都将按党中央关于乡村振兴的统一部署，按照《中华人民共和国乡村振兴促进法》的法定要求，开展乡村建设，并对标"文化振兴"的具体要求推进乡村文化发展。长江上游的云贵川地区，分布着较多经济发展滞后的乡村，中游和下游也有不少这样的乡村，在前一阶段的脱贫攻坚中成功地摘掉了贫困的帽子。在这个过程中，它们根据当地优势，结合帮扶单位的力量，一鼓作气，历尽艰辛，无论是通过何种产业实现了脱贫目标，都是一个精神磨砺、文化成长的过程。更何况，这其中有不少乡村依托文化产业、旅游业走出了贫困。这些乡村，因为交通不便、位置偏远，各类产业发展受到制约，但也正是在这样的地方，保留了良好的自然生态和丰富的文化资源，有利于发展乡村特色文化产业和旅游业。我的家乡安徽省岳西县是革命老区，也是国家级贫困县，正是利用这种自然风光优势和文化资源优势，成为著名的旅游目的地，率先实现了脱贫目标。今天，这些地区的乡村，一方面要巩固脱贫攻坚的成果，防止阶段性任务完成后因为懈怠出现返贫，特别要注意文旅产业风险大、比较脆弱，更需要后续力量的及时跟进。另一方面，脱贫攻坚目标是帮助农民依靠产业，包括文旅产业，实现脱贫，其他还无暇顾及，特别是在乡村文化发展的其他方面，还有很多缺项、弱项。

脱贫攻坚以外地区的乡村，经济发展相对要快一些，但开展乡村文化建设，仍然有很多突出的矛盾和问题。长期的城乡二元体制下，不少地方的乡村在公共文化服务领域等方面欠账太多，历史包袱很重。有些公共文化设施建起来了，但是利用率低，而且疏于管理。一些乡村只是把精力放在发展经济上，不重视文化建设。有些已经成为空壳村，只剩下老人与孩子，像被撂荒的土地一样，文化也被撂荒了。有的地方因为疏于文化建设，中华优秀传统文化遗失，村规民约不再起作用，道德建设青黄不接，封建落后的文化又沉渣泛起，再加上城市文化垃圾的侵入，带来乡村精神文明和文化建设一系列严重问题。前些年不时见诸媒体的是，有些地方乡村在办婚丧时邀请草台班子表演低俗内容，而且习以为常，屡禁不止。在这样的地方加强乡村文化建设，比"在一张白纸上作画"还要困难一些。还应引起关注的是，一些躲避文化市场管理的企业或项目向乡村转移，甚至是文化垃圾下乡。还值得关注，至少是应引起讨论的是，一些高档奢华的民宿进入乡村，不仅与国情不符，也与当地乡土文化格格不入，与村民更是毫无关联，成为一种"乡村文化孤岛"。乡村精品文旅项目，应该体现在内涵上，特别是在艺术、创意上多下功夫，而不是体现在高档奢华上。乡村文旅项目只要合规合法，也应该允许存在并倡导多元化发展，但政府在导向上，特别是在项目支持、政策扶持等方面，要考虑把重点放在哪些方面。

大轰大嗡、雨过地皮湿的搞法是不行的。乡村文化要实实在在地进入乡村生活，用日常化的方式水乳交融地成为村民生活的一部分。生活美学是中国传统美学，没有这样的生活，老百姓就没有文化上的获得感。老子、庄子都是长江流域的乡村长大并形成其思想的。禅宗的一祖达摩是印度人，他一苇渡江，弟子和再传弟子二祖慧可、三祖僧璨都是中国人，也开始了佛教的中国化传播，他们曾在安徽安庆市的潜山、岳西一带活动，禅宗的四祖、五祖后转至附近的湖北黄梅县。禅宗是被老庄思想改造过的佛教，其理想范式都指向日常生活。人生有味是清欢，这是千百年来文人与民间的共同审美标准，这样的文化取向和审美趣味今天也没有改变。在乡村做文旅，就是要把工作的"牛鼻子"牵起来，把文化平平淡淡地融入乡村日常生活中，朴实得就像长江边上一个放牛娃。

因此，无论是刚刚摘掉贫困帽子的乡村，还是经济条件较好的乡村，都在乡村文化发展上有新的"难念的经"。必须按照《中华人民共和国乡村振兴促进法》中相关要求，认真落实，特别是其中"文化振兴"部分，更要逐一对标，从本地实际出发，创造性地解决矛盾和问题。

同样是长江流域的乡村文化建设，应该具有以下几个共同亮点，这也是应该珍惜并扩大的发展优势：

一是生态。"长江经济带"提出伊始，放在首位的是生态，而不是经济，它强调的是，不能只顾发展经济而忽略、破坏了生态。长江是这个流域的生态标识，是人赖以生存和发展的根本，也是这个流域的文化命脉和维系纽带。有水的地方人就有灵气，涵养了这个流域乡村的秀气、人的灵气。长江是一代又一代长江儿女的精神乳汁。从《诗经》开始，这个流域的乡村有多少吟唱这个流域江湖河汉的作品，吟唱这里特有的"草木虫鱼鸟兽之名"的乡土作品，薪火相传，不绝如缕，这里的人创作了这些作品，这些作品又哺育了后来人。大学里的文学史教科书公认，中国最早的诗歌是二言诗，现在可以查考的是"断竹续竹，飞土逐肉"。这首歌在今天苏州吴歌中仍然鲜活地存在着，而吴歌多年前就被国家认定为非物质文化遗产。它反映的狩猎生活，或许比后来以定居为特征的乡村还要早。今天在吴江区非遗传习中心听到这首来自远古的山歌，总能让人发思古之幽想。

长江流域的乡村文化离不开长江这方水土。青山绿水是乡愁的载体。把青山绿水转化为金山银水，文旅产业就是重要手段之一。乡村振兴，产业第一，而乡村文旅产业就是新兴产业，并且可以赋能于相关产业。文旅产业相对来说是绿色产业、朝阳产业，有利于生态保护。但也要认识到，在乡村做景区或其他大的旅游项目，要注意保护生态。自古以来，我们的前人就靠山吃山，靠水吃水，没有这样的山水，就没有吃的条件。留得青山在，不怕没柴烧，关键是要有青山，才能有可烧的柴。当然，今天长江流域的乡村，守着青山，但并不烧山上的柴，而是用其他燃料。

二是文化。围绕长江经济带建设有一个重要变化，就是在强调生态重要性的同时，文化的权重也在明显增加。在党中央的推动下，文化自觉成为全社会的共同自觉，文化自信成为自上而下的社会自觉。充分发挥文化的作用，是各级党委政府思考工作的重要维度。除了长江经济带，在国家一个时期提出的任何一项区域性发展战略中，文化都有这样的显著地位。而在长江流域，特别是在这个流域的乡村，文化又确实占有突出的优势。长江流域的上游，集聚着众多民族，自古以来，他们的文化在这里碰撞、交融。有些民族现在仍以鲜明的特色显示着存在，有的民族已经沉没在历史长河中，但把自己的文化血液灌注到其他民族，使这里成为文化资源的富集区，是中华民族大家庭的基因库。长江中下游，是宋代开始的政治经济中心南移的文化重心，许多城市成为文化重镇。"江南文化"一直是引人向往的文化符号，这个区域的乡村，以稻作文化为特征，年复一年地在各自的乡土文化上精耕细作，使得这里的乡村农业文化遗产和非物质文化遗产极为丰富和生动，而且今天还传承有序。

对长江流域的乡村文化，首先是保护，而且是像生态一样保护。长江流域的各个区域，都把乡土文化保护放在重要位置上。自从国家开展非物质文化遗产保护工作以来，浙江省在"国家级非物质文化遗产"数量上一直占据首位，既与这里的经济发展比较快、有经济实力开展保护工作有关，又与这里保护乡村文化的强烈意识有关。而这种保护传承意识，实际上又源自这里自古以来对文化传统的重视。这里的人像传承"耕读传家"传统一样，呵护一方乡土文化。这已经是近乎"文化本能"的行为。

三是产业。长江流域，特别是中下游城市，很多现代产业的历史可以追溯到近代，有比较好的产业基础和相对齐全的产业体系。近代江浙一带的乡村，农业之外的一些产业起步甚至比城市还要早，鸦片战争后，帝国主义列强对中国经济进行了严重冲击，突出表现之一就是对乡村相关产业的掠夺和毁灭性打击。改革开放后，江浙一带除了传统农业以及与之相关的轻工业、纺织工业、丝绸工业之外，重工业和相关产业十分薄弱，乡镇企业挟发达农业带来的原始积累和原材料"乘虚而入"，异军突起，给乡村乃至当地经济带来活力。一个时期以来，江浙一带在新兴产业方面，特别是在利用互联网平台方面，往往引领潮流。目前，我们国家的文化装备制造业，特别是舞台音响、灯光、升降台等，最突出的两大片区是长三角和珠三角地区，这里的企业，包括一些上市公司，最初就是从乡村起步，在小作坊式的车间里慢慢做起来的。

长江流域的乡村文旅产业也是源远流长。2011年，国务院常务会议通过决议，把每年的5月19日定为"中国旅游日"，浙江宁海人徐霞客这一天写下了他的《徐霞客游记》开篇《游天台山记》。这位明代伟大的旅行家、地理学家、史学家、文学家，从他的家乡江阴马镇（现改名为徐霞客镇）南杨岐村出发，其故居现在是国家级文物保护单位。历史上，我国旅游意识的觉醒也是在美丽的江南实现的。六朝是文学的自觉时期，也是旅游的自觉时期，出现了谢灵运这样最早的旅游者。陶渊明在长江边的乡村写下了《山居》等一系列作品，是后来田园诗、今天周边游和乡村游等旅游文学的源头。一个时期以来，长江流域，从江之头到江之尾，从欠发达地区到一般地区和发达地区，乡村文旅产业做得风生水起。在一些旅游业态上，或者是首开先河，或者是人有我优、人优我精、人精我特，创造了不少经典案例。在乡村，文旅产业不仅自身加入了"现代产业"的行列，而且还发挥其融合能力强、黏性大的优势，或赋能于相关行业，或直接带动相关行业。比如乡村旅游，直接带动农产品的销售，对一个乡村产生的经济效益远远超过旅游产业自身。

四是市场意识。商业的种子很早在长江流域萌芽。长江上游，古蜀国的三星堆遗址发现了来自下游良渚遗址的玉琮，还有其他区域发现的文物，比如长江中游的湖南岳阳陶器。自古以来，长江流域就分布着大大小小的码头、商埠，形成了纵横分布的市场、物流网结点。依托长江开展的长途大贩运，浩浩荡荡，《史记·货殖列传》说荆州一带"富商大贾，周流天下"。依托支流及河汉进行的商贸活动，更如涓涓细流。陶朱公范蠡千百年来始终受到民间的顶礼膜拜，在宁波等地的乡间有不少纪念遗迹和传说。徽商的崛起，与徽州的贫瘠有关，所谓"前世不修，生在徽州，十三四岁，往外一丢"，但更是出自乡间经商的习惯性选择。这样的商业种子，一旦有适宜的气候，就蓬勃生长起来。义乌的"鸡毛换糖"，从田间地头走进了都市，又走进了国际大市场，堪称商业传奇。改革开放，建立社会主义市场经济体制以来，长江流域的部分区域觉醒较早，良好的商业环境激活了市场意识，城市如此，乡间也是如此。穷则思变，乡村往往表现得更生猛，更有闯劲。

长江流域乡村文旅产业，就是在这种文化长期浸润下，更是在今天的市场环境中迅速成长起来的。虽然这个流域的乡村情况各有不同，但相对而言，无论在生产者还是消费者，是管理者还是从业者，都具有比较好的市场意识：知道政府与市场各自的边界在哪里；知道生产者和消费者的责任和权益是什么；知道做乡村文旅产业与其他产业有完全一样的原则，即把握市场先机和尊重市场规律；知道做文旅产业与其他产业又有一个重要区别，即它要符合国情民意，符合公序良俗，要把社会效益放在首位，努力实现社会效益与经济效益相统一。总体上说，乡村文旅市场不是独立的市场，它是在与城市的关联、互动中形成的，这带来了这个市场的张力，以及由此形成的种种市场发展上的可能性。它可能是城市市场的延展，是城市与乡村两方面的生产经营者共同的方向，比如网吧、书店、KTV，但主要是乡村特有的项目，比如特色文化产业和特色旅游业；乡村特色文化产业、旅游业的主要模式是乡村为生产经营主体，城市为消费主体，但也不排除当地及附近乡村消费者的进入；乡村文旅产业面对的是文旅市场，但这个产业一般又能带动相关产业的市场，特别直接的就是农特产品市场。如此等等，长江流域的乡村已经进行了有益的探索，并提供了很多经验和模式。

五是创新意识。自古以来，长江流域交通便利，人员流动性强，商贸活动活跃，信息交流频繁，为开阔眼界、探索创新创造了条件。相对优越的自然环境，丰富的农产品供给，各类市场的发育成长，都为创新目的的实现提供了基础。中华民族众多的发明创造是出自长江流域，仅仅是围绕农耕文化方面，就有一系列围绕稻作文化的核心、关键技术的创新，与麦作文化的代表区域黄河一起，成为名副其实的中华民族母亲河，进入国家名录的大量农业文化遗产和非物质文化遗产就是有力物证。文化艺术方面的创新，在历史上，代表着南方的最高、最前沿水平，宋以后，基本上是引领全国的创新潮流。中华人民共和国成立后，特别是改革开放以来，无论是专业艺术还是民间艺术，是城市艺术还是乡村艺术，是文化事业还是文化产业，创新成果如同雨后春笋。比如，在公共文化服务方面，宁波率先提出"十五分钟文化圈"，先在城市得到实现，接着就在乡村陆续铺开。这个做法已经坚持十几年了，到现在都没有过时。

长江流域的乡村文旅产业，就是这种创新风气的产物。由于文化自信的增强，文化创新得到了国家的大力支持，以文化创意为核心的创意经济正在兴起，文化产业和旅游业获得空前发展，为乡村文旅行业的创新打下了坚实的基础。乡村文旅，产业链长、就业创业门槛低，也为大众性的创新提供了便利。目前乡村文旅产业为行内看好，又正逢艺术介入乡村的世界性潮流，中国的艺术家、设计师由于中华优秀传统文化的回归和自身血液中就潜藏着乡土文化基因，因此表现得更加积极。在今天的乡村，蛰伏着大批创客，如果说发达国家是以"咖啡创客""车库创客"闻名，中国也有这样的模仿，但是在中国，最有代表性是乡村创客，这也是乡村创新创造的例证。最重要的是，乡村文旅产业是新兴产业，而且是依靠想象力的产业，创新创造的空间大、机会多，成功概率也高。"创造在基层，希望在民间"的铁律，在今天的乡村屡屡得到验证。文化和旅游行业是窗口行业，乡村文旅更是如火如荼，乡村民宿更是站在风口上，成为乡村旅游的标配。可以说，在长江经济带中，乡村文旅产业是其中最亮眼的组成部分。乡村文旅创新，其劲可鼓，其势可用。

日常的乡村审美生活，来自日常的乡村审美创造。今天，长江流域的乡村文化人，如同"锄禾日当午，汗滴禾下土"的农人，在那片土地上辛勤耕耘，春耕秋收。要倾听麦苗破土而出的声音，呼吸稻子的香气，像孔子那样"多识于草木鸟兽之名"，恢复已经在都市退化的嗅觉、听觉与触觉，亲近乡村和乡村的主人。种瓜得瓜，种豆得豆，土地不会亏待庄稼人，乡村不会辜负文化人。

四、用长江文化带增强长江乡土的韧性与黏性

有一年长江文化论坛在重庆举办，晚饭后，来宾们在嘉陵江边散步，岸边响起女歌手为客人唱宋代词人李之仪《卜算子·我住长江头》的歌声："我住长江头，君住长江尾，日日思君不见君，共饮长江水。此水几时休，此恨何时已。只愿君心似我心，定不负相思意。"其声幽幽，其情殷殷。月光下，大江横流——这是一脉相通、遥寄情思的天然载体。正在思考长江流域乡村文化联动的与会者，闻此歌声，心有戚戚：古人总是把自己的一腔心思投影给长江，长江是情感之江、文化之江、风流之江。一江春水向东流，江头连着江尾，我心连着君心，江水不休，此情不改。

这应该是"长江文化带"的原初意识吧，只是"日日思君不见君"不要一语成谶。千百年来，长江流域自觉的联动几乎没有，如今在长江经济带风帆拉起之后，长江文化带的建设仍在滥觞阶段，同在长江流域，"君心""我心"冷热不一，未能同频。

长江，长江，"日日思君不见君"莫成永久哀伤！

现在已经到了喊响长江文化带的时候，并且让乡村文化站在"C位"。要用长江文化带把长江流域乡村文化带起来，用长江文化带增强长江乡土的韧性与黏性，让乡村文化在这种"强关系"中手拉着手，沿岸踏歌。

区域统筹是国家有关文化产业发展的长期思路。不久前文化和旅游部发布的《"十四五"文化和旅游发展规划》强调，加强区域间、城乡间文化产业发展的统筹协调，鼓励各地发挥比较优势，推动形成优势互补、联动发展格局。围绕国家重大战略，发展京津冀、粤港澳大湾区、长三角、成渝双城等文化产业群和黄河、长江、大运河等文化产业带。2021年9月中旬，文化和旅游部在甘肃金昌举办了"黄河文化产业带投融资促进活动暨金昌市文旅产业投融资对接平台活动"，黄河文化产业带建设开始了实质性行动。据此，长江文化产业带乃至长江文化带建设也到了理直气壮干起来的时候，长江流域的乡村文旅，将迎来带状发展的机遇。2021年底，长江国家文化公园建设正式启动，沿江省份也陆续出台了相关规划，并实

施了系列项目和活动。

2021年11月，首届中国（武汉）文化旅游博览会举行。博览会由中宣部、文化和旅游部、湖北省人民政府主办，湖北省委宣传部、武汉市人民政府、湖北省文化和旅游厅承办。在目前仍对政府举办全国性节庆、博览会实行严格限批的情况下，举办这样一个高规格的博览会，足见其地位重要。相关负责人在发布会上特别提到，这有利于促进中部地区的发展。而在这前一天，长三角文化和旅游联盟2021年第二次联席会议在嘉兴召开。该联盟是2020年在文化和旅游部的指导下，上海、江苏、浙江、安徽三省一市的文化和旅游行政管理部门发起成立，旨在提升长三角文旅的整体实力。在长江上游，成渝双城经济圈已上升为国家战略，并明确共建巴蜀文化旅游走廊，两个历史上渊源很深的地区一个时期以来互动频繁，由文化和旅游部主办的中国（成都）国际非遗节也已举办多年。在武汉举办的这个国家级文化旅游博览会，湘鄂赣旅游消费大联动是其中的一项活动，长江中游除已经进入长三角的安徽，湖北、湖南、江西通过这个活动也加强了联动。

中国（武汉）文化旅游博览会有一个突出的意义，就是在长江腰部增强了长江文化带的力量。这也意味着，国家已经通过实施黄河、长城、长征、大运河国家文化公园开展文化带建设，长江文化带将以中国（武汉）文化旅游博览会为纽带，用湘鄂赣板块上承成渝板块、下接长三角板块，走出一条文化带建设的新路。

中国、印度、古埃及、古巴比伦，四大文明古国都是在适合农耕的大江流域形成。这种文明包括物质生活和精神生活，因此在讲某个大江大河文明时，都承认这些江河是文化带的。水脉通着文脉，相同的生产生活方式，造就了相同的文化。在这个意义上，这些经济带或者文化带是历史的积淀，是客观的存在，但是它又不同于今天所说的经济带、文化带，后者是指沿江沿河地区通过自觉、共同的行动所实现的目标，历史自然形成的带状经济联系、文化联系，只是实现这一目标的基础，是推动这一流域经济、文化发展顺势而为的条件。所以，在这之前，虽然是"共饮一江水"，但仍然会"思君不见君"。今天我们推动形成长江经济带、文化带，就是要促成江头与江尾"思君见君"的佳话。

实际上，几乎是在"长江经济带"提出未久，"长江文化带"的建设就已经启动，表现出这个流域在文化创新上破浪前行的传统。2004年，张家港开创性举办"长江文化艺术展示周"（现名"长江文化艺术节"）活动，从此，长江流域所有省份的代表团每年如约而至，在这个县级市共襄盛举，如今它已成为江苏省的文化品牌。与之前浪、后浪追随而来的是江南文化节，我记得最早是在苏州常熟举办，后来规模越来越大、层级越来越高、内容越来越丰富。2009年起在镇江开始举办的长江国际音乐节，也可称为业内盛事，历史上的镇江是六朝文论家刘勰出生、学习和成长的地方，他的《文心雕龙·乐府》梳理了上古时期至他那个时代的民歌及重大乐事，但即便再有想象力，也不会想到在他熟悉的这片土地上，有这么多的艺术家对江放歌，溯乐而行。2021年，长江艺术周在重庆举办，这次活动以乡村艺术创建为主题，众多艺术家、设计师、乡村创客、企业、金融机构以及其他方面的代表参加，我也从家乡安庆溯江而上，参加了相关活动。以长江的名义，以长江文化带的思路，形成流域文化与本地文化相互促进的格局，已经成为这些举办地的思路。举办的方式，或政府及社会组织主办，或政府主导、市场化运作。这些活动大多坚持了下来，显示出主办者的眼光，也显示出这个长江文化的号召力和凝聚力。

不过，虽然这些活动在举办期间、在当地红红火火，对当地文化发展和密切长江流域的文化联系发挥了一定的作用，但要对整个长江流域有持续的影响力和调动力，还有待时日。建设长江文化带，应有系统的谋划和深入的实践。

长江流域文化带终将形成，就如同丝绸之路、茶马古道、大运河一样，由经济动脉变成文化动脉。重要的是如何自觉推动形成这个文化带，以及要形成一个怎样的文化带。长江流域文化带建设涉及文化和旅游的多个领域和层面。在这些工作层面，乡村文化是需要特别加强的方面，甚至可以作为重要的抓手和突破口，形成"龙头一动金蛇舞"的效应。

长江文化是地域文化，地域文化的根在乡村。中国最早的诗集《诗经》分为"风""雅""颂"三类，"风"即"国风"，所谓"十五国风"，基本上是不同区域的乡土文化。其中每一首作品，都反映的是当时乡村的风土人情和农民的思想情感。进入21世纪，都市文化地位明显上升，并且在地域文化的权重也在加大，甚至就是这个地方的文化符号，比如上海，但就绝大多数地方而言，乡村文化仍然是地域文化的底色，即便是上海，乡土文化也有很重的分量。比如上海奉贤区的青溪小镇，在上海的几大古镇中，它根本排不上名，但它有自身的特色，比如出名最早的朱家角，是湖边的古镇；而青溪，则是海边的古镇，多了些海风的咸味，到了晚上，仍有流连忘返的游客。总之，作为一个农耕文明大国，中国是乡土中国，长江是乡土长江。想到长江文化，就会想到它的特色，就会自然追溯到特色最集中、鲜明的地方，也是特色最早生发的地方，就是乡村。

也正是因为长江文化作为一个地域性、流域性的概念提出，乡村文化也成为切入长江流域文化带的自然选择。张家港举办的首届长江节，是首个出现的以长江文化名义举办的活动，起初的名称是戏剧节，集中展示的也是来自长江流域的戏曲，即最有乡村气息的文化品种。这是围绕长江文化带建设的一个创举，而且是由一个县级市出来振臂一呼，长江流域所有省区踊跃参与，事实又一次证明了"创造在基层，希望在民间"的铁律。2009年，在这项活动举办期间的论坛上，来自国家非遗保护工作专家委员会的专家指出，截至2009年，国务院先后公布的两批国家级非遗名录项目1028项中，长江流域有619项，占60%；我国入选联合国教科文组织"人类非物质文化遗产代表作"名录和"急需保护的非物质文化遗产"名录共29项，其中长江流域有14项，占48%。这些数据充分说明了长江流域民族民间艺术遗产资源丰富、价值突出，是中华文化的杰出代表，也体现出长江流域非遗保护工作的积极成果。这个艺术节的展览，集中展示了雪域文化、巴渝文化、荆楚文化、吴越文化、海派文化等丰富多彩的地方文化，主要是乡土文化。

无论是发展长江文化，还是发展长江流域的乡村文化，大的思路应该是事业与产业互补，城市与乡村互动，这是当前文化建设的基本思路，也是乡村文化振兴的必由之路。

一是长江流域乡村文化事业的大联动。对政府规划做出响应的往往是事业单位，因为事业单位的职能是政府职能的延伸，也最能及时反映政府的意图。最早发起长江文化节的单位，都是事业单位，特别是文化馆或群众艺术馆，由张家港市政府出面与中国文联、中国剧作家协会、中国群众文化学会及沿江十二省、区、市各群众文化学会、剧协以及戏剧团、艺术团、文化馆、群众艺术馆等单位，构筑了区域公共文化资源共建共享的载体，也形成了长江流域文化互动的最初机制，其间举办的民族民间艺术论坛也是由原文化部社会文化司、中国群众文化学会、江苏省文化和旅游厅、张家港市人民政府共同举办的。在下一步的联动中，政府部门、事业单位仍应发挥作用。文化馆等事业单位有开展区域性连片活动的传统，这也是它能够在国家启动长江经济带建设时迅速做出反应、建设长江文化带建设的原因。

在乡村振兴的背景下，应更加自觉地在长江流域联动的维度上促进乡村文化事业发展，在互动中互进，在目前乡村文化普遍存在困难的情况下，也可以说是抱团取暖。长江流域的乡土文化既各有特色，又相互关联，在联动中，同中有异、异中有同，相互欣赏、彼此认同，这是一种新的"乡土文化自觉"，促进实现这种自觉，也是政府和事业单位的责任。从长江流域公共文化服务的大视野来看，实现公共文化资源共享，会从一个新的角度拓展到公共服务的范围，体现公共服务的本质，这个本质就是服务更多的城乡居民，服务的人越多、次数越多，就越能达到公共服务的目的。另外，同样体现政府和事业单位直接责任的是，促进长江流域乡村文学艺术人才的交流切磋，让他们因为地缘、人缘结成更密切的文缘，同声相应、同气相求。要善于利用互联网技术，促进长江流域乡村文化事业的联系、协作。抓住文化和旅游融合的契机，比如乡村民宿等旅游空间已经被利用为乡村图书室，成为乡村公共服务的载体。而基层公共文化单位也已经成为乡村旅游的公共服务平台、特色文化产品的电商平台。这些变化，都有可能成为让长江流域乡村文化这条龙动起来的契机。

二是长江流域乡村文化产业和旅游业的大联动。"带状"与"组团"结合，是各类产业发展空间规划的基本写法，反映了产业发展和市场发展的基本规律，国家制定的长江经济带规划，就是"一轴、两翼、三极、多点"，一轴即长江黄金水道，两翼即沪瑞、沪蓉南北两大运输通道，三极即长江三角洲城市群、长江中游城市群、成渝城市群，多点即发挥三大城市群以外的地级市的支撑作用。这样的架构实际上可以作为发展长江流域文化产业、旅游业的依托，对长江流域的乡村文化建设也有重要意义，因为经济的产业聚散往往最后形成文化的聚散。长江经济带是目前中国发展最快也最有潜力的大河经济带，要借此形成长江流域独有的文化产业竞争力，在这个过程中要处理好政府与市场、事业与产业、保护与创新、点与线的关系，共享长江文化资源、共创长江文化品牌。

在乡村文化振兴的背景下，应该通过政府引导和市场驱动，加快形成长江流域乡村文化产业、旅游业的联动机制。目前，在成渝地区、长三角地区，以及其他少数地区，已经有政府规划或市场驱动在推动形成相对稳定的产业协同机制，属于长江水道这个大轴心上团块之间的合作。这表明产业要素在进行流动。现在需要的是，推动产业要素流动的密度、力度和幅度，丰富流动的内容，提高流动的质量。一方面要巩固、拓展、深化已经发生在"团块"内的协同，另一方面要鼓励进一步走出去，各自发挥自身优势，寻找需要对接的资源，让产业要素跑得更远一些，更欢一些，表现出当年长江边上乡里人闯荡江湖、走州跨府的勇气。当此之际，政府在促进乡村产业要素流动、形成长江流域乡村文旅大市场方面，应更大力度地发挥政策促进作用，包括发挥全国性或地方性的行业协会、乡村合作组织以及各类联盟的作用。主办节庆活动、博览会以及或相关主题活动是一个好办法，但更要在常态化、生活化方面做文章。可以在乡村振兴背景下，把促进乡村文化产业、旅游业推上更大范围的产业循环和市场循环，推上更大的制造空间和消费市场。长江流域乡土文化彼此血脉相通，凭着一种地方戏的腔调就能找到知音，实际上有些非遗就是跨区域共有、跨区域申报国家级乃至人类文化遗产的，这就要通过乡村文化产业、旅游业大联动，寻找到更多知音的历史基础和现实成因。

三是通过城乡融合实现长江乡村文化要素的大流动。城市就是为市场而生的，规模不同的城市就是大小不同的市场、产业枢纽。而城市文化发展又需要乡村作为自己的依靠，迄今为止，几乎所有城市向外展示特色，就是所在地的乡村文化。而通过城市的渠道走出去，也是乡村文化的主要选择。特别要看到的是，城市的意义不只是作为乡村的生产经营同盟和市场共有者，城市的主要作用，还是为乡村文化产业、旅游业提供消费需求。目前，乡村文化产业和旅游业的消费者基本是城市人口，特别是当地的城市人口。如果把长江流域纳入统一的市场视野和产业目标，在更大的范围内形成城乡联动，那么，做乡村文旅产业的，比如做民宿的，就不会只是指望着本地所属的那个城市。这些年长三角地区乡村民宿发展的一个突出优势，就是长三角城市群，而不是哪一个城市。受益于长三角城市消费的，也不仅限于地理上作为"后花园"的最近乡村，而是更远、更广大的乡村。

在乡村振兴背景下要实现乡村文化要素的大流动，就要在长江流域的城乡融合中，坚持乡村本位、村民本体、乡村文化本色，激活乡村能量，形成本土良好的城乡文化生态结构，壮大由城乡两方面形成的地方文化实力，向长江流域其他的城乡拓展，同时也敞开怀抱欢迎来自其他城乡的文旅产品和服务，形成城乡与城乡的互动。要加快形成城乡融合的文旅市场体系和产业结构，形成城乡之间的文旅要素流动。以此为基础，在向外开放、进入大循环时，把向长江流域的城乡开放作为一种自觉的意识、一个常有的向度，以此寻找市场契机，也创造市场契机，把格局打开来，把市场拉开来。拓展市场、扩大消费有很多种方式，在乡村振兴的年代，在以乡土文化为代表的优秀传统文化开始受追捧的时候，向长江流域拓展，应该有很大的潜力。

这些年来，长江流域的乡村文化建设取得了明显成效，但受经济实力和市场基础的影响，发展很不平衡，有些方面差距很大。文化和旅游部发布的《"十四五"文化产业发展规划》关于长江文化产业带建设提出，发掘长江沿线羌藏、巴蜀、滇黔、荆楚、湖湘、赣皖、吴越等不同文化特色和资源，加强传统、现代文化的有机融合，打造各具特色的长江文化产业集群。发挥长江交通、经济、文化纽带作用，以及上海、南京、武汉、长沙、重庆、成都等节点城市文化创新中心作用，促进文化创新要素的合理流动和优化配置，加强上、中、下游协同合作，构建沿江文化产业梯度布局体系。《"十四五"文化产业发展规划》提出的长江文化产业带建设思路，对发展这个流域乡村文化有重要的指导意义和参考价值。

"正是江南好风景，落花时节又逢君"，这是唐代诗人杜甫《江南逢李龟年》的诗句。抚今追昔，令人感慨万千。今天，依旧江南好风景，落花时节是金秋。千百年来一同栉风沐雨的长江流域乡村文化，到了同船共渡的时候，身边则是大风泱泱，大潮滂滂。是虎，你就跃起，是龙，你就腾起，期待长江流域乡村文化变碎片化为整体化，变单打独斗为协同作战，通过长江文化带拓展空间，把乡土的灵气和元气灌注给长江文化带，用浩浩长风走通长江文脉，走通这个流域城乡文化的命脉，成为一条腾飞的龙。

第三章 中国乡创美学的定义、社会背景与时代精神

一、内涵与外延

乡创美学是关于"文创重建乡村"的审美研究与实践。乡创,是将乡土资源通过文化创意、科技提升、市场运作等转化为产品的创业活动,兼具文化功能与经济功能。乡土资源包括乡村文化及其载体——乡村生态、生产和生活。乡创是新农人、村民和消费者共创共享的过程,具有审美创造与审美接受的交互特征。新农人是指进入乡村的艺术家、设计师、建筑师、创客、高校师生、乡贤、返乡青年、企业家及社会组织等,他们依靠并带领村民创新、创业,体现乡村外部力量与内源性力量、乡土文化与城市文化的结合。

乡创美学是当今中国经济文化社会发展的必然产物,有着鲜明的学科特征和独特的审美主客体关系。加强乡创美学研究,推动乡村文创在美学指导下健康发展,有助于乡村振兴,有助于中国文化产业、旅游业、文化创意与相关行业融合的全局,有助于中华优秀传统文化回归和中国美学重建。

当代中国乡创美学的外延主要包括"文创重建乡村"的三大类型:乡村文化产业、旅游业以及相关行业。

一是乡村文化产业。这是文化创意与文化产业的融合。一般来说,审美是超功利、超实用的,与市场、产业、消费无关,甚至它们是对立的。法兰克福学派阿多诺和霍克海默在《启蒙辩证法》中最早提出"文化工

业"的概念，且持批判态度。同为法兰克福学派的本雅明在《机械复制时代的艺术作品》则肯定了文化产业，这是美学态度的根本性转变。循此路线，联合国教科文组织给予文化产业的定义是"按照工业标准生产、再生产、储存以及分配文化产品和服务的一系列活动"。包括中国在内的世界各国相继提出发展文化产业或创意产业。正如同文化产业依托的科技有两面性，文化的产业化也有两面性，如果方向、路径正确，就能满足社会多层次、多方面、个性化的审美需求，消费者也会更加珍惜经过选择和付费获得的机会，审美更投入、更有获得感。乡创审美的积极作用，就是把乡土资源在保护的前提下开发为资产、资本，经过生产者、经营者、消费者的审美接力，形成从生产到消费的传递链条。市场和产业的大众化、生活化特征，助推审美创造主体和接受主体的社会化，促进创造与接受能力在普及基础上同步提高。

二是乡村旅游业。这是文化创意与旅游业的融合。旅游作为一种审美活动，在中外历史上源远流长。但是，旅游成为产业，也就是旅游业，在中国，是建立社会主义市场经济体制之后，与文化产业具有同质、同构、同步的特征，表明了传统审美活动在市场环境和产业化道路上另辟蹊径。2018年政府机构改革，原文化部与原国家旅游局合并为文化和旅游部，体制融合的关键推手是文化和旅游的产业融合，文化和旅游生产力的变化要求管理体制也相应地变化，而审美创造是文化和旅游生产力的共有特征，需要相互融合、共同发展。迄今为止，乡村文化产业和旅游业难解难分，二者互为表里，是乡创审美的重要领域和实现方式。

三是文化创意与乡村相关行业的融合。在乡村，文化创意正在加快与第一、二、三产业融合，特别是与农业融合，彰显农产品的地方特色，增强其吸引力并形成品牌。此外，与乡村其他产业，如建筑业、制造业、消费品工业、体育业、康养业等融合，其中有些属于现代产业，有些属于传统产业，都会因为文化创意的"点化"，有了完全不一样的面貌，产品也有了新的价值。在今天这个以融合为特征的时代里，众多行业都显示出融合发展的趋势，而文化产业与旅游业又是其中最活跃、黏性最强的行业，所以，文化创意与相关行业相互融合，往往又表现为文化产业、旅游业与相关行业的融合，其中"农文旅"已经成为与"商文旅"并列的两大融合现象。文化创意与相关行业的融合，文化赋能，实际上就是审美赋能，这种美感的产生，是文化元素与产业功能合成的艺术通感、跨界获得的自由感、想象力和创造力涌动的氛围感。

崭露头角的当代中国乡创，将会带来文化、文创、美学的一系列突破：

第一，乡创是"乡土"的扩能。乡土文化是文化发展的希望田野。工业化和信息化时代，彻底改变了在农耕社会传承几千年的乡土文化走势。城镇化进程加快，乡土文化也在加速流失。但所幸的是，对乡土文化的保护意识也在觉醒。发挥文化创意的作用，通过发掘乡土资源，与时代文化、时尚文化、流行文化结合，开辟了文化传承的新途径。利用乡村非物质文化遗产进行产业开发，始终有来自学界的不同声音，担心商业化、市场化导致非物质文化遗产的变形，这种声音的积极意义在于，它使得今天在理论、政策乃至实践层面，逐步明晰了传统方法传承与创意式传承的区别，并在两种方法既联系又区别的推进中，形成了今天乡土文化传承的丰富性和多样性。

第二，乡创是文创的下沉。乡创实际上是文创下乡。在国家《文化及相关产业分类》中，文化创意只是文化产业的一个很小的分类，但是由于文化创意与相关行业的广泛融合，其规模和体量远超过一般意义上的文化产业。特别是国务院《关于推动文化创意和设计服务与相关产业融合发展的若干意见》，提出文化创意和设计服务与消费品工业、装备制造业、建筑业、信息业、旅游业、文化体育业、特色农业融合，就文件出发点而言，是要推动文化创意和设计服务与所有能够融合的行业融合——这是要用文创全面刷新中国经济。艺术介入乡村作为全球性潮流，中国只是其中一个支流。但是，中国作为一个农耕文明类型的代表性大国，已经形成了带有乡土气息的传统美学的巨大磁场，进入这个场域的，是带有乡土基因的艺术家、建筑家、设计师、大学生以及企业家。与他们的创新创造相呼应的是同样带有乡土基因的中国社会，特别是消费者。

第三，乡创是美学的扩容。乡村文化产业、乡村旅游业以及文化创意与相关行业融合，以乡土资源，包括文化以及与文化相联系的山水生态和社会风情等，为接受者和消费者提供审美体验，创造审美价值，通过感、情、意的方式感知、直观对象，获得愉悦和感悟，具有感染人、陶冶人的力量。乡创与舞蹈、戏曲、绘画等审美一样，都能让欣赏者获得真、善、美的感受，让消费者达到悦情、愉性、求知、畅神等目的。但是，乡创美学又不同于其他美学。它以乡土资源为根本，借助创意、科技和市场，或通过文化产业渠道走出去，或通过旅游平台迎进来。作为文化与市场的共同产物，它需要体现消费需求导向、关注审美接受心理，实现美学传达与经济收益的统一。

乡创美学以乡土为根本，以科技和市场为依托，决定了它应该对接相关美学，特别是以下三种：

一是对接传统美学。乡创美学在中国美学史上别开生面，是一次社会化、现代化的美学运动。但是，它又与传承了几千年的中国自然美学、艺术美学和生活美学血脉相通，或许可以说，正是这些传统美学，再加上乡土情结，成为参与乡创美学实践的召唤力量，成为建立乡创美学理论的智慧来源。这些传统美学保存在古籍中，更深藏在中国人的血液中，因此，总能调动起城市的美学资源主动与乡村资源衔接，促进文创生产者与消费者的共情和共鸣。

二是对接技术美学。技术美学兴起于工业化时代，是商品经济高度发展的产物，关注美学在物质生产和器物文化中的应用，衍生、统摄了工业美学、劳动美学、商品美学、建筑美学、设计美学等。如今方兴未艾的乡创美学则出现于工业化狂飙突进后怀想乡土的时代，它有对工业化、信息化时代问题和危机的反思乃至反拨，但是又与技术美学相互借鉴与呼应。事实上，乡创的一个重要支点就是技术美学。当前需要特别关注的互联网技术正在重塑经济社会生活的各个领域、层面和环节，也正在深刻影响着乡创美学的创造与接受。

三是对接大众美学。从世界来看，大众美学与技术美学相互关联，在市场化、产业化时代联袂登上审美殿堂，技术美学关注创新创造的手段，大众美学关注创新创造的主体。在中国，它还与民本、民生的理念结合在一起，体现为人民服务的初心。今天的中国社会已经处于时时可审美、处处可审美、人人可审美的阶段。目前出现的"小众化"趋势，则是大众化的一种表现形式，是重在深度、重在长尾效应的大众化。

乡村是中国文化的故乡，也是中国美学的摇篮，作为历史上乡村依赖型的国度，中国传统的审美意识、理念、实践，往往发生于乡间，今天追求美好生活的理想、建设美丽中国的行动，也明显带有乡野之风。当下乡村，一方面是发展的洼地，一方面是文化的高地，是中华美学传承的瞩望之地。"中国乡创美学"的提出，尚待严格意义上的学术研究承认，但乡创美学实践已经显示了它的存在意义，需要以建构主义态度在实践与理论上推进和积累，我们期待用中国乡创美学回答乡村的未来、中国文化的未来和中国式美学生活的未来。

二、社会背景

乡村振兴是当今中国的发力点，是经济文化社会发展的纽结，一个时期以来兴起的乡创美学则是这个时代带有民族风的盘扣。"乡村振兴""文化强国""美好生活""美丽中国""经济转型""文明建设"，这些主导社会发展的主题，在累叠、交织与互通中构成了乡创的时代之维和动力之源。这些主题以及由此形成的时代主线，决定了今日中国乡创的基本风格，特别表现在乡创的家国情怀、追求美好和健康向上上。

新兴的文创，是打开审美的方式，也是打开社会的方式。它与文学艺术一样，都是社会的产物。梳理中国社会发展的主题，就能解释为什么乡创像野草一样生机勃勃，为什么特立独行的艺术家、年轻人聚集到偏远乡村，为什么文创的生产者、经营者、消费者、管理者在这里最易产生共情、共鸣。乡创，是传统材料经时代之手筑就的栖居家园和生命驿站。借助艺术的想象力和融合的张力，乡创从业者正在把当今发展的主题演绎在丰饶的大地上——这些主题也只有最终落笔在乡村、落在基层，才算是落到了时代底色上，成为中国社会的脉动。

第一，"乡村振兴"和"文化强国"。

作为农耕文明的代表性大国，中国乡村与传统文化唇齿相依。在今天中华民族走向复兴的关键节点，建设文化强国与乡村振兴出现时代同框，证明了文化中国、乡土中国的内在关联。这种关联发酵为乡创参与者的情怀。"情怀"二字在他们那里经常是脱口而出，而且是发自肺腑，折射出中国乡创的现实主义倾向与浪漫主义气质。

先看"乡村振兴"。按照《中华人民共和国乡村振兴促进法》，乡村振兴包括了产业振兴、人才振兴、文化振兴、生态振兴和组织振兴。这将是千百年来最为深刻的乡村剧变，它不仅体现于乡村经济的社会面貌，也体现于新老农人的精神面貌。排列乡村振兴之首的产业振兴，必然作用于乡村的审美理念、审美过程；乡村产业、人才、文化、生态、组织等方面构成的基层社会真实图景，为具有现实主义传统的中国美学提供了新鲜样本；乡村振兴引发的乡土之愁和桑梓之情，还有把人民当作文艺母亲，把人民生产生活当作文艺养料，把自己的审美创造与人民血肉相连的时代精神积淀为乡创美学的家国大义。

再看"文化强国"。中国提出建设社会主义文化强国的目标，是融入文化立国的世界性潮流，更是源自中国的文化自信。今天的中国文化建设，由红色文化、中华优秀传统文化和现代文化组成，而中华优秀传统文化是中国文化的根系所在，是文化自信的源泉，也是文化自觉的标尺。中华优秀传统文化的许多内容孕育于乡村、发展于乡村，现在也传承于乡村，没有乡土自信，就没有中国的文化自信。中国当代美学，是文化强国的重要组成部分，作为当代美学分支的乡创美学，从根本上说，是文化强国的产物，也是文化强国的内容。中国美学在世界上自成体系，有着鲜明的民族特色，滋养了一代又一代的中国人，今天的中国文化建设，包括了中国传统美学体系的转换和重建，而乡村是中国美学的发祥地，重返乡村，就是重返中国人曾经创造和传承美学的道场和学堂。

第二，"美好生活"和"美丽中国"。

今天的中国，正在努力创建"美好生活"和"美丽中国"，表现为处理社会基本矛盾和人与自然矛盾的尚美取向。"羊大为美"，羊伴随着先民走进农耕文明，走进中国最早的乡村，成为圆满、美好的象征："谁谓尔无羊？三百维群"（《诗经·小雅·无羊》）。而乡创，既能发挥富民作用，又能保护环境，兼具"美好"与"美丽"功能，并且是通过"审美"实现这样的功能——这是"三美"的美妙相遇。

先看"美好生活"。党的十九大提出，我国社会需解决的主要矛盾是人民日益增长的美好生活需要和不平衡不充分的发展之间的矛盾。美好生活事关物质、文化、生态、社会等各个方面，从美学角度看，这是具有审美分量的要求：一是强调要让人民群众有"获得感、幸福感、安全感"，这些带有体验特征的"感"字，与感知、感性的"美感"相通，或者说，这些关于美好生活的体验与审美的体验相通。二是"美好生活"与中国传统生活美学虽不能简单对应，但高标"美好"是对生活美学的提点和强化。三是党中央要求通过艺术作品"展现中华历史之美、山河之美、文化之美"，将会成为贯穿时代的主旋律。这种美的追求下沉到乡村，就表现为：一方面它是洼地，作为相对落后的地方需要通过发展实现美好；另一方面它是高地，作为中国文化的故乡，深藏着城乡居民共同的美好记忆。只有乡村的生活美好，才有中国的生活美好。当代中国审美，也需要到田间地头寻找诗意。

再看"美丽中国"。党的十八大提出建设"美丽中国"，强调把生态文明建设放在突出地位，融入经济建设、政治建设、文化建设、社会建设各方面和全过程。党的十九大又把"美丽"作为社会主义现代化强国的限定词之一，提出"在本世纪中叶建成富强民主文明和谐美丽的社会主义现代化强国"。"美丽中国"在提法上和实践上都源自"美丽乡村"。"美丽乡村"是乡村的还原，也是乡村的再造。乡村文创，依靠绿水青山，也保护绿水青山。绿水青山就是金山银山，乡创是实现这个转化的重要手段之一，它让乡村的形态美转化为内容美、产业美。

第三，"经济转型"和"文明建设"。

经济转型升级与社会主义精神文明建设，分别提升经济和精神的层次，全面反映了今天中国的改革发展、高质量发展，这也成为乡创健康向上的动力。经济转型升级与社会主义精神文明建设所表现出的趋势与能量，又给了乡创直接的支持。

先看"经济转型"。从乡创角度观察，经济转型升级带来的机遇，一是创意经济，其关键是文化创意与相关行业融合，实用与审美的统一，形成新的产品亮点和消费吸引力。二是体验经济，关注产品的情感精神属性，企业竞争从功能、价格和服务转向体验，消费者从被动到主动，主客共创。三是数字经济。数字是记录和应用方式的创新，是符号的创新，因而数字经济与文化、艺术有着天然的亲缘性，这也是数字艺术和数字文化产业率先兴起的原因。在这个文化的时代，除了体验经济、创意经济、数字经济，还会有其他与文化体验、创意、想象相关的经济现象涌现出来。乡创也是这样的产物，它依托乡土文化，是乡土文化价值的再发现和再利用，是对沉睡的乡村审美的激活。

再看"文明建设"。乡风文明是社会主义精神文明建设的重点。按照《中华人民共和国乡村振兴促进法》要求，要采取措施丰富农民文化体育生活，倡导科学健康的生产生活方式，促进乡村公共文化体育设施网络和服务运行机制的逐步完善，开展农民群众性文化体育、节日民俗等活动，进行农业文化遗产和非物质文化遗产的保护与利用，这些举措将为乡土文化的复苏提供基础性条件，也为乡创提供必需的社会环境、市场环境和公共服务环境，促进形成健康向上的氛围。文明的乡风，规定了乡村审美的性质、方向，以及审美产品和服务的品位、风格，对参与乡村文创的主客体双方将起到引导和推动的作用。

决定当今中国发展方向的种种主题，交集于乡创并将在乡创中得到深化。以上只是选取了几个侧面，实际上，这些主题之间的关系纵横交错，它们从不同角度提出，又相互呼应、补充和强化，如果延展开来，还可以有更多关于乡创社会背景的发现。

如果能在今天的社会经纬中认识中国乡创美学，就会对它的定位和作用有更正确的把握，就会把它当作检测基层活力的一项重要指数。

莫看小了乡创情怀。从本质上说，文创是一种新的文化种类，与文学、美术、音乐、舞蹈等一样，其特殊性只是在于它的艺术性是融合在产业中。中外历史证明，文艺是时代的产物，文学艺术作品是社会发展的见证者和推动者，那么，文创也应该能承担起这样的使命。中国乡创中的"情怀"是"大情怀"，绝不是"小资情调"和"文青腔调"。与此同时，乡创所开展的文化产业、旅游业、文化创意与相关行业融合，作为乡村现代产业体系的组成部分，将对乡村振兴起到重要作用。乡创讲情怀，并不是不讲市场、不讲经济效益，用市场去实现情怀、用经济效益去支持情怀的实现，这恰恰是乡创的特点和优势。

莫看轻了乡创分量。诚然，乡创只是乡村振兴和文化建设的局部性工作，但是在全社会"望得见山、看得见水、记得住乡愁"的瞩望中，影响大、辐射强，牵一发而动全身。因此，围绕"乡村振兴""文化强国""美好生活""美丽中国""经济转型""文明建设"等主题，应进一步增强"乡创"维度，并在国家政策规划的大盘子中，在相关项目、资金、人才等政策工具中，体现对乡创的倾斜。

莫看低了乡创格局。在世界性的"文化引领未来"大趋势下，以优秀传统文化为基础的文化自信，有了更广泛、深厚的社会基础。当今中国，从政府到社会，从生产者到消费者，在乡创上表现出高度的共识，尤其是大量以艺术家、设计师、建筑师、高校师生为代表的新农人自发进入乡村，在这里创新、创造、创业，乡村再一次成为文化经济融合的试验田，也再一次成为中国文化新理念、新模式的策源地。

三、时代精神

时代精神是一定的历史时期下，全社会的共同意志。当今中国乡创体现了以改革创新为内核的时代精神，并且在全民性的创新创业中，在中华优秀传统文化创造性转换和创新性发展中，诠释并丰富了时代精神，"乡创"二字，既是返"乡"又是新"创"，一边服膺一边弘扬，这既是中国文化继承与创新的缩影，又是中华民族复兴路上的标志性符号。

无论最终成功与否，几乎所有的乡创案例都是励志故事，因为它击中了这个社会人们心中柔软的地方，引起了广泛的共情、共鸣，它是中国文化传统和美学追求在当代的回响，是时代精神的集中体现。千百年来，绵延未绝的乡土资源经由乡创的开发，又是瓜瓞绵绵，乡创参与者打拼的不仅是坚韧和勤奋，还有青春理想、艺术才华和赤子之心——他们以自己的生动实践回应了时代期许。参与乡创的人是低调的，他们散落于山林田野之间，如同不求闻达的古代隐士，但他们响应乡村的召唤，又以自己在乡村的创新创业召唤中国社会的不泯乡愁。正是因为乡创贯注着时代精神，地理虽偏，产品虽小，却可以"笼天地于形内，挫万物于笔端"。乡村振兴和中华优秀传统文化的回归，正在开启一个新的时代，乡创在中国社会的主体结构中，特别是在活跃的青年人、艺术家中，呈现出"顶流"价值。

杰出的作家、艺术家总能扣准时代的脉搏，展现时代的精神风貌，让作品成为历史发展的风向标、时代前进的号角。今天的文创也具有这样的功能，不同的是它为社会提供的产品兼具艺术性与实用性，通过文化创意，在实用性的产品中融入文化内容，体现审美价值。虽然它不像诗歌、小说、音乐、舞蹈、戏曲等集中、直接地反映社会、反映生活，但它的优势是，通过文化创意，为日常的生产生活赋能添色，因此，它的产品仍然承载着我们这个时代的精神气象。相对于一般的文创，乡创更能从大地感受蓬勃向上的力量，在孕育日月、万木葱茏的乡野村落，远取诸物，近取诸身，实现时代精神的升华。

一是改革创新。改革创新精神开创了改革开放和建立社会主义市场经济体制的新时代，并在这个时代不断深化。发展文化产业、旅游业，就是思想解放、改革创新的结果。在改革开放之初为市场经济、为商品正名的大背景下，文化的市场价值和商品属性被揭示出来，并成为新的生产力要素，这是关于文化又一种属性的重要发现，文化产业和文化市场都建立在文化商品属性的基础上，从来被认为是上层建筑的文化，兼具了经济基础的特征。在发展市场经济的过程中，坚守中国特色社会主义制度的定位，而不是跟在其他国家后面亦步亦趋，同样是改革创新精神的体现，表现在文化领域，就是在承认和利用文化商品属性之后，进而强调文化作为商品的特殊性，由此提出把社会效益放在首位，努力实现社会效益与经济效益相统一的原则。乡创正是这种改革创新的产物，它跨越了文化与市场、文化与其他行业之间的障碍，跨越了城市力量与乡村资源之间的鸿沟。

二是创新创业。创新创业被视为中国经济的发动机和新引擎，它一般是指草根创业，主体是企业员工、大学生、军转人员、返乡人员和下岗职工等，创新创业的空间，从最初的政策设计到现在社会的关注，主要是城市。但是，当下的乡村实际上已经成为创新创业的又一个战场。在当前世界性的"艺术介入乡村"的潮流中，与乡土感情更深一层的中国师生积极性更高、创造性更强，特别是千千万万的乡村创客活跃于田间地头，成为与发达国家"车库创客""咖啡创客"等量齐观的中国创客现象。而进入乡村文化产业和旅游业的农民及外地企业家，实际上也是在进行二次创业。

三是中华传统文化的创造性发展和创新性转换。党的十九大提出要"推动中华优秀传统文化创造性转化、创新性发展"。中共中央办公厅、国务院办公厅于2017年发布《关于实施中华优秀传统文化传承发展工程的意见》。乡村是中华优秀传统文化的摇篮，在这里曾孕育出修齐治平、遵时守位、知常达变、开物成务、建功立业等思想，并凝练出中华文化的核心理念。乡村是中华优秀传统美德体现最集中、最自然的地方，这里的思想观念、风俗习惯、生活方式、情感样式，仍然涵养并表达着中国人的美学趣味和处世态度。依托乡土资源发展文化产业和旅游业，并把这些文化元素和标志性符号与相关产业融合，通过市场渠道实现中华文化创造性转换和创新性发展，参与的主体包括生产经营者也包括消费者，包括村里人也包括城里人，包括中国人也包括喜欢中国乡村的外国人。传统与时尚、乡土与城市、本土化与国际化，通过文化创意、科技提升和市场运作，在乡创产品中实现了统一。

乡创的美学精神是时代精神的产物，也将为时代精神增光添彩。它当会在以下方面更加自觉地发挥优势：

一是基层创新。基层是创新创造的源泉，也只有基层才能把时代精神真正体现为全社会的意志。乡村从来就是创新创造的沃土，自古以来中国的许多新思想、好创意就带着泥土气息。农民有保守封闭的一面，也有敢想敢干的一面，进入新时代后更是如此，包产到户被认为启动了中国改革开放的进程，乡镇企业的发展，为今天发展包括文化、旅游在内的现代产业开辟了道路。"创造在基层，希望在民间"突出表现在乡创中，头脑活泛的乡村农民或是有一技之长的手艺人，率先做起了特色文化产业和旅游业，涌现出了一批乡村文旅企业家。早先闯市场、走天下的企业家和年轻人回到家乡创业或二次创业，其中不少人选择了最有创新活力、创业门槛最低但充满市场变数、具有挑战性的文旅行业，还有艺术家、乡村创客等新农人进入乡村。目前基层创新的劣势是相关政策的落实需要解决"最后一公里"的问题，其中的症结，有的是政策制定不精准，不接地气，有的是执行政策的方法和过程存在问题，致使政策悬浮在空中，口惠而实不至。

二是体制创新。体制创新的要义是根据生产力发展的需要调整生产关系，文化体制改革的重点就是顺应社会主义市场经济体制，推动文化生产力发展。体制创新有两种手段：政府机构改革是一种手段，2018年进行的文化和旅游融合就是这样的调整。在现有机构的基础上加强联动也是一种手段，一个时期以来，顺应文化与相关产业融合发展的趋势，部委间的协调、联动明显增强，特别是文旅部门与教育、卫生、体育、农业、工业等部门，联合出台并实施了一系列政策、规划和项目。"上面千条线，下面一根针"，乡村在部门之间受到的限制要少得多。文化和旅游在机构上融合到一起，与长期以来乡创实践的倒逼是分不开的，因为乡创的路子几乎都是把发展特色文化产业和旅游业结合在一起。因此，在围绕文旅加快融合的趋势下，乡创更能形成综合优势。但是，它的劣势也是明显的，相关部门与基层信息不对称问题在乡村更为突出，公共服务、市场环境、科技支撑等城乡差距，限制了乡创在行业间的穿插能力。尤其是乡创缺少复合型人才和团队，也不能融会贯通地用好用足相关部门的政策。

三是文化创新。在乡创中体现并深化时代精神，应继续挖掘、呈现农耕文化的内涵，通过市场的渠道、通过互动体验的方式，润物无声、寓教于乐地作用于消费者，把经过千百年淘洗、一代又一代人选择留下的文化融入今天的生产生活，这种文化基因的激活，会让当今中国文化的代谢更健康、反应更敏锐、有更强的免疫力和创造性。我们还要认识到，"乡土"并不只是"土"，还有"牧"与"渔"。中华文化以农耕文化为主体、为代表，但在历史上，一直是农耕文化、游牧文化和海洋文化相互影响、交互作用。一般情况是农耕文化给游牧文化和海洋文化带去当时的先进生产力，也带去农耕文化的先进成分，而游牧文化和海洋文化所具有的闯劲和外向型特征，则是安土重迁的农耕文化所欠缺的。因此，田园牧歌固然是乡土文化的重要样式，但不是唯一样式，牧民文化、渔家文化也是中国乡村图谱中不可忽略的组成部分，它们对今天利用乡创为时代精神输入新鲜血液同等重要。

黑格尔说："谁道出了他那个时代的意志，把它告诉他那个时代并使之实现，他就是那个时代的伟大人物。"今天，中国乡创行业的新老农人就道出了这个时代的意志。

第四章　中国乡创的基本特征、审美创造和审美接受规律

一、基本特征

乡创，是将乡土资源通过文化创意、科技提升、市场运作转化为产品的创业活动。它对乡村振兴和文化发展的作用表现为，将经济实用与审美价值结合在一起，双向拓展产品的物质功能与精神功能，在实用中实现超越，在超越中赋能实用。

约翰·霍金斯最早从发展文化产业的角度提出"创意经济"，并且认为它经过了不同的发展阶段。从中国的实践看，三十年来，文化创意激活了尘封的文化资源，成为文化发展的重要推手。它第一波是催生了文化产业，第二波是与相关产业融合，第三波是以乡创为表征的重塑全社会经济文化生活，从而一波波拓展了文化空间，产生由近及远的涟漪效应，在文化领域的内外部、在城乡之间，形成了文化发展新的战略纵深和回旋空间，也激发了文化的主体活力和内生动力。依托文化创意的渗透力、覆盖力和开放性，擅长太极身法的中国文化，见山乐山，遇水乐水，既以万物为融合对象，又以万物为发展载体，显示出经天纬地的力量，并构建起新的话语体系和审美意识。借助文化创意，文化在产业化、规模化的发展进程中，能保持无法复制的原创性和个性化，这种新的文化经营和审美创造，消除了关于文化与市场、文化与消费关系的疑虑，包括来自人文知识分子的质疑和社会上的误解，促进了文化建设和经济建设的结构性变化，并越来越深刻地作用于大众生活。

今天的中国乡创美学，集中呈现了当今文创的基本特征。如果我们把中国美学精神理解为乡创美学的核心，而且这种美学精神是以天人合一为基础，以人"为五行之秀、实天地之心"为尺度，以关注民生为情怀，那么在今日的乡创中，中国美学精神与生产生活、文化创意、科技支撑，大致对应于中国古代哲学和美学中的"道与器""道与术""道与技"。

第一，乡土资源通过市场运作实现审美与生产生活的融合，中国美学精神是"道"，生产生活是"器"。

审美融入生产生活，是从利用文化的实用功能与商品属性开始的，可以追溯到原始先民用骨管、石刻艺术品丰富生活并用于交换。古代印刷业、娱乐业，更是今天发展文化产业的先声。但是，规模化的文化产业，只有在市场经济发展到一定程度时才能形成，才能有条件深入大众之中，进而向相关产业和更广泛的经济社会生活领域拓展。以工业经济为代表的现代经济的兴起，有了真正意义上的现代市场，由此孕育出文化产业。中国的文化产业在改革开放后实现自觉，并且随着社会主义市场经济的节奏推进，成为文化体制改革的动力，审美也发生变化——纠正封建社会对商品经济的偏见，特别是对娱乐业的偏见，改变计划经济时期遗留的思维惯性，形成与市场经济相适应的思想文化和审美标准。

在审美上，关于文化商品属性和市场功能的认识变化，首先发生在城市，这是由于城市是现代产业和市场的重镇。历史上城市就具有市场、人才、信息等方面的天然优势，是城乡市场的枢纽。历史上中国城乡文化观念是相互依存的，只是进入近代才拉大距离，甚至在一个时期里表现为文化理念、审美意识的矛盾和对峙。当代文化产业起步时就把乡村纳入了视野，但由于市场条件等方面的限制，现在才真正发力。一个国家文化产业走上正轨的标志，是发展本土文化产业，开发乡土资源形成的特色文化产业，使之逐步成为中国文化产业的压舱石和审美校准器。

第二，乡土资源通过文化创意实现审美与生产生活融合，中国美学精神是"道"，文化创意是"术"。

艺术与物质、审美与实用，美学上一般认为它们互不相干甚至相互排斥。其实，人类从来就有将生活艺术化的倾向，中国美学特征之一，是生活美学。先秦时期就有以墨子为代表的功利为善的思想，中国传统文化反对唯言心性、空谈义理，主张兼顾审美与实用，推崇知行合一。当人的温饱、安全等基本需求没有得到保障时，艺术想象就会受到限制，审美空间就会受到挤压。一旦这些问题得到基本解决，文化地位提升，大众认识世界和生活的态度就开始发生改变，更多用审美的眼光审视世界，用审美的态度装点人生。这样的大众心理需求，是文创在这个时代蔚为大观的基础。以2014年国务院出台《关于推动文化创意和设计服务与相关产业融合发展的若干意见》为标志，审美要素融入生产生活，在全社会层面由自发转变为自觉，极大地拓展了审美创造的领域。

在历代文人的歌咏中，乡村往往就是诗意的世界，甚至可以说是一种大IP，乡村缕缕炊烟是中国生活美学薪火相承的象征。这正是今天乡村文化产业和旅游业最需要的历史基础和现实场景。在文化产业和旅游业的发展中，乡村的"农文旅"成为与城市"商文旅"并驾齐驱的两大现象。文化产业、旅游业除了与特色农业融合，还与乡村其他产业融合，相互赋能。乡村从来就是创新创意的土壤，为想象的自由生长、创意的充分发挥提供了条件。

第三，乡土资源通过科技支撑实现审美与生产生活融合，中国美学精神是"道"，科技支撑是"技"。

科技提升是促进审美演进的动力，历来是美学理论的关注点。科技在不同的审美活动中有不同的权重，文学创作与舞台表演对于科技的需求就完全不同，必须处理好它与其他审美要素之间的关系，一般说来，科技主要是审美呈现的辅助手段，是表达内容的工具，要服务内容的需要，不能反客为主。这也是发展文化产业、旅游业以及文化与相关行业融合中要遵循的规律，只是在发展这些产业时，要综合处理艺术、产业等多方面的关系，特别是与生产生活的实际功用结合，涉及更多方面的科技支撑。

乡创正是发展特色文化产业、特色旅游业以及文化与相关行业融合的主战场。科技的发展，特别是互联网技术的深度应用，给乡村带来新的机遇。乡村振兴的全面推进，新的城乡互动，新农人进入乡村，为科技提升营造了前所未有的氛围，创造了利用科技实现审美意图、完成审美过程的条件。乡村文化产业、旅游业以及文化与相关产业的融合如今初显成效，很大程度上是拜科技所赐，随着乡村基础条件的改善和科技支撑力的加强，将进一步彰显这种作用。

如果进一步梳理还会发现，在文化产业发展的短短的二三十年里，虽然上述基本特征没有变，但经历了三个阶段性的深化：第一阶段，最初认识到文化的商品属性，显然是文化行业要搭经济的便车寻找发展机会，以经济为主、审美为辅，在这个阶段，文化创意只是《文化及相关产业分类》的一个很小的类别，并不为人关注，尽管当时有部分城市将文化产业称为文化创意产业或创意文化产业，但并不表明在认识上更重视文化权重；进入第二个阶段，文化创意突破文化产业，向其他行业融合，审美由附庸蔚为大国，在产品中比重不一定很大，但起的是画龙点睛的作用；目前为第三阶段，在增强文化自信、满足人民群众美好生活需要、建设美丽中国、中华优秀传统文化回归等的社会背景下，在互联网等科技手段的助推下，人人可审美、处处可审美、时时可审美正在演变为时代趋势，文化地位进一步提升，文化创意成为产品的灵魂，审美也成为召唤相关行业融合发展的大旗。在这样的演进过程中，乡创既是其动力，也是其结果。

正确把握乡创美学的基本特征，需要继续纠正以下三种误解：

第一，对文化艺术活动的误解。要防止两种倾向：一种是由对文化艺术活动的偏见延伸到对乡创的偏见，认为是花架子，搞形式主义，他们既没有看到文化艺术的作用，又没有看到乡创产业的作用。当然，要注意杜绝长期以来在文化艺术活动中存在的形式主义问题，正是形式主义败坏了文化艺术的形象。另一种倾向是对产业规律没有认识，文创既然是产业，就应遵循产业规律，对接市场。体现需求导向，固然不能盲目迎合市场，但终归是要在市场立足，接受市场的检验。

第二，对审美与实用融合的误解。"买椟还珠""叶公好龙"作为成语有固定的讽刺意义，但换个角度就可看出艺术与包装结合、艺术与建筑结合产生的吸引力。实际上，今天的文创，很多就是在包装上下功夫，在设计形式上精思巧构。这种融合如何把握好相互关系、各自分寸，需要加强研究和引导。

第三，对"原汁原味"的误解。乡创当然要保留乡土原貌，但不要与创意、科技对立起来。千百年来乡村都在变化，"变异性"是民族民间艺术的特征之一，社会生活在变，民间艺术家、手艺人的创意和技术手段也

在变。重要的是不能失去乡村的本质特征，如果有变化，也应是有序的
"基因流转"，而不是失去基因。今天的乡创，要发挥有专长的艺术家、设
计师、建筑师的作用，但村民或其他熟悉乡村的新农人掌握了创意的方
法，也会有一招制胜的奇思妙想。科技是乡创的标配，相关部门要通过政
策、项目和市场机制给予支持，新老农人也要主动学会新技术。

　　乡创是一种文化现象和产业类型，也是一种审美态度与方法，是今天
我们中国人诗意栖居的路径。乡创在中国美学精神的引领下重塑乡村生产
生活，或许还是未来经济社会发展的一个模板。

二、审美创造规律

　　审美活动由创造与接受两个环节构成。中国乡创的审美创造，正在打
开一个通向新的物质世界和精神世界的美学廊道，这也将是引领审美创造
的潮流力量。

　　在万物生长的时节，这种新的审美生产力萌动，是审美能力的进化。
一个时代有一个时代的审美创造，作为一种最具想象力的创造，又因时、
因人而异。今天的中国乡创，是将乡土资源通过文化创意、科技提升、市
场运作转化为产品的创业活动，与发生在城市、发生在其他领域的文创上
是相通的，但它更表现出"万类霜天竞自由"的自然、自由能力，表现出
锄豆织笼、"醒里吴音相媚好"的生产生活特征，改变了传统审美超然物
外的高蹈形象，示人以向物质世界进击的姿态。这种兼容性明显延伸了审
美创造的范围与深度，把触须伸向蓝天白云，更扎入孕育草木生灵的
大地。

　　在经历了种种曲折之后，中国社会蓦然认识到，我们真正怀念的还是
乡土时光。而这种新的审美创造，仅靠宗教般的情怀、勇气以及艺术梦想
和特长是远远不够的，对乡土精神的参悟，对千百年来乡村"信息素"的
爬罗剔抉，对技术、产品开发、供应链、市场等"核心肌群"的激活和整
合，或许更为重要。乡创要的不是"情怀乌托邦"，而是坚实的乡村发展，
它的台阶由一个一个的规律筑就、一点一点的经验铺垫。

与传统审美相比较，乡创的审美创造，在路径上应关注以下三种关联：

第一，内容关联载体。

与文学艺术作品相比，乡创也有内容与形式的关系，但文学艺术的内容与形式的关系，是内容为主、形式为辅，形式服务和服从于内容，形式为表现内容而存在，如同毛与皮的关系。对审美产品的享受过程，形式只是过渡，内容才是目的。形式也可以说是载体，但它只是通往目标的工具，登岸可舍舟，得鱼可忘筌。而在文创中，往往是文化与实用两个具有独立价值的方面相向而行，双剑合璧，具有实用功能的载体，不只是通向目标的工具，它自身也是目标的一部分。在逻辑上，多数情况可能是先有实用的产品需要通过文化创意增加附加值，于是成为内容的载体；也可能是先有合适的内容，特别是已经形成IP的内容，以此凝聚相关行业的产品和服务。因此，双方不是简单的主从关系，而是均衡关系，相互成就，互为因果。具体到某一个文创产品中，可能会在某一方面有所倚重，或以内容为主，或以载体为主，但总体上没有轩轾。有些情况下，内容并不是产品和服务的主导方，但内容事关文化导向和品位，有时能"一票否决"。如果脱离了实用，文化无所附依，这样的文创产品也就不存在了。

这种文化与载体的关系，反映了审美冲动力与经济冲动力的唇齿相依。在乡创审美创造中，从内容出发不断外溢，形成三个层次的载体，一是特色文化产业，利用非遗等乡土资源开发文创产品，这些产品是某个具体的技艺中所包含的乡土文化的载体，而不是普通意义上的形式。二是乡村文化产业与旅游业的融合，旅游吸引物和旅游环境也是乡土文化的载体。三是与文化创意融合的农业及其他产业，都是乡土文化的载体。如果从大的范围看，除了产业，乡村的人才振兴、生态振兴、组织振兴，可以通过文化赋能，成为广义上的文化载体。再从更大的范围看，整个乡村都是乡土文化的容器，也是文化的载体。乡创之美，体现为乡土文化之美，也体现为器物之美、产品之美、生态之美、生产过程之美及发生在乡间的种种活动之美。

第二，原创关联衍生。

文创要有原创性，这是与其他艺术的共同之处。文创还有衍生能力，利用已有产品的审美意象，变现为新产品。艺术也有衍生性，主要在艺术、娱乐范围内展开，文创还能通过与服务经济、实体经济融合形成衍生品。原作的不断变现，已有内容的反复衍生和持续裂变，是审美意象的一次次唤醒和复活，形成持久的再生产能力。

中国传统文化从乡村走出，千百年来文人对于乡村反复吟咏，证明了乡土文化的原型功能，他们的作品又涵养了我们民族对于乡村的情感，形成了稳定的审美意象，因此，乡村就是一个大IP。发展乡村文化产业、旅游业以及与相关产业融合，要注意三个情况：一是乡村各有特色，要辨别出乡村的个性，接上乡村的地气；二是发现了乡土文化的特色，还需要经过创意转化，发挥想象力和创造力，对原材料进行加工、提炼，而不是简单当个搬运工；三是作为现代产业，要充分考虑消费需求导向，并且发挥科技提升和市场运作的作用。

第三，创新关联创业。

创新是审美创造本质，而文创的创新往往是与创业联系在一起的。文创既是一种文化创新，也是商业模式的创新，是实现审美生产与再生产的创新，这就给审美创造开辟了通往创业之路。一个时期以来，艺术市场蓬勃发展，我国艺术品交易多年来位居全球前列，带动了艺术类的创新与创业。文化产业、旅游业作为朝阳产业，显著特点之一就是产业链长，带动就业、创业的能力强，因此任何一个环节的创新，特别是艺术环节的创新，都会带动一系列的就业和创业。随着社会对审美产品需求的增强，带动相关产业和市场发展，艺术设计类院校或专业数量骤长，"艺术学"也上升为一级学科，设计学一跃成为"显学"，多种力量推动着创新创业的普及化和大众化。

乡村从来就是凭借手艺创新创业的地方，在传承艺术的同时也在传承凭手艺吃饭的传统。发展乡创，就是这种传统的延续。一个时期以来，很多乡村通过这样的创新创业实现脱贫，继而进入乡村振兴。一些企业家返乡再创业，文化产业和旅游业是常见选项，而且由于他们有办企业和应对市场的经验，又熟悉自己乡村的文化和人脉，因此成功率较高，带动就业创业的能力较强。在"艺术介入乡村"的世界性潮流中，中国的艺术家、设计师表现出进入乡村的极大兴趣，尤其是高校艺术、设计、建筑类专业师生，希望把自己的作品写在大地上，客观上来讲，乡村也是机会较多、入手较快的地方。大批创客在乡间，带动十里八乡村民创业致富，成为世界创客中的"中国现象"。

围绕开发乡土资源形成的包容式发展、协同式推进、交错式运转，决定了乡创审美结构的三方面特征：

一是审美创造主体的大众性。正如约翰·霍金斯所言，"人人在创意"，人人生来具有"寻找新的、有趣的、实用的可能性的本能和冲动"。各地城乡正在营造可居、可业、可游的生产生活环境，社会大众参与审美创造的热情普遍提高，互联网平台为参与这种创造提供了便利，我们正在进入一个处处可审美、时时可审美、人人可审美的时代。乡村环境、乡创产业更是大众发挥想象力、创造力的广阔天地。

二是审美创造手段的综合性。乡创关涉乡土资源以及相关艺术、科技、产业、市场、金融等多个方面，是集成式创新。它所产生的美感，不仅来自产品内容，也来自通过克服综合中的困难，特别是精神性与实用性融合的困难所获得的自由感。这就需要会"弹钢琴"，能有效统筹各方面的资源。不能把乡村非物质文化遗产传承人等同于乡创人员，有的非遗传承人具备综合能力，但更多的人并不具备。挖掘、利用丰富的乡土文化，除了依靠村民，还要借助专业的人，比如专业艺术家、设计师、建筑师或具备专业能力的乡村创客；还需要借助乡村合作社、协会等互助组织走向市场，因地制宜采取农户+合作社+企业等模式。进入乡村的艺术专业人才，也不都是通才，应采取合作的方式解决既要面向乡村，又要面向市场的困难。

三是审美创造领域的开放性。在文化自信增强、中华优秀传统文化回归的背景下，以中国审美精神为灵魂的文化创意，正步步拓展审美领域：它开辟出文化产业，继而与同样以审美为目的的旅游业融合，又进而向整个经济社会的众多领域、层面、环节渗透，从而全面刷新物质世界和精神世界。而作为文创中最具代表性的乡创，将成为这种新趋势的引擎。

从保护和激发乡创审美的创造力出发，应在以下方面有所加强：

一是现实关怀。它首先表现为对乡村发展的关注，对村民利益的体恤，对乡土资源的珍惜，又表现为对中华优秀传统文化传承的担当，对城市居民向往自然、向往乡村的回应，这些是相互联系和对应的。乡创语境里的现实关怀也是终极关怀，无论是生产者还是消费者，都期待通过乡土之旅实现超越，把个体生命融入自然、大众和充满生机的生产生活。

二是创造规律。乡创是综合性的创新创造，要遵循艺术规律、技术规律和产业规律。乡创的门类和环节很多，从业要求也不一样，对于绝大多数艺术家、设计师、建筑师、创客、高校相关专业师生来说，最欠缺的是对于商业逻辑和项目可行性基础的把握。参与乡创，要争取成为复合型人才，最好能有复合型团队。

三是价值引领。乡村创新创业，本身就有积极意义，更何况参与者带着乡愁、带着情怀。乡村的自然、社会、文化环境，赋予乡创天然、纯净的本色。孔子对《诗经》中来自各地的民歌评价不一样，但总体评价是"一言以蔽之，曰'思无邪'"。但是，乡村也有落后的东西，今天在文化市场管理上，防范封建文化沉渣泛起和城市文化垃圾下乡，应像守护绿水青山一样守护一方乡土文化。

"万物负阴而抱阳，冲气以为和"。跨界融合，给了乡创突破行业壁垒、无所困厄的雄心和力量，如同一飞冲天的鸿鹄。这种横跨鸿沟的审美创造，能够改变封闭的乡村，打破城乡分离、观念断裂，而且建构的不只是一个美学世界，而是有意思、有意义的现实生活，也就是说，它的意义绝不仅限于乡村，也不仅限于审美，具有建构中国思想文化结构和大众社会生活的力量。青山不言，绿水深流，这里是我们熟悉的土地，也是我们未知的土地。

三、审美接受规律

从审美接受论出发，每一场审美活动都应该是创造者与接受者共创共享的过程，是双方共谋的联欢。这种美学观在当今中国的乡创中表现得最为充分和直观——中国美学以"天人合一"为哲学主导和价值取向，审美创造与接受的关系如天地互生，阴阳互动，在乡村更如山歌对唱、渔歌互答。这是真正意义上的交流，是生命体验的同频共振，是新版高山流水的故事，是邀我至田家、把酒话桑麻的重温。

当今中国乡创审美接受的规律，主要表现在以下三个方面：

第一，消费性接受。经过文化体制改革，文化领域形成公益性文化事业和经营性文化产业两大分野。公益性文化事业满足公民基本的文化需求，经营性文化产业满足公民选择性的需求，文化产业、旅游业以及文化与相关产业融合形成的业态，需要采用消费的方式。这是欣赏者自掏腰包满足审美需求，因此有弱水三千只取一瓢饮的况味，能刺激释放更多内啡肽。具体表现为三方面的特征：一是主动性，而这正是审美主体性的表现。因为是主动付出，就会关注物有所值，用心参与审美过程，投入进去，沉浸其中。二是选择性，文创的审美虽然与物质的、实用的产品结合在一起，但审美规律不会改变，即它是自由、自觉的实践活动，是选择给了这种自由。三是差异性，保证了个性化，这才有审美的独特性和丰富性。

中国古代对文化的差异性、个性化就是从乡村开始的。这种差异性，进而影响到文化上的选择性和主动性。先秦时期就把人与万物的本源归结为气，不同的地方有不同的"地之气"，"气动谓之风"，所以不同的乡村有不同的风俗歌谣。今天的游客，实际上是沿着几千年的传统路线进入乡村，期待通过主动参与和自主选择，到自己想去的地方，获得个性化的体验，在寻找草木虫鱼时，在"误入莲花深处"时，邂逅自己的风景，而不是按图索骥。到乡村旅游，性价比最重要的参数就是个人审美感受，尤其是与大自然的亲近、与纯朴村民的交流、对绿色农产品的享有，等等。消费方式和消费便利，给旅游者带来这些选择自由。

第二，互动式接受。传统审美基本是单向度的传递和接受，即刘勰《文心雕龙·知音》中说的"缀文者情动而辞发，观文者披文以入情"。这时的审美欣赏也是创造的过程，即"一百个观众有一百个哈姆雷特"，但只是在一己欣赏中完成，并不直接进入创作环节。在现代文创中，情况发生了改变，欣赏者不是简单、被动地接受审美成果，而是提前进入生产环节。如果说文旅项目设计比以往更重视消费者的需求导向，并在实施中不断进入调整，已经体现出消费者前期介入的话，这还只是隐性、间接的介入，现在越来越多的项目由消费者作为创作者介入，项目的产生是筹资、筹力、筹智的过程。这是大众审美创造需求增长、能力提高的结果，互联网平台则为大众参与提供了技术便利。从语音到文字到视频技术的更迭，明显推动了大众参与审美创作、评论，日渐突破了专业与业余的界限，也突破了创作与欣赏的界限。剧本杀等新模式的出现，元宇宙呼之欲出，还将进一步颠覆传统创作与接受的关系。

乡村文旅产业及相关产业，有明显的在生产过程中请消费者"入群"的特征。城市消费者进入乡村也带着"乡愁"，表现出更强的审美主体性和角色担当，乡村提供审美的核心要素和基本条件，类似于戏剧的底本、场景和道具，消费者在其中自由发挥。一个个相对独立的乡村，青山绿水，躬耕稼穑，乡情乡音，是真正的天做帷幕、地做舞台，而这些在城市都被其庞大的体量和超快的节奏遮蔽或稀释了。比如，住进乡村民宿，游客就是进入了主人设置的场景，走出民宿，移步换景，参与农事体验，与村民交流，呼吸清新空气。乡村的特色文化产品，还有与乡土联结着的相关行业产品和服务，也因为消费者的互动式参与，成为他们与农民以及新农人共同劳动创造的成果。可以说，在乡村开展文创的日子里，每天都在上演着这种共创共享的"乡间小戏"。

第三，传承性接受。不论自觉与否，任何审美的接受都是在进行文化传承，在接受中创造，由此实现代际文化积累和嬗变。中国文化自先秦开始就表现出"向后看"的特征，把继承与创新结合在一起。孔子一辈子总在瞻望西周时期的鼎盛文化，在"复礼"和"正名"中往前探索，成为开创先河的百代宗师。在中国文学史上出现过一次次复古运动，在复古中创新，涌现出无数引领时代风流的大儒和大师。经书在中国文化上历来是至高无上的，南宋的儒学领袖陆九渊就提出"我注六经"与"六经注我"。而通俗艺术、民间艺术，特别是传统手工艺，更是在接受中完成传承有序的使命。历史上的说唱艺术、表演艺术，留下的说本或戏本，可以看出"列位看官"留下的印迹。可以说，是创作者、演出者、欣赏者共同保留、丰富、完善了这些作品，形成了层层的文化肌理。

乡村从前是耕读传家的地方。城里来的创业者或游客，其"乡愁"来自对陶渊明、王维田园诗篇的重温，对乡间"外婆家味道"的怀想，其实就是在审美接受中传承乡土文化。而且，乡创人员和游客带来了现代文化、时尚文化，乡创人员将它融入产品，游客则是通过消费需求来引导这样的融合。乡土文化在历史上就是变动不居的，一方面坚守特质，一方面融入新文化，今天，这种融合则是赢得市场、赢得消费者的方法，也是乡土文化在原汁原味保护、博物馆式保护之外，开辟的另一种传承渠道。乡创人员把自己的经营与村民的利益捆绑在一起，是以经济行为与村民一起进行乡土文化传承。游客以及乡村文化产品的消费者，则是以购买来表达对乡土文化的欣赏、对传承者的肯定，以共创共享的方式介入乡土产品生产。

在乡创环境里，消费性接受、互动式接受、传承性接受，其内在逻辑是，消费性接受是基础，决定了审美心理的选择性、个性化；互动式接受是审美过程中的状态，只有互动，才能体现选择性、主动性、个性化；传承性接受是审美的最终指向，这种指向有时很明确，有时则表现出"无目的的合目的性"。总之，消费者是以消费姿态"入场"，以互动方式"入戏"，以传承乡土文化为贯穿始终的红线。

这种审美接受特点的形成，是社会性的审美主体意识觉醒、能力增强。审美主体性表现为审美过程中的地位、作用和能力，表现为与审美对象互动中的自主性、能动性和目的性，表现为由自发到自觉、由自在到自为。今天它全面体现在文化建设的各个领域中，包括公共文化服务，也已经由相关事业单位单方面"做菜"，变为群众"点菜"，还可以参与"做菜"。如果说公共文化服务主要是"保基本"，对实现文化的自由创造还有客观条件限制，那么由消费者付费的文旅产业就完全不同了，它不仅提供了消费产品、培育了消费意识，而且在个性化、差异化服务中，在自主性选择中增强了消费者的主体精神。

要在理念和行动上顺应在乡创审美上的变化：

首先，在理念上让审美接受由被动转为主动。文学艺术创作或审美创造，从来是以创作者和生产者为主导，创造与接受的双向影响，中外文论从前也都注意到了，中国早在先秦时期就有很多论述，这可能与古代中国主张物我混一、主客一体的文化有关，但转折性变化出现在文化市场和文化产业的发展中，特别是消费主义的兴起，接受美学、消费美学成为海内外学界的关注点。文旅产业发展到今天，主客共享成为趋势，互联网平台和乡创，可说是审美接受者最活跃的两个领域。

　　针对这种变化，我们应认识到，乡创消费者的地位和发挥作用的方式，不同于文学艺术的欣赏者——当然，文学艺术也在发生变化。其一，消费者也要有创造者的担当，包括审美的社会取向、艺术格调和趣味，以积极的消费引导生产，以积极的价值观参与审美创造。其二，乡创消费融合了文化要素与实用要素，各种需求在不同产品中的权重也不一样，"文化+""旅游+"与"+文化""+旅游"，其审美需求与实用需求就大不一样。其三，乡创要适应市场变化和产业升级，消费需求变动既受大环境影响，又受周边地区尤其是城市的影响。

　　其次，要采取措施调动审美消费的创造力。一是在供给侧与消费侧两端发力。就乡村而言，这两方面目前都远远落后于城市。二是要用好政府与市场两个机制。2018年，中共中央、国务院发布《关于完善促进消费体制机制进一步激发居民消费潜力的若干意见》，强调"总结推广引导城乡居民扩大文化消费试点工作经验和有效模式"，国务院办公厅先后出台了《完善促进消费体制机制实施方案（2018—2020年）》《关于进一步激发居民文化和旅游消费潜力的意见》。2016年，原文化部和财政部实施"扩大城乡居民文化消费试点"，这些文件体现了发挥政府与市场作用的精神。三是兼顾城乡两个消费市场。刺激文旅消费的重心不能只放在城市，应看到乡村优势正在形成。诚然，文化领域刺激消费想到过农村，但收效不明显，应认真考虑文化消费特别是乡村的特殊性。

　　最后，应真金白银地支持乡创审美消费。比如，在乡村振兴、发展县域经济等相关项目中，与推动农产品走出去相结合，给乡村文化产业和旅游业多些项目；在刺激居民文旅消费中给文旅产业多些补贴；推广文化惠民消费的地方经验，并且把重点放在乡村；在全域旅游理念下，加强公共服务的支持，像有的地方为市民开通乡村游公共交通服务；在城乡融合中摸索实施文旅消费补贴、开展乡土大集市等活动。

　　要问需、问计、问力于审美接受者，让产品从乡土出发向接受者伸展，如同树从土壤里长出向阳光伸展。做乡创，怎能只有人与自然的和谐、与村民的和谐，而没有创造者与接受者的和谐呢？接受者主要是通过乡创产品上的心有灵犀来体会乡村和谐的。最好的办法，就是创造者与接受者共创共享，形成心灵默契和精神回响。

第五章　乡创的定位与功能

一、在乡村振兴中全面发力

乡村振兴在希望的田野激荡，文化力量脱颖而出，成为引人瞩目的中坚和精锐。从来就是"给点阳光就灿烂"的文化行业，已经成为越来越多乡村建设的亮点和"爆款"。一个时期以来，文化在乡村建设中的地位，呈现出跃升的姿态，由台后走到台前，由边缘走到中心，由附庸蔚为大国，由冷门变成了热门——这是文化在乡村的一场成功的"逆袭"。

尽管如此，我们还是期待乡村文化不只是在文化领域指点江山、激扬文字，而且在相关领域纵横捭阖、全面发力；不是凭一腔孤勇单兵突进，而是在与其他方面力量的协调、互动中，在旌旗相望、鼓角相闻的策应中推进，如风过而草偃。乡村文化振兴不能做小了格局，应该发挥文化的渗透力量向外拓展，不断破圈，为相关领域赋能添彩，并以此实现自身的突破与超越。

"望得见山、看得见水、记得住乡愁"，道出了乡村文化与乡村山水、乡村生产生活血肉相连、荣损与共的关系。乡村文化成为乡村振兴中经纬天地的如椽之笔，当然在于它的精神动力作用和智力支撑作用，但又不仅限于此。乡村文化所具有的综合性功能，也是它在乡村振兴中异军突起的重要原因。曾几何时，文化部门在呼吁重视乡村文化时还有一个口号，叫作"再穷不能穷脑袋"，或者是"要富口袋，先要富脑袋"，强调文化的精神动力作用和智力保障作用。这种作用在今天的乡村振兴中仍然十分重要，而且是摆在首位，但是从这些提法中也可以看得出来，当时对文化作用的认识还是有些单一，特别是所讲的文化，主要是灌入式的，而不是现在的内生性与外部性相结合。对文化与乡村自然生态的关系，对文化要素成为生产要素、文化资源成为生产资源等，还没有形成现在的认识。乡村文化新认识的形成，是因为自然生态与文化生态关系的认识越来越深入人心，是因为乡村文化产业、旅游业获得发展，是因为中华优秀传统文化回归，乡村文化地位得到提升，更是因为"文化自信"已经成为全党、全社会的自觉意识和行动，而"文化自信是更基础、更广泛、更深厚的自信，是更基本、更深沉、更持久的力量"。

　　乡村文化如能在乡村振兴中全面发力，将为我们提供一个角度来观察当今中国社会的文化自信。真自信者自带光芒，自带能量。在社会主义市场经济体制下，文化自信可以表现为：自信中国特色社会主义文化可以为中国经济社会发展提供丰富性、立体性的精神支撑，自信中华优秀传统文化作为优质资源创造的产品可以实现社会效益与经济效益的统一，自信乡村文化可以在乡村振兴全局中得到多维度的响应、支持和参与。

　　历史上中国乡村文化的演变与乡村的文化要求、审美理想的变化分不开，更与乡村物质生产的发展、社会生活中人与人关系和人与自然的变化分不开。这构成了一个个乡村文化发展的基本线索，构成了乡村精神谱系的重要价值。历史上的乡村文化，就是一代代农民在当地的天地山水之间、在农事劳作和日常生活之中，日积月累形成的共同价值取向、行为规范和交往方式，以及种种风土人情和文学艺术。这种乡村文化又反过来影响着生于斯、长于斯、老于斯的村民，并在与时推移中一次次重塑乡村生产生活。因此，乡村生产生活的各种演变都与文化息息相关，都打上了文化的烙印。如同土地被撂荒，乡村文化也被撂荒，土地被复耕，乡村文化也被复耕。

　　今天对文化提出综合性要求，形成新形势下乡村文化与乡村整体发展相融合的理想模型和动力系统，一方面是对文化作用认识的深化，一方面是对乡村振兴认识的深化。只有对乡村振兴提出了产业振兴、人才振兴、文化振兴、生态振兴、组织振兴五大任务，文化才能既把握自己的振兴目标，又明确与其他振兴任务的关系，有所交织、有所配合、有所融合。五大振兴之间本是声气相通、彼此呼应的，而文化更因其特殊功能，在乡村振兴中出纵入横。这是乡村文化新的变阵：

一是对产业振兴的作用。乡村振兴的首要目标是发展现代乡村产业。如今迅速崛起的乡村文化产业，在发挥"育民""乐民"作用的同时，还展现出"富民"功能，也就是说，文化不仅可以"富脑袋"，也可以"富口袋"。乡村旅游业也是这样的产业，发展势头强劲而迅猛，而且越是在欠发达地区，作用越明显，化不利因素为有利因素，利用独特的旅游资源，在脱贫攻坚中一战成名。文化和旅游融合后，乡村文化产业在乡村振兴中的作用，普遍被社会看好。《中华人民共和国乡村振兴促进法》提出，要有计划地建设特色鲜明、优势突出的农耕文化展示区、文化产业特色村落，发展乡村特色文化产业，推动乡村地区传统工艺振兴，活跃繁荣农村文化市场。还提出要坚持因地制宜、循序渐进，根据乡村的历史文化、发展现状、区位条件、资源禀赋、产业基础、演变趋势等，规划先行、注重特色、分类实施、有序推进。

在文化和旅游充分融合的今天，二者一起成为振兴乡村的抓手。《中华人民共和国乡村振兴促进法》提出，各级人民政府应当支持特色农业、休闲农业、现代农产品加工业、乡村手工业、绿色建材、乡村旅游、康养、乡村物流、电子商务等乡村产业的发展。鼓励工商资本到乡村发展与农民利益联结型项目，鼓励城市居民到乡村旅游、休闲度假、养生养老等。

对乡村产业振兴贡献最大的还不是文化和旅游自身，而是它们对相关产业的带动作用，在于催生新业态。尤其是带动当地农产品销售，其经济效益远远超过文化产业和旅游业，比如一些乡村出现的旅游民宿，游客到此，出现"吃光（特色饮食）、住光（民宿）、买光（当地农产品）"的现象，明显带动了当地农产品的销售。

即便是一些艺术家、设计师进入乡村，也要懂得参与当地的产业发展。他们是带着情怀、带着艺术理想来的，他们的共识是，必须把理想落实在乡村产业上，最终带动乡村发展。他们有的采取分步走的方法，先激活乡村艺术，再激活乡村产业；有的乡村创客说，任何只讲情怀不讲效益的做法都是"耍流氓"，要先把自己变成一个赚钱的企业，接着再变成一个能让乡亲赚钱的企业。

　　二是对人才振兴作用。在乡村振兴中，人才振兴受到各方面的重视，《中华人民共和国乡村振兴促进法》专门提出："鼓励培育乡村文化骨干力量，加强乡村文化人才队伍建设。"本土人才是建设乡村文化的主体力量。自古以来，乡村文化靠的是本土人才的传承与创新。这方面的人才，包括非物质文化遗产传承人才，也包括其他与乡土文化有关的人才，比如组织、经营人才，当地文化活动的牵头人或骨干，还有类似于经纪人的市场角色，等等，他们是乡村文化一代又一代延续下来的乡土文化领头人。如今，各级文化和旅游部门注意发现、培养这方面的人才，文化和旅游部还评定了一批乡村文化和旅游能人。越来越多的年轻人回乡创业，其中占有很大比例的人在从事文化产业和旅游业。文化和旅游业创业门槛低、产业链长等优势，给了他们施展身手的机会。

　　除了本地农民，外部力量介入乡村文化，也是自古以来的现象。这中间最突出的是回归乡贤。在当前的乡村文化发展中，参与者、建设者的主体结构发生了积极的变化。除了村民和乡贤，还包括新农人、设计师、建筑师、艺术家，以及参与乡村文化产业发展的企业家和参与乡村公益性文化事业的社会组织。乡村艺术发展需要积极的外部力量加入。越来越多的艺术家、设计师把眼光投向乡村，参与到"艺术介入乡村"中来。这种村落再生实践，是出于艺术的敏锐，也是出于对乡村艺术的向往，他们会真诚地向乡村艺术家和传承人学习，尊重生活在乡村里的居民，有想法会和他们商量，寻找最佳的艺术解决方案，小心翼翼地还原乡村应有的面貌，保护乡村艺术的生命力。事实证明，真正的艺术家、设计师、建筑师凭借其职业敏感性和专业素养，更能辨识当地的生活之美和艺术之美，并且把它们提炼和呈现出来，帮助当地居民更好地发掘乡村艺术积淀，呈现乃至于重塑乡村艺术之美。乡村艺术的希望，在于解决好乡村的内源性力量与艺术界前沿力量的关系。用艺术拯救衰败的村落，在日本等国家已经有成功的实验。21世纪初以来，我国的艺术界也表现出主动走向公共的积极变化，"艺术介入乡村"作为一种潮流方兴未艾，开放的乡村欢迎这种力量。最重要的还是让农民参与，让农民动手，让农民成为创造的主体。乡村艺术是这里的百姓世世代代的创造，是乡村的公共财富，公共文化服务理应承担起传承、弘扬的责任。要尽可能地把传承乡村艺术列入公共文化服务的范围，创造性地把乡村艺术融入当地居民的文化活动中。比如有些地方尝试把传统表演艺术的音乐、动作融入广场舞，取得了积极的效果。这种创新需要给予更多的关注和支持。

三是对生态振兴的作用。生态保护与乡村文化互为因果、互为手段、互为目的。青山绿水是乡村文化的摇篮。望得见山、看得见水、记得住乡愁，青山绿水是乡村的第一特征，也是乡愁的载体。从"天人合一"的思想出发，人作为自然之子，与生态有着密不可分的关系，表现在乡村文化上更加突出。在我们这样一个农耕文明的代表性国家里，千百年来对生态的依附性更强，也给传统文化特别是乡村文化打上了鲜明的烙印。因此，乡村文化与乡村生态唇齿相依。而且，文化产业和旅游业总体上说都是绿色产业，在乡村如果发展产业，这两个产业应该是最有利于生态保护的业态。绿水青山就是金山银山，这种转换，有相当一部分是通过文化产业、乡村旅游来实现的。

文旅让生态更美好，已经成为社会共识，有的做乡村经营的人甚至说，我们不是在搞乡村开发，而进行持续的"生态研究"。这种话有人可能会说它有些矫情，但他们应该是真诚地把生态当作文旅的资源与根本。乡村建筑也要注意与周边的自然生态相协调，与乡村应有的青山绿水和大地田园相协调，实现传统与现代的融合。比如，一些做乡村民宿的，在建筑取材上尽可能取自当地，并且可再生、再利用，能回收原有建筑的砖石、瓦片、木料、节能门窗等。乡村闲置房屋是民宿设计建造的基础，尽可能因地制宜，依山就水，依据当地的地理环境、气候环境等客观因素来保持建筑的基本架构和村落环境，并考虑信仰文化、生活方式等人为因素，保留传统技术的工艺性，与当地自然环境和人文风貌相融合，让当地工匠施展身手，促进工匠复兴。

四是组织振兴。要发挥文化在乡村振兴中的作用，乡村的基层组织作用十分重要：一是把握方向。要带头认识到文化在乡村振兴中的重要作用，以充分的文化自觉开展乡村文化建设。要把明确为党和政府责任的文化任务，特别是文化事业部分承担起来，比如公共文化、体育服务、农民艺术创作、非物质文化遗产保护，等等。同时，从当地实际出发，促进本土文化产业和旅游业的发展，或者是以文化和旅游为主导，或者是把文化和旅游的元素融入相关行业规划之中。二是做好协调。在发展乡村文化和旅游中，涉及多方面的工作，需要合理摆布，牵动多方面的利益，需要合理处置，兼顾相关方的具体利益和当地文化发展的长远利益，既要有原则性，也要有灵活性。三是要善于管理。在推动当地文旅产业时，要尊重社会主义市场经济规律，该发挥基层组织作用的要有担当，该交给市场的要交给市场，不可越俎代庖。从当前乡村实际出发，即便是要交给市场的，基层组织也要多操心，多出谋划策，毕竟乡村的市场环境和各方的市场能力，与城市比有较大差距。要发挥行业组织作用，想办法把村民组织起来，增强应对市场的能力和抗风险的能力。尊重文化和旅游发展规律，比如说，文化发展是一个渐进的过程，乡村旅游业也要量体裁衣，都不能急于求成。

文化事业是民生事业，文化工程是民心工程，乡村组织把乡村文明建设和公共文化服务的职责承担起来，给农民群众带来文化上的实惠，就能赢得百姓的支持，增强基层组织的凝聚力。文化工程也是富民工程，是绿色产业和朝阳产业，能在乡村振兴中发挥文化在产业发展、人才培养、生态保护等方面的综合作用，体现基层组织的战斗力。

要全方位发挥乡村文化在乡村振兴中的作用，应该在以下三个方面有所加强：

第一，增强理念。这是一个文化的时代，文化处处表现为一个国家、一个民族、一个区域乃至于一个乡村的凝聚力、创造力和竞争力，全社会更加关注文化发展，关注文化给时代、给人民大众带来的获得感和幸福感。这也是一个文化自信的时代，更加自信于文化的作用，自信于中华优秀传统文化，自信于构成中华优秀文化传统的乡土文化。因此，应该在振兴乡村的具体工作中，强化文化的战略维度，从本地实际出发，充分发挥文化的作用。

第二，掌握方法。乡村文化工作除了文化振兴方面的任务，它在其他四个振兴方向发挥作用的方式，主要是融入。"宜融则融，能融尽融"是文化和旅游融合时提出的原则，实际上，这一原则也可以作为乡村文化融入乡村振兴全局的借鉴。如果能够融入，则能让文化振兴与其他几方面振兴相互赋能，相互强化，特别是在产业融合上，一个时期以来，创意经济成为世界性的潮流，创意制胜成为屡试不爽的法宝。顺应并推动这一趋势，国务院于2014年出台了《关于推动文化创意和设计服务与相关产业融合发展的若干意见》，取得了突出的成效，也深化了全社会对于文化融合能力、融合方式、融合规律的认识，文化产业、旅游业都是黏合性强的产业，在打造乡村现代产业体系方面一定会有更大的作为。

第三，形成机制。各地只要把文化振兴作为乡村振兴的硬任务来对待，乡村文化就能够自然发挥对各种振兴的促进作用，乡村文化有这个自信。只是期待在实践中，各地能把乡村文化的"全面发力"，由自发行为变成自觉行为，同时基层文化工作者也应主动作为。曾几何时，我们还在呼吁基层文化专干应该"专干"而不能"杂干"。如今，如果说基层文化专干基本上是成天忙于其他事务而无暇顾及文化本职工作，这种"杂干"当然是要避免的。但是，如果是推动文化介入其他方面的工作，把文化嫁接到其他工作的枝干上，这样的"杂干"应该是给予充分鼓励的。进一步说，这也是基层文化工作者分内的任务。

自古以来中国美学的主流是生活美学。在乡村文化发展中，一代代乡里乡亲用融合的方法，把他们的文化融入生产、生活、生态之中，创造出了独具风采的本土文化，成就了自己这方土地的天赋异禀。这造就了今天的非物质文化遗产、特色文化产业和特色旅游，也造就了农业部门所推动的"一村一品"。《庄子》有言："天地有大美则不言，四时有明法而不议，万物有成理而不说。"庄子应该也是从某个乡村走出来的人物吧，他的这番有关哲学理念的最高表达似乎在讲乡村文化。乡村文化在乡村振兴中全面发力，渗入乡村发展的各个领域，实际上是受教于中国传统生活美学和乡村文化创造。文化融入乡村振兴全局，将使得未来的乡村及乡土中国经络贯通、气韵生动。

果能如此，那么历史将证明，我们正处在中国乡村发展的经典时刻。

二、助力社会治理

文旅产业是内容产业，可以纳入乡村治理运行机制，在文化治理的流转间，打开又一道观看新风景的窗户。这将不仅有助于重建失落的乡村土地、乡村文化，还有助于强化脆弱的乡村文化治理。

育民、乐民、富民是文旅产业的三个向度。育民，正是乡村治理的体现，并且它是与乐民、富民结合在一起的，乐民、富民体现了文旅产业的文化功能和经济功能，与这样的两大功能结合，正是育民的特有优势。这种植入方式，寓教于乐、藏富于民，应该也是最有效果的。进入乡村治理主流叙事的乡村文旅产业，应该是文化治理语言的生动表达，是文化治理边界的有效拓展，这也将是整个乡村治理体系的更新与优化。

文化治理本是乡村治理的重要手段。在长期的封建社会，乡村治理是历朝历代重视的大事，治理制度也随势而变，但最基本的特征是重视文化的作用，即"官有秩，各有掌，重教化"。早在周王朝，就实施采风制度，汉儒将此举解读为"风以动之，教以化之"。特别是在隋唐时期，乡里制度发生变化，"王权止于县政"，乡村治理基本是靠德治和人治，靠文化力量的约束，从孔子就开始倡导的"礼"，是乡村治理的文化核心。千百年来，乡村治理的基本框架，是以血缘宗法制度为基础，以宗族自治为主体，以伦理文化为纲常，以乡绅乡贤为引导，以乡规民约为指归。

中华人民共和国成立后，文化治理仍然为乡村治理所倚重，文化内容当然摒弃了封建糟粕。但也有走偏的时候。很多地方只顾抓经济，或者对乡村治理放任自流，文化治理也被淡忘了。党的十九大在提出"实施乡村振兴战略"时，强调要"加强农村基层基础工作，健全自治、法治、德治相结合的乡村治理体系"。如今，文化在乡村建设中的地位明显提升，《中华人民共和国乡村振兴促进法》将文化振兴列为五大振兴任务之一，可以看作是对文化治理乡村思路的回归。

乡村文化产业和旅游业是乡村文化建设的组成部分，直接关涉乡村产业振兴和文化振兴。但它还潜藏着助力乡村治理的功能，揭示、强调并发挥这一功能，会有利于从产业、市场的角度强化文化治理能力，也有利于乡村文旅产业保持正确的发展方向。乡村文旅产业如果能发挥在社会治理中的作用，将是亘古以来乡村治理没有过的事，是乡村治理的创新，也是乡村文化的创新。

乡村治理肯定是需要创新的，即便是文化治理，也需要改进。文旅产业能够作用于乡村治理，说透了就是发挥这个产业的社会效益。以本地乡土文化为资源形成的产品，在这个乡村发挥社会效益，是点到点的作用，如果放到更大的区域范围，这个作用就会被稀释很多。理论上，《中华人民共和国乡村振兴促进法》中"文化振兴"的内容都具有文化治理作用，乡村文化的任何一个方面经过改进，都有可能把目前碎片化的其他文化方面集合起来，形成链条。但目前的事实是，在乡村治理上，各项文化工作基本上是在自己的业务范围内踽踽独行，它们或是悬浮在半空中，或是硬着陆。而乡村文旅产业能把目前形单影只、散兵游勇般的各类文化资源和文化力量，从各自的藩篱中召唤出来，整合起来，加强联动，以有机整体和上下游关系共同发力。

乡村文旅产业具备助力乡村治理的功能，是因为它以特色文化也就是乡土文化为立身之本。特色文化产业和特色旅游，是乡村乃至于欠发达地区文旅产业的基本模式。2014年由原文化部和财政部共同发布《关于促进特色文化产业发展的指导性意见》，给"特色文化产业"下的定义是："特色文化产业是指依托各地独特的文化资源，通过创意转化、科技提升、市场运作，提供具有鲜明区域特点和民族特色的文化产品和服务的产业形态。"文件还提出打造特色文化城镇和乡村，将特色文化产业纳入新型城镇化建设规划，延续城市历史文脉，承载文化记忆和乡愁，建设有历史记忆、地域特色、民族特点的特色文化城镇和乡村。

城市当然也可以发挥特色文化产业，但乡村是重点。特色文化城镇、特色文化街区等，它的根往往还是在与它同一个地缘、同一个文脉的乡村。

发展特色文化产业、旅游业是乡村的优势。对于绝大多数乡村来说，这也是它必然的选择，是成功的关键。那么，它所要动用的产业资源，恰恰就是可以用于乡村的治理资源——乡土文化。依凭乡土文化，乡村文旅产业获得了助力乡村治理的功能，主要表现在：

一是增强认同感。近代以来，随着乡村的衰落，传统乡村治理体系不可避免地走向瓦解，而新的治理体系又一直处于探索和完善之中。在长期的计划经济时期，在城乡分割的二元化体制下，农村文化建设投入方面欠账太多，积重难返，并由此带来文化设施建设、队伍建设、活动开展等一系列问题。在迅猛推进的城镇化进程中，许多乡村空心化程度严重。曾经维系乡村社会的乡土文化失去了精神纽带的作用，重情义、重家族、重人伦、重乡土归属显得苍白无力，以传统德孝、诚信、宽容、互助见长的乡村温情失去了温度，家庭矛盾、邻里纠纷、干群对立让本应是静谧安详的乡村弥散着戾气，而一些城市文化垃圾的侵入，毒化了乡村环境，导致道德滑坡，风气败坏。乡土文化被彻底边缘化，村民对乡土缺少认同感、归属感和自豪感。

发展乡村文旅产业，重拾乡土文化，能从两个方面增强对乡土文化的认同感。一方面是唤起村民对乡土文化的记忆，对祖祖辈辈生长的这块土地再发现、再认识、再亲近，对久违的乡土有新体验，因此知道自己从哪里来，应该从先辈那里吸取怎样的生活态度、生活智慧、生活技巧和生活美学，回顾在这块土地上的人曾经怎样相处和相互守望，特别是重温前人怎样共同创造和延续了这里的乡土文化，从而对自己的文化心存感激和敬畏，并凝聚在它的周围。另一方面是文化产业、旅游业从业者、消费者对乡土文化的肯定。如果说村民重新认同乡土文化是自我肯定的话，那么这些依托乡土文化开展经营、自愿消费的人，则是来自"他者"的肯定。从心理学上说，自我肯定与他人肯定都是激励成功的条件。对于乡土文化而言，"他者"的文化主要是城市文化和时尚文化，因此，对乡土文化的欣赏是一种文化对另一种文化的欣赏。如果换一个角度看，从来主张家国一体的中国人，主张修身齐家治国平天下的中国文化，如果能把乡土文化与更广泛意义上的社会认同结合起来，比如国家认同、人类认同，对乡土文化价值的提升作用更是不言而喻。

二是增强集体意识、互助意识。乡村社会是放大的家庭式熟人社会，费孝通在《乡土中国》中指出，中国乡土社会的基本社群具有"家"的性质："中国乡土社会中，家并没有严格的团体界限，这社群里的分子可以依需要，沿亲属差序向外扩大。"因此，准确地说，乡村社会不仅是熟人式的，而且是家人式的。这种意识将村民们凝聚起来，相互依靠，抱团取暖，由此形成了家庭式、家园式的乡村。当然，中国社会已经发生了巨大的变化，以往的乡村文化注定是要改变的。需要有一种既与过去相联系，又具有时代特征的精神纽带将乡村社会团结在一起。

将乡村凝聚在一起，是乡村发展的重点任务，是乡村振兴的主要方向。乡村文旅产业正可以发挥所长：鸡犬相闻，而且邻里亲热往来，是乡村应该有的样子，村民友善、团结，乡风淳朴、和谐，是开展文旅产业的软环境。只有熟人式、家人式的环境，才能唤起消费者找到乡村的感觉、"根"的感觉，唤起他们的"乡愁"；也只有这样的环境，才能让外来人有"宾至如归"的感觉，文旅产业才能做"河南老家""山西人家""大别山人家"之类的项目。而且，在乡村做文旅产业，产业链长，带动就业创业的能力强，在很多乡村，一个文旅项目就把全村都带动进来。村民们聚在一起，成立合作社以及类似的组织，提高应对市场的能力。进入乡村做文旅的企业、艺术家、设计师、创客，也努力融入村民、融入乡村，与村民形成利益共同体，也形成团结的小社会。乡村文旅产业，以乡土文化的名义把自己与村民联系在一起，又用这样的方式深化、丰富了乡土文化，让村民以及进入乡村的外部力量心往一处想、劲往一处使，共同开启了乡村文化治理的闸门。

三是联结乡风文明、公共文化服务、农业文化遗产和非遗保护传承、文化市场管理等工作，形成文化治理的合力。文化工作，以文化人，所以一个时期以来，围绕文化的所有工作都发挥了促进乡村"德治"的作用。但是，有些工作从文化治理的角度看，作用有限，而且是各自为政。目前的乡风文明建设，主要还是注入式而非内生式，与乡土文化未能有效衔接。公共文化设施也没有充分利用，而且存在闲置、损坏的情况。公共文化活动内容单薄，形式单一。广场舞丰富了农民的文化生活，遗憾的是，从歌曲到舞蹈，都是各地的流行作品，与所在地的乡土文化没有关系。前些年，有的地方文化馆把当地舞蹈类非遗项目编成广场舞，可惜只是在当地城市昙花一现，未能普及到乡村，更未能得到全国响应。文化市场管理主要讲的是"法治"，在"德治"方面考虑较少，与乡土文化毫不相干，而道德滑坡、风气败坏、"黄赌毒"等种种丑恶现象，一层层地剥蚀了乡土文化的根基。

乡村文旅产业可以有效地把乡风文明、公共文化服务、农业文化遗产和非遗保护传承、文化市场管理等工作串联起来，也调动起来。乡村开展的各项工作都是在这里发展文旅产业的基础，因为文明的乡村环境、良好的公共文化服务、突出的文化亮点、健康的文化市场环境，能够为发展乡村文旅产业提供良好的条件。而乡村文旅产业能够在乡村文化治理中发挥作用，关键点就是它以乡土文化为资源，也以乡土文化为优势，并与乡村各项文化工作结为声气互通的同一方阵，让各项工作更接地气。更重要的是，市场是社会主义市场经济体制下最活跃的动能，进入市场的乡村文旅产业为了形成自己的竞争优势，会千方百计地去寻找可以强化自己的力量，于是原本是在乡村分散开展、单打独斗的各项文化工作，就有可能聚合在乡村文旅产业这里，一方面按照自己的规律和方向开展工作，另一方面通过与乡村文旅产业的配合，形成乡村文化治理新能量。

乡村文旅产业为文化治理助一臂之力，这只有在社会主义市场经济体制下才有可能发生。从文化治理的角度看，能够发挥作用的乡村文旅产业，具有以下特点：

一是文化与经济的结合。乡村文旅产业姓"文"，以审美感知为特征，属于内容产业，能产生社会效益；同时，它又具有商品属性，能进入市场，创造经济效益。乡村里发展的文旅产业，是盛开在田野里的花朵，依托乡土文化，天然带有乡土气质，带有乡土文化的优秀基因；生于乡间、长于乡间，增加了它健康成长的可能性。同时，它以现代产业的身份进入乡村振兴的风口，又正逢中华优秀传统文化回归，成为中国社会消费需求的新导向，可谓具备了天时地利人和等各方面有利条件。虽然在把握乡村内涵上有深浅，在运用市场规律方面有高低，这里的企业也会有夭折，产品也会良莠不齐，但总体上，这个产业生机勃勃。事实证明，在社会主义市场经济条件下，用产业的办法、市场的办法做文化，达到的文化效果更好，因为毕竟是消费者用自己口袋里的钱做出的选择。乡村治理中动用这支产业力量，可奏奇效。

二是德治与法治的结合。乡村文旅产业参与乡村文化治理，而且是以乡土文化见长，用乡土文化联合本地的其他文化形成合力，这是德治方式的创新、德治渠道的拓展。同时，乡村文旅产业又需要在法治的轨道上运行，需要受到有关法律法规的保护，当然也受到监督，在违规违约时要受到处罚。对乡村文旅产业的管理，是社会主义市场经济条件下文化治理的新任务。因此，乡村文旅产业既是被动者，又是主动者；既是对象，又是主体。从逻辑上说，它首先是一个被治理者，然后才有可能参与治理；它首先是受教者，然后才有可能参与施教。这就为乡村建立了一个文化治理的窗口，它可以生动地阐释在乡村发展过程中，"德治"与"法治"是如何相互依存、相互作用的。

三是工具与价值的结合。韦伯认为人的理性可以区分为工具理性与价值理性。工具理性是找到解决问题最有效的手段，重在事实判断；价值理性要综合考虑解决问题的效果，重在价值判断。乡村文旅产业作为市场主体，有它的产业运行规律和市场效益，包括直接产生的经济效益和社会效益。而文旅产业又是跨界、融合能力强的行业，能产生多维的间接效应和综合效应，包括作用于乡村治理。因此，无论是政府部门，还是社会组织、消费者、游客，都应有这样的综合意识，对这个产业给予更多的关注和支持，尽可能地去培育它。打铁必须自身硬，作为产业，经济账肯定是要算的，这是企业的本质要求。但是，又不能只算经济账，只希望它赚钱，而且是快赚钱、赚快钱。文旅企业更应有社会责任感和企业良心，在乡村发展中，还应有一份情怀，有一份反哺之心。

从发挥对乡村治理的助力作用出发，乡村文旅应该注意以下问题：

一是与当地各项文化事业相融合。文化事业和文化产业既相互区别又相互依存。二者经过文化体制改革区分开来并各自获得了发展，如今又呈现出相互交叉、相互融合的趋势，这同样是文化体制改革的深入。比如北京、安徽等地开展的文化惠民消费季活动，就是在文化事业与产业区分后又相互融合的典型案例。它一方面通过惠民活动，达到了公益性文化事业的目的，另一方面又培育了居民的文化消费习惯，一举两得。在乡村开展文化建设，也应有这样的思维。在很大程度上，乡村文化事业，包括乡村文明建设、公共文化服务、乡村艺术创作、农业文化遗产和非物质文化遗产保护传承，是发展乡村文旅产业的基础，所以文旅产业项目要尽可能地融入进去，在这里寻找资源、寻找空间、寻找人气，同时也为乡村文化事业搭台唱戏，成为乡村文化事业的新载体、新渠道。越是基层、越是乡村，事业与产业就越是难解难分，应该相互拓展，相互促进。

在当前，要防止将乡村文旅产业与乡村文化事业分割开来甚至对立起来的倾向。重农轻商是千百年来中国传统文化的一个特征，但这不是优秀的成分，更不适应社会主义市场经济体制，不适应今天文化建设的趋势与规律，也不利于乡村发展。但是，这种根深蒂固的理念，不仅存在于村民之中，甚至存在于一些学者、官员之中。表现在文化项目上，这种理念冲突更加明显，因为其中又掺入了对城市时尚文化、市场文化的偏见。在乡村发展文旅产业，可以说是"农"与"商"在文化项目上狭路相逢，我们期待彼此的和解、共生、共荣。

二是与当地经济社会发展相融合。皮之不存，毛将焉附。乡村文旅产业要融入当地经济社会发展大局，在当前要特别注意融入乡村振兴，在产业振兴、人才振兴、文化振兴、生态振兴、组织振兴中，找准位置，有所作为。既然是做内容产业、做文化工作，就要像文艺工作者那样，把根深深扎入基层、扎入乡村。要了解当地经济社会的发展规划，摸准乡村发展的脉搏，保证自己的项目能够上接"天线"，下接"地气"。

目前，乡村文旅产业存在着脱离当地经济社会发展实际的问题，最突出的表现，是盲目跟风，没有根据乡村实际量体裁衣。必须了解自己的优势与劣势，了解周边区域产业发展的形势，了解真实的市场需求是什么、在哪里。要特别防止在乡村乱上大项目，不鼓励搞太多混凝土，弄一些人造观景，应该把旅游项目融入村民的生产生活之中。另外，要尊重国情、乡情，不支持在乡村发展高档会所式的民宿。特别要注意的是，发展乡村精品民宿，不等于发展奢华民宿。我们都知道，制作艺术精品，追求的是思想精深、艺术精湛、制作精良，而不是一味搞大投入、大制作，乡村精品民宿也是这个道理。乡村民宿可以百花齐放，但是至少在政府导向上要注意该怎么引导、该给谁支持。另外，要防止类似于洗浴中心、高档会所一类的项目向乡村转移。

三是与当地村民相融合。村民是这方土地的主人，是发展乡村文旅产业必须依靠的力量。从配合乡村文化治理出发，更应加强与村民的联系。

要深入到村民中间去，了解村民的需求，汲取村民的智慧，赢得村民的支持。要形成与村民的鱼水关系。与村民有感情才有共同语言，有利益共同体，才会有共同的发展。

当前发展乡村文旅产业，有两条红线碰不得，一是基本农田，二是村民利益。因此，有关部门要正确处理企业与村民的关系，依法依规、合情合理解决相关矛盾。做工作要尽可能细一点、深入一点。从企业来说，要尽可能避免与村民关系的对立化。村民也应增强法律意识和契约精神，在思想观念上要与时俱进。要防止文旅项目孤岛化。国家出台的关于乡村旅游民宿的标准，其中有一系列关于民宿与当地村民关系相处的要求，提出民宿主人、管家、服务人员要熟悉当地文化，引导游客与村民交往，参与农事活动体验和乡土文化活动。这可以作为在乡村开展文旅项目的各类企业的参考。

肩负文化使命与商业使命的乡村文旅产业，自身还是一个"新物种"，正在蓄力发芽，但它恰恰有可能最终是乡村治理最顺手的"低垂果实"。

三、在破圈传播中放大乡村文化红利

乡村文化红利，指前人留下的乡村文化资源带给今人的收益。乡村文化是中国文化的母体，已经进入21世纪的我们，仍然沐浴在它的斜阳余辉之中。在乡村振兴中，经过涅槃的乡村文化，又会像新的太阳升起。作为一个农耕文明曾经长期主导的国家，今天的城市文化、工业文化、时尚文化以及其他种种类型的文化，都与乡村文化有着千丝万缕的联系。乡村文化让今天的中国保持着自己的文化气质，为当今的文化和旅游发展，提供了取之不尽、用之不竭的精神资源和文化动力。应该认识到，我们正在享受着乡村文化的红利，享受着它涓涓溪流的滋养。维护、利用、放大这个红利，是我们这一代人，也是世世代代中国人的责任。

要维护乡村文化红利。作为千百年来形成的文化遗产，这种红利有的已被认识并发挥作用，让今人生活在它们的庇荫和恩泽之中。但更多的还需要继续挖掘、打磨：它们或者是仍然被一层层的岁月尘封着，或者被折叠在乡村故事中，或者是深藏在乡村社会的毛细血管中。它们有的已经斑驳不堪却偶见光辉，像是穿过密林的稀疏阳光；有的声音沧桑，却仍让我们感受到来自文化母体的亲切表达。乡村文化草蛇灰线、伏脉千里，需要仔细地爬罗剔抉，通过跨时空对话，去除与乡村文化无关的信息，将传统叙述与现代表达相结合，在市场语境里，还要将对乡村的虔诚解读与商业叙事巧妙结合，在充分尊重历史的前提下，在当代性、可变性的场景中，重现乡村文化的鲜活与饱满，实现乡村历史与当代社会的同频共振，并破圈传播，在乡村振兴的成长弧度上，重构乡村文化红利。

利用并放大乡村文化的红利，是最积极、有效的维护。只有不断地利用、放大，才能充分打开乡村文化的可能性，才能源源不断地蓄能，让乡村文化如同树干分开的交错枝丫，渗透到当今的生活之中。利用和放大乡村文化红利有多种方式，比如通过创新创造，拓展乡村文化在乡村文明建设、公共文化服务体系构建、非物质文化遗产传承等领域的应用。文化资源区别于物质资源的特点是再生性，使用次数越多就越有价值，因此，乡村文化在文化事业领域用途越广泛、利用越频繁，乡村文化的红利就会被不断放大。

在社会主义市场经济体制下，放大乡村文化红利最有效的办法，还是发展乡村文化产业、旅游业。具体说，就是通过放大乡村文旅产业的社会效益与经济效益，来放大乡村文化红利。

在文化体制改革的探索过程中，发现了文化的商品属性，掀开了文化产品经济效益的新娘盖头，文化产业由此发轫。进而又认识到，文化产业作为内容产业，区分于一般经济产品的重要方面，是不能只讲经济效益，还要讲社会效益，应该是经济效益与社会效益相统一。随着认识的深入，又进而提出坚持把社会效益放在首位，实现社会效益与经济效益的统一。

这是在当前中国发展文旅产业的一个基本门槛，一个规律。在最初提出两个效益统一时，文化产业尚处于启蒙阶段，曾有不少人认为，一个人不可能同时追两只羊，既然要做产业，就只能按产业的规律办，追求经济效益，不能用社会效益来限定产业，否则文化产业做不起来。但是，从世界来看，没有哪个国家的文化产业不宣传自己的价值观，在我们这样一个社会主义国家，在我们这样一个注重优秀文化传承发展的民族，文化产品不讲社会效益是不可能的，文化产业首先还是姓"文"，然后才是产业。不要把坚持两个效益统一狭隘地理解成意识形态要求、政治要求，其实它是市场规则，也是市场规律。好的作品，是两个效益的自然合体，是思想精深、内容精湛、制作精良的结晶。两个效益在理论上具有不可剥离的联系，在实践中将它们熨帖在一起，水乳交融在一起，实现两者的双赢，是在市场立足、发展的不二法门。

发现并且利用文化的商品属性，并不是眼中只有这个属性。不能把文化当作一般的商品，它应该是文化的、审美的，承载着健康的思想内容和审美趣味，而不能钻到钱眼里，不讲社会效益，不考虑公序良俗，不能违背一个企业家应有的社会责任和职业良心。应该说，兼顾社会效益与经济效益，是文化产品创作生产的题中应有之义，是进入市场乃至进入社会的"入场券"。但是，在一个时期里，存在着比较严重的单纯追求经济效益、不顾社会效益的情况，市场上见利忘义的不良现象屡禁不止，"黄赌毒"更是市场上的恶瘤。即便是在今天，文化市场管理的任务仍然艰巨复杂。

另一种极端倾向，是认为只要是有社会效益就足够了，文化产品的价值必须通过社会效益与经济效益的结合来体现。一些人以为空讲利国利民就足够了，要么是不了解文化产业的基本属性，要么就是大忽悠。

乡村文化发展也要做到这两个效益的统一。其实，作为中国文化发展的一部分，改革开放以来，乡村文化发展的主流始终是在两个效益统一的轨道上，无论是国家统筹，还是地方布局，都有充分的体现。主要表现在：一是从增强乡村自身造血能力出发，出台了一系列政策措施，扶持乡村文化产业和旅游业的发展，这样的思路和举措，在宏观上就有把社会效益放在首位、实现社会效益与经济效益统一的考量。二是在鼓励作家、艺术家和文化企业开展乡村题材的艺术创作生产，特别是电视剧和舞台作品，展示乡村生产生活，特别是展示乡村劳动者新的精神面貌。三是通过乡村文化站、文化活动室开展文化艺术活动，丰富农民的文化生活，支持农民进行艺术创作，特别是美术、文学等方面的创作，并组织开展"民族艺术之乡"、非物质文化遗产项目认定和传承人保护，这些活动的开展是出于公共文化服务的目的，但客观上为发展乡村文化产业和旅游业做了内容储备。

　　如果说，通过发展文化产业可以放大文化的资源红利，那么，在今天发展乡村文化产业和旅游业的时候，强调两个效益的统一，具备了更有利的条件。

　　经过这些年的倡导，坚持两个效益统一，已是社会广泛认知的原则。实践也证明，在我们这样一个重视中华优秀传统文化的国度，在这样一个社会主义国家，不讲社会效益只讲经济效益，违反公序良俗，不可能被社会绝大多数人所接受。而承认并利用文化所具有的商品属性，不仅有利于发掘产品的经济效益，而且通过市场的流通被更多的消费者所接受，从而有利于发挥产品的社会效益。事实上，消费者自愿掏腰包购买的文化产业，往往产生的社会效益更好，更能印证这个产品的成功。因此，真正好的文化产品，都应该是两个效益的统一。在乡村文化产业和旅游业的发展中，把握住这个原则，就不会犯低级错误，不会重蹈覆辙。

　　一个时期以来的变化是，在创作生产中实现两个效益，做得越来越顺手，不像一开始有点强拧的感觉，让一些人感觉是在戴着脚镣跳舞，甚至是戴着紧箍咒，原因是找到了处理这两方面关系的规律和路径。更重要的还是全社会文化自信深入人心，中华优秀传统文化回归，以此为纽带，主流文化与青年亚文化、艺术亚文化相互靠拢和融合，与民族思维、中华价值相联系的中国审美和中国话语体系拥有更大的市场，成为创作生产者和消费者自觉的审美取向，实现文化产品的社会效益与经济效益统一，在大多数情况下，可称是瓜熟蒂落、水到渠成。这些年，政府处罚不良企业，下架不良产品，网上一致叫好。在互联网技术的支持下，过去文化市场管理很难覆盖的角落或很难及时做出反应的时间，网民自觉承担起监督员，文化市场的违法现象露头就打，无处藏身。从政府到社会，一样的心思、一样的语言，比如2018年政府机构改革，"诗与远方走到了一起"的一波波网上评论，是对政府改革"心思"的最好解读。当然，这种悄然发生的变化，与这些年来的倡导和推动是分不开的。乡村文化产业和旅游业要继续强化这一趋势。我个人观察，在乡村文化建设上，政府、社会、企业、艺术家、设计师、创客等几乎所有参与的人，在为什么做、如何做等方面有高度共识，讲的几乎是一样的话，特别是有的艺术家、设计师、创客，讲得更生动、更深刻。

在发展乡村文旅产业中坚持两个效益统一的原则，还要关注它的特殊性，把两个效益的账算得更全面、准确些。它的两个效益的体现方式，可分为直接效益和间接效益、自身效益与综合效益。当然，这在城市也有，但在乡村将会表现得更为突出。乡村文化的红利也将在这样的效益纵深中不断延展：

一是直接效益与间接效益。"富民"是发展乡村文旅产业的直接经济效益。而除了"富民"，它还可以"育民""乐民"。这就是它的间接效益。发展乡村文旅，往往靠的是文化资源，保护这些资源，必须动员所有的村民，这对村民也是很好的教育。而外地消费者、游客对乡村的喜爱，是对乡村价值的共鸣，也是对乡村历史以及村民当下生产生活的认同。当前的文旅产业呈现共创共享的特征和趋势，作为乡村文化产品和服务的提供者，"欲人乐之必先乐之"，村民、乡村企业、创业者必然是在自己的文化创造中享受到乐趣，在与消费者、游客的文化交往中享受到乐趣。

二是自身效益与综合效益。文旅产业都具有强外部性特征，黏性强、产业链长，创业就业门槛低，在乡村这个特征表现得更加突出，可以直观地看到它对乡村相关产业的带动作用，尤其是对农产品的销售。在很多情况下，文旅产业与乡村其他产业通过文化创意融合在一起，成为造就乡村现代产业的催化剂。乡村文旅属于绿色产业，依托青山绿水，也有利于保护青山绿水，是乡村生态保护的产业屏障。发展乡村文旅有利于人才队伍建设，它一方面发现、培养乡土人才，特别是非遗传承人，另一方面吸引艺术家、设计师、建筑师、创客、企业家、返乡青年来乡村开展艺术乡建。发展乡村文旅，涉及多方面的利益，尤其是村民切身的利益，有效协调各方面的力量，通过文旅产业给村民带来实惠，许多乡村可以说是全村"全建制"参与某个文旅产业项目，基层党组织可以发挥作用，体现文化自觉和文化自信，体现党支部的凝聚力、战斗力，正确引导和团结村民，并且发挥村民组织、行业协会的作用。

跳出乡村看乡村文旅产业，以上所说的它的间接作用、综合作用，又会产生多维度的延伸。

第一，城乡一体化。乡村文旅产业的主要消费者来自城市，它促进了城市与乡村的交流。人是生活环境和文化环境的产物，是每个地方文化的载体，每一个人都打上了生活环境的烙印，成为具体城市和乡村的名片。来自城市的消费者与乡村的亲密接触，是文化的交流，也是情感的交流。特别是来自周边城市的消费者，更是乡亲乡情的交流。

从产业、市场的角度看，乡村文旅产业发展起来，加强了城乡两级的乡村一级，提升了乡村文旅产业能力，有利于贯通当地的文旅产业体系、市场体系，发挥城乡各自优势，加强联动与互补，合力促进本地文化产业和旅游业的发展。而且，乡村文旅产业对其他产业有明显的带动作用，特别是对农产品的促销作用，城市居民以往只是在城市的超市、菜市场购买农产品，因为文旅产业的带动来到乡村，城市的农产品菜市场跟随着城市游客的脚步延伸到乡村，由于是与自己的生活经历、生命体验联系在一起，他们购买产品的积极性更高，回城后还会通过电商平台继续购买，也延伸了自己曾到过这里的体验。

此外，乡村文旅在发展过程中，一些业态除了产业功能，还附带上了公共服务的功能，比如一些乡村民宿、创客空间，成了当地村民与游客共享的图书室、文化站。这是城市公共文化服务一体化中应予以关注的新现象，应该顺势而为，发挥它们这种"副产品"的功能。

第二，中华文化传承和当代中国文化、旅游发展。乡村文旅打的就是特色牌，特色是乡村文旅产业的本钱。特色可以表现在很多方面，但是乡村的根本特色是乡土文化。而乡土文化是中华传统文化的根，保护乡土文化就是保护中华文化的根。在社会主义市场经济体制下，发展乡村文旅产业，不仅能有效补充国家利用事业体制开展的相关工作，而且可以通过产业的办法、市场的渠道来发掘、弘扬中华优秀文化。事实证明，通过消费者花钱来购买特色文化产品和服务，更能体现他们的自主性和选择性，吸收乡土文化、中华优秀文化的效果会更好。同样重要的是，同样一个资源，通过产业、市场才能得到更充分的应用，这些资源也会因为产业、市场的做大做强而获得更多保护、利用的机会，在产生经济效益的同时，放大这些资源的社会效益。

第三，人类文明发展、人类命运共同体。置于人类历史发展和人类命运共同体的视野，中华文明是农耕文明的代表，是世界上农耕文明遗存最丰富、今天仍然活跃在生产生活之中的文化，中国乡村文化是人类农耕文化和传统文明的基因库。近代以来，工业文明在世界崛起，人类文明进入新的发展阶段，而中国的农耕文明在承受着西方列强入侵的同时被动接纳工业文明，因此在这场文明演进中伤痕累累。但是，在这样的风雨飘摇中出现的中国民族工业，从一开始就带有中国传统文化母体的明显特征，或者说传承了中国农耕文明的优秀基因，特别带有强烈的家国情怀，"实业救国"的声音，到今天仍然能听到它的回响。在它的示范下，如今中国各种文化，除了工业文化，还有城市文化、时尚文化、校园文化、企业文化、军营文化等，都与中国传统文化、乡村文化血脉相通。

发生在中国地界内的农耕文化最终与工业文化取得和解，并与其他后起之秀相互支持，为今天的中国开辟了深广的文化天地，为今天的中国人提供了丰富多彩的文化生活，也从一个我们自己都可能忽视的角度印证了中华文化的包容性，以及这种包容给文化发展、人民生活带来的益处，也印证了不断与时俱进的中华文化，一定会在新的历史条件下，与世界文化相互学习借鉴，共同推动人类文明进步，共同构建能够造福于各国人民的人类命运共同体。

这才是利国利民的好事。应该自觉强化乡村文旅效益延伸的热度感，打通相关接口，形成有利于延伸的路网和驿站，不断放长、加宽的产业链、供应链和消费链，在时代给定的条件下，淋漓尽致地体现乡村文旅产业的连环效应和乡村文化的红利效应。

坚持两个效益统一的原则，这是保持其自身效益、间接效益与综合效益的基础。只有坚持这样的原则，才有可能按照社会效益与经济效益各自的线索，特别是结合后的路径，超出原有的疆域，穿透相关的领域，向外不断延伸、拓展。否则，就会出现短路，出现熔断。光有经济效益，没有社会效益，则其行不久；光有社会效益，没有经济效益，则其行不远。在世人瞩目的乡村振兴中，乡村文旅产品两个效益的传递效应和穿越功能，在广度、深度和热度上，都会有新的表现。这是有利于乡村文化振兴、有利于中华文化传承、有利于增强文化自信的好事，应予以特别的关注与支持。

厘清、放大两个效益的边际贡献。文化如同水，行于所当行，止于所当止。而种种社会因素及其他因素的加入，又会影响水的方向、流量和力道。乡村文化产业和旅游业的两个效益所产生的多边、延伸效益，如果能够被政府各相关部门和社会所广泛理解，将会进一步提升乡村文旅产业的地位，为乡村文旅产业发展创造更好的条件。本文只是大致勾画了乡村文旅产业两个效益向外渗透、拓展的轮廓，应该有更加深入系统的专题研究，把握其基本路线和基本规律。这将使乡村文化通过产业方式、市场渠道进入当今中国文化、经济的血脉、经络，融入人类文明演进潮流和人类命运共同体构建，为中国乃至于世界做出新的贡献。

坚持并拓展乡村文旅产业两个效益，是政府、企业、村民、消费者的共同责任。乡村文旅产业的两个效益，仰仗乡村文化红利，也回报乡村文化红利，事关乡村文化的长远发展和中华优秀文化传承，事关今天村民的福祉和国家永久利益。而且，乡村文化红利通过产业的方式、市场的渠道，广泛惠及城乡消费者、生产者，并使这个红利得到巩固、放大和永续。这是当今中国政府的职能，是乡村文旅产业从业者的使命，也是乡村文旅产业消费者、游客的情怀。

乡村文化的红利与乡村文旅产业的两个效益，二者相互关联，潜力巨大，特别是在向间接性、综合性拓展时，如能以精准化和多边化的思维连接牵引，环环传导，层层压实，不断强化新的位势并实现势能转化，不断衍生、孵化、衔接、贯穿，不断合纵连横，往复穿梭，就能形成奔腾不息的接力和无远弗届的覆盖。

四、在坚守与开放中形成乡村文化后发优势

还记得鲁迅笔下的乡村和人物吧？鲁镇、未庄、狼子村，祥林嫂、孔乙己、阿Q、三味书屋的教书先生、由少年变成中年的闰土……还有冲出"铁屋子"呐喊的狂人。

在百年未有之大变局中，乡村的沉浮，其戏剧性不亚于文学家的小说。如今乡村早已旧貌变新颜。中华人民共和国成立后，特别是改革开放后，一个个山乡巨变的故事，构成了当今中国的精彩篇章，一个个忙碌于田野的乡村人物，构成了这个时代生动鲜活的人物长廊。乡村振兴的强大

推力，将会在历史的旋转舞台上创造乡村文化的黄金时代。

乡村文化在，乡村就在；乡村文化流失了，乡村就解体了。而坚守乡村文化并非要一成不变，乡村文化终究要转型升华，随时代成长蜕变，彻底走出封闭和愚昧。毋庸讳言，相对于城市，乡村文化在开放性上明显滞后于城市，但我们有理由寄希望于乡村振兴。期待乡村文化不仅因为文化振兴作为五大振兴任务之一挺进乡村振兴的风口，而且因为传承中华优秀传统文化、建设社会主义文化强国的目标进入社会聚焦。在这样的背景下，社会主义先进文化如春风夜雨浸润乡村，现代公共文化服务体系打通城乡，文化产业和旅游业在吸引国内外消费者的同时，也吸引着越来越多的文化企业、旅游企业和艺术家、设计师、建筑师、青年创客，农村文化市场、旅游市场与城市将联为一体。千百年来，一直以封闭、落后为特征的乡村，终于跟上中国改革开放的步伐和节奏，敞开胸襟迎接八面来风。在开放中重塑乡村文化主体，并形成乡村文化的后发优势。这将是乡村文化的突围，也是其落后命运的逆转。

乡村文化的开放性来自乡村的内驱力。开放，是社会发展的直接动力。这是被中外历史一再证明的铁律。实行社会主义市场经济体制，开放作为市场经济的本质要求，贯穿在城乡建设之中。开放的市场、开放的产业、开放的经济，必然带来开放的文化。农村现代产业的发展以及农民生活方式的变化，从根本上打破了沉寂的死水，带来文化观念的改变。交通的便利，互联网业的发展，有力推动着乡村一步步敞开自己。乡村振兴，促进乡村与时代对接、与市场对接，成为打开乡村文化大门的强有力的杠杆。

乡村文化的开放性来自城乡一体化的带动。城乡一体化，将破除先进城市与落后乡村的最后壁垒，促进生产要素的合理流动与优化组合，实现中国经济社会的协调发展。在文化建设上，着力推动全国一体化的公共文化服务体系、文化产业体系、文化市场管理体系、文化遗产保护传承体系等，乡村的短板，尤其是基础设施建设，由此得到补齐；乡村的优势，主要是传统文化的资源优势和人才优势，也由此得到发挥。文化产业和旅游业的发展，更促进了城市与乡村依托各自的优势，互为资源、互为市场、互相服务。在城乡相向而行、彼此协调的过程中，乡村文化也有了更多的开放姿态和气息。当前中国着力构建以加快内循环为主、实现国内国际双循环格局，纳入这样循环的乡村，在文化建设上会更加开放。

乡村文化的开放性来自当今中国改革开放国策的深入实施。改革开放以来，我国发展公共文化服务、文化产业、旅游业，无论是在理念上，还是在具体做法上，都从发达国家获得了借鉴，并结合实际，形成了中国特色以及地方特色。这种文化上的"拿来主义"永远都不会过时。今天，中国越来越多的艺术家、设计师、建筑师进入乡村，是世界性的"艺术介入乡村"的一个分支，只是在我们这样一个乡愁浓厚的国度，这些艺术家和设计师在乡村表现得更有感觉，如鱼得水。蛰伏在田头地角的千千万万个乡村创客，可看成是发达国家"车库创客""咖啡创客"的中国化，或者说是中国创客下乡。由于中国是典型的农耕文明，历史悠久，遗产丰富，因此，世界上许多国家的艺术家、设计师、建筑师深入到中国的乡村，从当地的非物质文化遗产中获取创意灵感。乡村振兴将进一步推动乡村文化走向世界。

在乡村振兴中，乡村文化自身要通过创新、搞活来促进自身的进一步开放：

第一，增强产业开放性。文化产业和旅游业，都是正外部性强的行业，随着文化产业成为国民经济支柱性产业，旅游业上升势头迅猛，表现出越来越突出的外溢性和辐射性。而且，它们都具有超强的行业融合能力。文化创意分别与消费品工业、装备制造业、建筑业、信息业、旅游业、文化体育业、特色农业等融合，与这些行业相互赋能。旅游业分别凭借吃、住、行、游、购、娱等要素与众多行业融合，"全域旅游""公园城市""美丽乡村"等工作的开展，助推了这种区域性融合，也助推了旅游业向这些行业的充分展开。文化、旅游与相关行业的互容性、包容性，实际上就是一种开放性。由于上面千条线、下面一根针的体制，乡村是行业壁垒薄弱的地方，更有利于实现这样的跨界融合。

《中华人民共和国乡村振兴促进法》强调："坚持以农民为主体，以乡村优势资源为依托，支持、促进农村一二三产业融合发展，推动建立现代农业产业体系、生产体系和经营体系，推动数字乡村建设，培育新产业、新业态、新模式和新型农业经营主体，促进小农户和现代农业有机衔接。"

事实证明，乡村文化产业和旅游业不仅自身能成为可以培育的新产业、新业态、新模式和新型经营主体，而且能通过与其他产业特别是特色农业的融合，创造出一系列新的产业形态与模式。乡村文化产业和旅游业的消费主体是城里人、外地人，大力发展这样的产业，有利于促进城乡联动，有利于将乡村发展纳入以国内大循环为主体、国内国际双循环相互促进的大格局之中。

第二，增强队伍开放性。乡村文化建设的队伍，除了本土人才和返乡的乡贤，还有越来越多的来自外地的艺术家、设计师、建筑师、创客，有从事文化产业、旅游业的企业家，有从事公益性文化活动的社会组织和志愿者。除了这些相对稳定的乡村文化建设力量外，还有很多居于城市但关注乡村并时时参与乡村建设的队伍，这是另一条战线上的队伍，比如艺术类、设计类、建筑类院校的师生，比如各类文化和旅游智库，比如服务乡村文化的平台，比如依托乡村非物质文化遗产开展文创的公司或个人，还有热心乡村的网红。如此等等，组成了不同层级、不同类别、不同作用的队伍结构，也构成了日益庞大的乡村文化建设阵容。文化产业和旅游业，相对来说都是创业灵活、就业门槛低、产业链长的行业，其中不少门类还是劳动密集型的，因此很有容易聚集起队伍。目前已经有不少地方，全村或全镇的人，无论男女老少，都投入当地的某项特色文化产业和旅游业中，都吃文化产业和旅游这碗饭，因此，他们是"全建制"的文化队伍。

《中华人民共和国乡村振兴促进法》强调，要"加强乡村文化人才队伍建设，培育乡村文化骨干力量"。而乡村文化人才队伍的结构是由本土人才与外来人才两方面构成的，所以它提出："国家健全乡村人才工作体制机制，采取措施鼓励和支持社会各方面提供教育培训、技术支撑、创业指导等服务，培养本土人才，引导城市人才下乡，推动专业人才服务乡村，促进农业农村人才队伍建设。"文化行业、旅游行业都是窗口行业，社会影响大，示范性强，而且文化艺术工作者下乡，有专业，也有情怀，因此乡村队伍的开放性会感染、传导整个乡村队伍。当然，艺术人才往往是有天赋的特殊人才，想象力、创造力强，管理上也要特别注意给予引导、扶持、理解乃至包容。

第三，增强模式开放性。乡村文化是中国文化的根，中国的工业文化、城市文化、时尚文化等，都受到乡村的影响。在中国传统文化回归的背景下，种种文化会更频繁、更积极地与乡村文化对接、融合，同此会衍生出新的文化、旅游的生产、服务模式。科技的发展，特别是信息化、数字化技术的发展，更使得模式创新层出不穷。如今，借助互联网等工具，在文化产业中出现了消费者提前进入创作过程、创享一体的新业态，就乡村文化产业而言，这些提前进入生产创作环节的消费者，可以说参与了乡村文化的创造。旅游业也有类似的主客共享模式，比如乡村民宿，应该是民宿主人或管家与顾客共同完成的一场"情景剧"。而以休闲、康养为目的的旅游，一些长住游客主动融入当地社区的文化体育活动，当地有关部门也因势利导，促进游客与居民的深度交流，客观上起到了促进乡村文化开放的作用。以消费为导向，城市文化、时尚文化、青年文化通过文化创意，介入乡村文化产业和旅游业，增强乡村文化、旅游产品和服务的吸引力。

乡村文化需要返本创新。在新的历史条件下，无论是想沿着历史轨迹延伸乡村文化，让乡村文化在沉淀中得到维系和升华，还是想通过创新创造充分释放乡村文化动能，都需要模式创新。只有一系列的模式创新，才能支撑起来乡村文化发展，支持文化振兴在乡村振兴全局中全线出击。只要增强模式创新意识，紧紧抓住当前乡村振兴、文旅融合、文化与相关产业融合、科技发展特别是互联网技术的应用、城乡一体化等种种机遇，新模式就会自然涌现出来，如耕田种地讲究的就是水到渠成、瓜熟蒂落。

在关注并推动乡村文化开放的同时，需要注意以下三个方面：

一是坚持乡土本色。乡村文化要与时俱进，加强开放性，但要牢牢把握住自己的乡土特色，这是最基本的定位。特色是乡村文化的立身之本，失去了特色，就失去了乡村文化的灵魂、韵味和魅力。在乡村文化开放中，面临的最大的威胁就失去本色，而成功的乡村文化开放，应该是立足本色、强化本色、突出本色，依靠本色与其他文化对话，用其他文化丰富和发展自己。没有本色，就没有了与其他文化对话的本钱，没有了自我。特色是乡村的符号，有特色才有乡村文化，才有真正的乡村。特色也是发展乡村文化产业和乡村旅游的资源，即乡村主打的特色文化产业、特色旅游。文化、旅游与相关行业融合，也是依靠这种特色去进行创意，寻找

IP，与相关行业相互赋能添彩。在乡村文化开放中，无论配方如何丰富、复杂，都应是对特色、本色的加强。

坚守本地特色，就要从乡土文化中深入挖掘、提炼具有鲜明本土特点和民族特色的内涵及符号，揭示并利用其时代价值。要切实保护本地文化遗产和非物质文化遗产，发挥非物质文化遗产传承人的作用，并想方设法让他们后继有人。要保护好老建筑，避免大拆大建，维护好传统村容村貌，不毁坏历史记忆。在发展乡村文化产业和旅游业的过程中，要着重推动具有乡土特色的工艺品、演艺娱乐、特色节庆、特色展览等产业的发展，依据特色量体裁衣，突出乡土文化的多样性与独特性，把特色文化元素、传统工艺技艺与创意设计、现代科技、时代元素相结合。要借助当前的文化和旅游融合之机，赋予旅游更丰富、更生动的乡土文化内涵，尽可能地让熟悉这些文化的本地工匠、文化能人以及百姓参与进来，加强消费者、游客与村民的互动，深度融合乡土，在文化市场和旅游市场打造属于本镇、本村的名片。

二是平等对话。开放中的乡村文化，要坚持外部文化与本土文化平等对话的原则。文化各有长处和短处，但是人一般都有文化上的自我中心倾向，特别是在长期的历史进程中形成的城乡文化差距和城乡文化观念对峙，很难在短时间内改变。因此，在当前的乡村文化发展中，在尊重乡村文化特色的前提下，外部文化要与乡村文化平等相待，取长补短。必须强调的是，城市文化长期占有发展上的优势，斯宾格勒甚至说"世界历史，即是城市的历史"，来自城里的人视野要开阔些，办法要多一些，特别是市场头脑要灵活些，而且艺术家、设计师、建筑师、创客、民宿经营者等，具有一般人不具有的专业上的长项。这些长项应该在乡村建设中发挥作用。但万万不能居高临下、颐指气使，处处自以为是。再好的创意，再好的产业模式，在乡村水土不服也不行。当然，村民也应该能够听得进意见，毕竟专业的人做专业的事，在艺术上、在市场上，要承认人家是专家、行家、企业家，在充分沟通的基础上达成共识。

要有一个协商机制。事实上，不少乡村找到了适合自己的协商平台。比如通过基层组织、合作社、行业协会等，充分听取各种意见，协调各方利益。一些进入乡村的艺术家、设计师、建筑师、创客、企业家也逐步摸索出了与村民通过交流加强了解和增进感情的办法，村民也能与他们相向而行，贡献自己有价值的意见和建议，因为毕竟是他们最了解这方土地，大家共同描绘当地的发展图景。未来的乡村文化发展，应该是以村民为主体、各方力量共同参与的结果。

三是实现有机融合。与做有机农业一样，要做有机的乡村文化。乡村文化要增强开放性，但是更要保护好它的天然本质，保护好与这里的庄稼一样自然生成的乡村文化纹理。这种文化纹理，真实反映了世世代代生活在这里的村民的精神世界，反映了决定这里风土人情的心理结构，可以由此追溯养育这方人的水土的本质与本源。今天的乡村文化建设，要吸收外部文化，要加强文化创意，而这一切的努力，都应该是在寻绎并反映乡村文化本真的脉络纹理。只有这样的文化，才是乡村可持续的文化，是有吸引力的文化。

有机的乡村文化应该是健康有益的。在乡村文化向世人展示开放性的时候，要坚决防止有害文化乘虚而入。一方面杜绝城市文化垃圾的侵入，另一方面不让乡村文化遗毒沉渣泛起。要加强乡村文化市场管理，防止管理上出现漏洞，充分发挥村规民俗的正面导向作用，督促生产者、经营者、消费者，共同维护风清气正的乡村文化环境。

"日暮乡关何处是，烟波江上使人愁"。乡村文化有相对封闭的一面，但也有走出乡村、回望乡村、在走出与回望中穿越的一面。实际上，历史上的中国乡村就是在这样的凝聚与张力中变迁的。今天的我们，仍然怀有乡村情结，怀有与乡村前人一样的温暖情怀与朴素价值，乡村的文化尺度、乡村的原型结构，已经内化为我们民族的文化禀性与精神基因。有这样的底子和模板，如果能始终把握准对外的原则与接口，我们的乡村就勇于向世界敞开，勇于淌过历史的急流险滩去创造历史，而不是因此而迷失了自己。

第六章　加强乡创的支持力量

一、公共文化营造乡村新环境

乡风是乡村历史文化与公共文化的集中呈现，也是一个个村落的地理标志。早在先秦时期，我们的先哲提出世界的本质是气，不同的地方有不同的"地之气"，"气动谓之风"，所以，才会有"一方水土养一方人""十里不同风，百里不同俗"的认识。千百年来拂过一代又一代中国人脸庞的乡风，今天仍能鼓荡起我们关于远方的情怀和关于未来的想象。

中华优秀传统文化的基础是乡村文化，乡村文化的基础是乡村公共文化。乡风民俗，下连家风，上连国运。基础不牢，地动山摇。乡村公共文化不牢，中国文化也将地动山摇。很多人以为乡村振兴中的文化作为，就是发展乡村文化产业和旅游业，实际上，乡村公共文化才是决定乡村社会生存还是毁灭的关键。

乡村是中国文化的故乡，乡风是来自故乡的风。乡村公共文化不只是影响着乡村自身，还影响着城市和整个中国社会，就像陆地板块延伸进海洋一样。当然，今天我们需要的是经过解构和重建的乡村公共文化，是混合着传统气息与时代气息的乡风。

重视乡村公共文化治理，是中国由来已久的传统。早在周王朝时期就有"采风"制度，其成果编入了历史上第一本诗集《诗经》，即"风""雅""颂"中的"风"。汉代学者在解读时提出"风以动之，教以化之"。中国共产党人以人民为中心，以发展乡村和服务农民为目的，在中华人民共和国成立以后，坚持不懈地开展乡村文明建设，改革开放以后，乡村公共服务更是各级政府和相关部门工作的重点。但由于历史欠账太多，许多问题积重难返，特别是在乡村公共文化空间建设上就面临着诸多问题，包括传统与现代的更迭与融合问题。传统的公共文化空间，有祠堂寺庙、会馆书院、村口街头、树下河边、院坝晒场、集市货店，等等，时过境迁，它们大多失去了这些传统功能。旧的公共文化空间已经坍塌，新的乡村公共文化空间建设又有待加强，在一些地方处于青黄不接的状态。

对于一个具有农耕气质的国度来说，乡村公共文化既是它的摇篮，又是它行进的走廊。近代以来的历史年轮表明，中国乡村文化呈现出由低谷转向高光的戏剧性轨迹。在乡村振兴中，乡村文化的故事被重新发现，乡村文化的价值被重新定义，乡村文化的召唤成为时代最强音。乡村已经成为政府部门和社会组织、企业、个人的打卡地，各种参与力量开始涌动，各类创新活动风云四起，长期存在的短板将得到修补，发现未久的长板已经开始发力。

在乡村振兴的浩荡大潮中，文化振兴既是波澜壮阔的一部分，又是卓立潮头的弄潮儿；既位居五大振兴任务中之一，又楔入产业振兴、人才振兴、生态振兴、组织振兴的榫卯。"文化自信是更基础、更广泛、更深厚的自信"，新的乡村文化是将乡村带出历史阴影和现实困境的引领力量。

最具有社会导向性和工作纲领性的重大事件，是关于中国社会发展现阶段主要矛盾的确认，党的十九大把长期以来所说的"人民群众日益增长的物质文化需要同落后的社会生产之间的矛盾"修改为"人民群众日益增长的美好生活的需要和不平衡不充分的发展之间的矛盾"。这是根据我国经济社会发展水平出现历史性转变做出的准确判断。这一判断适用于面向中国社会各阶层、各领域的所有工作，而其主要指向是基层，特别是乡村。党的十九大把"乡村振兴战略"写入新的党章。同时，新党章就建设社会主义先进文化提出了一系列任务，要完成这些任务，农村是重中之重。乡村文化建设，要望得见山、看得见水、记得住乡愁，让世世代代的中华儿女满足关于乡愁的追想，是我们这代人的责任。

《中华人民共和国乡村振兴促进法》颁布，文化是突出的亮点之一。立法代表最高的国家统一意义。一个时期以来，随着文化地位的提升，文化立法也明显增强，改变了文化立法滞后、强制性约束偏弱和手段较少的状况，《非物质文化遗产保护法》《公共文化服务保障法》已经相继出台，《文化产业促进法》也呼之欲出，而乡村是当前文化建设最薄弱的环节，尤其需要立法保障。《中华人民共和国乡村振兴促进法》在总则中强调乡风文明，并有专门的文化章节，即第四章《文化传承》。这些都抓住了乡村文化建设的根本，符合乡村振兴的规律。

文化力量在乡村的勃兴，是因为顺应了社会发展的趋势和规律。从脱贫攻坚到启动乡村振兴，正值文化自觉、文化自信深入人心，为进一步发展各项文化事业和产业，打下了越来越深厚的群众基础，积蓄了越来越强大的社会能量。"文化说起来重要，干起来次要，忙起来不要"的状况得到了根本性扭转，文化也不再是文化部门的人自说自唱、"唱卡拉OK"，而是各部门和全社会的大合唱。文化已经成为很多部门、行业谋划工作和评价工作的自觉角度、自觉标准，无文则不美，无文则不欢。做文化就是做民心，因此，它给很多政策、规划赢来叫好，为很多产品、服务赢来惊艳。这是真正的文化自觉。文化自觉能发挥这样的作用，是这个时代的荣光。文化就是挟这样的春雨春风潜入乡村，润物无声地发挥着作用。而乡村，作为目前中国文化发展中兼具短板与高地两重性的地方，是正适合文化发展的希望田野，在这里的大地上可以写下现代公共文化服务体系最完美的一笔，在这个充满吸引力的洼地可以创造中国文化产业和旅游业的辉煌。

发展乡村文化，文化产业和旅游业无疑是十分重要的，这也是利用市场机制最容易取得成果的突破口。但是，千万不能忽视目前乡村文化事业、乡村公共文化服务的滞后。无论是从发展逻辑看，还是从现实状况看，造成城乡文化差距越来越大的症结，是相对于城市文化事业和公共文化服务，乡村的落魄和困顿，这也是导致它在其他方面陷入窘境的第一原因。因此，乡村成了文化振兴的主攻方向。如果说做乡村文化产业、旅游业需要根据本地实际情况来安排，有很大的弹性，而乡村文化事业、乡村公共文化服务则是必修的功课，是有一系列指标的刚性任务，有乡村就要加强这方面的工作，不做或没做好，就是失职。

从目前乡村振兴有关政策、规划来看，特别是从《中华人民共和国乡村振兴促进法》来看，乡村文化事业发展和公共文化服务建设，具有三个突出特征：

一是政府主导。这是《中华人民共和国乡村振兴促进法》的明确规定。乡村文明建设是乡村文化建设纲领性的目标和根本性任务。有些任务自中华人民共和国成立就坚持不懈地提出，比如丰富农民群众精神文化生活和体育生活，倡导科学健康的生产生活方式，移风易俗，破除陋习，但在新形势下，实现这些方式的手段今非昔比：创建文明村镇、文明家庭，建设诚信乡村，纳入了国家文明建设体系和诚信建设体系；健全乡村公共文化服务体系、完善乡村公共文化体育设施网络和服务运行机制，开展形式多样的农民群众性文化体育、节日民俗活动，以及广播电视和视听网络等，纳入了国家公共文化服务体系；支持制作反映农民生产生活和乡村振兴政策实践的优秀作品，纳入了国家艺术创作支持体系；进行文化遗产和非物质文化遗产保护，纳入了国家优秀传统文化保护传承体系。这种由政府主导、社会参与所构建的公共服务体系，又分别形成了相应的评价指标和考核体系。随着各级党委、政府认识的明显提高，随着国力的明显增强，这些体系已经形成初步的框架，并发挥着突出的作用。

政府主导意味着政府除了要开展政策引导、项目推动，还要保障财政投入，加强基本设施、基本阵地、基本队伍和基本内容建设。政府主导，并不是说由政府一家包揽，应该是在政府主导下，带动社会力量参与，实现社会事业、社会参与、社会共享。这些年的实践表明，事业与产业分开之后，各自发展，相互促进，为城乡居民，特别是给农民带来了更多文化上的实惠。

二是乡村重点。在政府主导构建的与各类公共服务体系中，乡村成为重中之重，或者说，之所以采取自上而下的国家体系的办法，就是出于乡村的考虑。重点服务乡村，是谋划和实施构建这些体系的初心。乡村成为重点，是由于城乡发展的不平衡。这种不平衡是自古以来的现象。城市是信息、市场、资金、人才等方面交汇的枢纽，是各类文化，特别是外地文化与本地文化、传统文化与时尚文化碰撞、融合的集聚区，是引领文化潮流的高地。这是城市文化的历史优势，也是现实优势。随着交通、通信等基础条件的改善，特别是网络化、数字化的推进，有利于填平城乡文化之间的鸿沟，但总体上看，由于城市文化在这些方面已经占有先机，城乡文化的差距还有扩大的趋势。要缩小差距，让乡村迎头赶上，还需要付出更多的努力。

乡村文化发展滞后的另一重要原因，是乡村固有的不足，这也是历史的包袱。长期封闭造成的观念陈旧、保守僵化，接受新东西困难，这种状况在中华人民共和国成立后有很大变化，但仍然一定程度存在。移风易俗不可能一蹴而就。进入社会主义市场经济体制之后，新的市场文明、商业文明在乡村发育也相对迟缓，而一个时期以来，由城市转移过来的黄赌毒以及种种不健康文化，与乡村沉渣泛起的腐朽文化合流，给乡村文化市场治理带来了更多复杂因素和更艰巨的任务。

在乡村文化建设中，辨析优秀成分与落后成分，是一项必须审慎但又无可回避的工作。要防止用简单、粗暴的态度对待传统的东西，特别是非物质文化遗产，在这方面已经有历史的教训。但不能因此而讳疾忌医，无视乡村文化中的落后成分，终会影响乡村和农民的进步，阻碍乡村振兴。

三是乡村优势。乡村发展固然有其劣势，但也有优势，而且随着时代的发展，这种优势被不断地发掘出来、发展起来。这些优势主要表现在，它是记忆中的乡村、现实中的乡村和场景中的乡村。

首先，记忆的乡村。乡村是乡愁的载体，千百年来，乡村不仅积淀着丰富的传统文化，而且积淀起一代又一代人对乡村的亲切感情，是远离乡村的人时时回首的精神家园。对今天的中国人来说，如果能为乡村做些事情，就是游子对家园的回报，是树叶对树根的反哺。而且，由于长期接受与乡村文化有渊源的中国文化的熏陶，他们在乡村也最容易找到建设乡村文化的感觉。从中国社会来说，为乡村文化做得再多也不嫌多，做少了就会在感情上过不去。当然，这也只有在乡村文化进入大众的视野的时代才有这样的可能。

其次，现实的乡村。相对于城市，乡村仍然是中国传统文化的富集地，非物质文化遗产仍然鲜活地保留着，有的地方由于规模化的保护，还成为国家级文化生态区。这里的乡规、民约，与从前这里的优秀地方文化制度传承有序；这里的生产生活方式体现的文化，与从前这里的生活美学属于同一美学谱系。这里生活着民风淳厚的群体，生活着非物质文化遗产的传承人，他们都是乡村文化的载体和名片。他们是这片土地上的文化主人，也是今天文化建设的主体。今天乡村振兴中的文化推进，实际上是乡村故事的延续和创新。有这种地域性的文化，有这样的事和人，并且尊重这种地域性，尊重这样的事的人，继续讲下去的乡村故事才会生动，不会讲偏题甚至跑题，不会讲成完全不相干的故事。

最后，场景的乡村。"在地"的乡村空间，"在场"的乡村文化，"在线"的乡村网络，构成了乡村未来可期的公共文化场景。场景理论最初的起点和目前的关注点是在城市，实际上，乡村可能具有更大的优势。一个一个单元的小村小屯，乃至比小村小屯还要小的地域空间，比如四川的林盘，它们体量小巧，易于捕捉内外部区别，以其独特的生态环境、历史背景、文脉传承，构成了一个个特定的超常规的审美展示空间，尤其是其中的传统乡村建筑，由于承载着丰富的乡村历史信息和人文内涵，实际上都可以看作是乡村博物馆，或者说是这一代人乃至我们中国人的"祠堂"，是能够引发今人艺术想象力和文化创造力的"舒适物"，这些实体建筑在文化属性上具有公共设施的功能，组成了易识别的集聚群落。而生活其间的农民，则是创造和传递当地文化价值观的使者，是引导进入当地审美体验的向导，并且他们自身就是审美的对象，因而也是这些场景中"见人见物"的最重要元素。进入数字化时代，网络虚拟空间成为开辟新的文化消费场景的疆土，这种"在线"文化空间，经过文化创意所形成的活动，与乡村的真实空间交汇，营造出虚实结合的新场景。这样的场景，将是再生乡风的滥觞，也是乡风传播的策源地。

在乡村振兴中，乡村文化发展，特别是乡村公共文化发展发生了重大变化，而这正是人们期待的现象。主要表现为：

由软变硬。从来表现有些"软"的文化，这次很"硬"、很"刚"。以《非物质文化遗产法》《公共文化服务保障法》为代表的涉及乡村文化建设的一系列法律法规纷纷问世，特别是《中华人民共和国乡村振兴促进法》的出台，给乡村文化发展撑起了腰杆子。通过国家强制力保障乡村文化建设，史无前例，时光如果倒退十几年，还是不敢想的事情。以德治国和依法治国，集中体现在乡村文化建设上。依照法律要求，未来的乡村建设，将坚持政府主导和社会力量参与，为满足乡村居民基本文化需求，提供必需的公共文化设施、文化产品、文化活动以及其他相关服务。围绕这些法律提出的责任清单，各相关方面将细化和兑现自己的责任。

由浅变深。蜻蜓点水，雨过地皮湿，是长期以来乡村文化建设的突出问题。基础设施薄弱，本土人才匮乏，针对乡村的文化产品稀少，村民参与的文化活动单一，应有的相关服务不配套，种种因素，导致乡村文化建设三天打鱼，两天晒网。乡村文化应该如同村头的大树，靠长期生长在这里，才把自己的根扎得越来越深。对于基层群众，特别是乡村居民，文化活动只有常态化、便利化，才有可持续性，在日积月累中，以水滴石穿的功夫，把文化真正做下去，做深、做透、做实。

由弱变强。把中国社会发展现阶段的主要矛盾，确认为人民群众日益增长的美好生活的需要和不平衡不充分的发展之间的矛盾，进一步彰显了满足人民群众精神生活需求的地位，因为"美好"作为一种价值判断和精神体验，除了要有物质基础，更要有精神文化生活的条件。这一判断，把握了当前中国发展的基本趋势和规律，反映了人民群众的真实愿望。乡村文化正是在这样的时代背景下乘势而起。全党全社会文化自信的增强，中华优秀传统文化的回归，乡村的优势也逐一被发现、巩固和强化。文化与旅游融合、与相关行业融合，文化振兴与乡村振兴中产业振兴、人才振兴、生态振兴、组织振兴的呼应，活跃的乡村文化，从来没有像今天这样赢得这么多的聚焦，有这么大的施展身手的舞台。

乡风熏得游子醉。真正决定乡村唤醒程度的是乡村公共文化。乡村公共文化有这方水土的人及其祖祖辈辈讲述的故事、坚守的情怀，沉淀着乡村社会最稳定、最深刻的属性。乡村公共空间的流失，已经导致了我们乡村记忆的短路；乡村公共设施的缺位，使乡村公共文化成为不系之舟，随波逐流。加强乡村精神文明建设，推动乡村文化事业发展，构建乡村公共文化服务体系，这是来自父老乡亲的召唤，与之呼应的是这里土地深沉的默契和这里庄稼生长的节律。愿又一轮吹来的乡风，让大地回春，让已经风干的树叶又鲜活起来，让中华文化在这片泥土上生生不息。

二、中国文化回归乡村主场

在《中华人民共和国乡村振兴促进法》中，文化振兴位列五大振兴之列，体现了乡村振兴的系统性推进，乡村文化也因"振兴"显示了当代中国文化发展的新纵深。

改革开放以来，乡村文化经历了四个不同的阶段，其截面是："送文化""种文化""求文化""兴文化"。这是四个阶段的象征性符号。这条纵向线索，真实反映了乡村文化建设的现实基础和演化逻辑，反映了城乡文化关系的范式变迁，也反映了当今中国文化建设的进阶之道。这个转换的进程似乎有些慢。但是，耕牛转身也慢，转身后，前行就非常稳健、有力。此后的乡村文化发展一定会加快脚步，迎头赶上。

在改革开放和启动建立社会主义市场经济之初，文化体制改革尚在最初探索的过程中，城乡基层文化建设找不到定位，阵地流失、人员飘零，文化产品、服务匮乏，文化活动不能正常开展，乡村情况更为突出。直至20世纪90年代初，逐步厘清哪些资源可以交给市场、哪些则不能交给市场，并形成文化事业和文化产业两大分野，解决乡村文化产品和服务严重短缺的任务逐步浮现在工作层面。面向乡村，出现由政府组织的文化下乡活动，开始主要是送戏下乡，这种"送文化"活动，往往在春节期间达到高潮，一些市县有"百团千戏下乡"，声势浩大，但也有雨过地皮湿的遗憾。

接着，又有全国性的文化、科技、卫生"三下乡"。在"送文化"的推进过程中，一些地方的文化部门和文化工作者，又在实践中提出既要"送文化"，又要"种文化"，用他们的话说，就是在"送文化"的同时，想办法留下带不走的文化，让送来的文化能够在当地扎下根，其思路就是形成送文化的长效机制。

后来，非物质文化遗产越来越受到重视，而非遗的富集地在乡村，文化部门和非遗保护工作者把目光投向了乡村。把乡村艺术当作我们民族文化"压箱底"的宝贝，在老腔老调中，在乡音方言中，寻找灵感、寻找平台，寻找我们中国人喜欢的审美趣味。这个阶段可称之为"求文化"，是因为联想到孔子所说的"礼失而求诸野"，他教会了我们"求文化"的方法。到了这个阶段，乡村的优势，或者说乡村的文化红利，开始被发现并利用。

在当前的乡村振兴中，文化振兴是其中重要的组成部分，乡村文化将在乡村振兴的格局中得到振兴，这个新阶段可称为"兴文化"。这是乡村文化发展的历史性转折。

"兴文化"不是乡村文化发展的颠覆性方案，它是以往阶段的续集，其特点是更加注重内生性与系统性。不是说"送文化""种文化"就过时了，"寻文化"更不会过时，这几种形态，将在"兴文化"阶段相互补充。或许今天最准确的说法是：不仅要"送文化""种文化""求文化"，更要"兴文化"。放在历史发展的过程来看，如果说"送""种""求"一直在为乡村文化破冰，"兴"才使乡村文化走上了康庄大道。或者可以说，"送""种""求"都只有在某一个维度上开展工作，折射出一定时期内认识乡村文化的固有角度，只有"兴"才是根本性、全局性的推动，反映出与以往完全不一样的视野。这是时代赋予的底气、胸襟。乡村文化发展站在了一个新的历史起点上。

从"送文化"，到"种文化"，到"求文化"，到"兴文化"，这是一个环环相扣的链条，一个步步冲顶的接力，一个层层深入的剧情。每次先迈出的一步，都成为后面的基础和伏笔。这反映了乡村文化在这样一个大时代的演进，它的文化意义在于：

一是由俯视转为仰视。改革开放四十多年来，虽然在早期文化工作没有受到今天这样的重视，但是中国的经济获得了快速发展，其中必有文化力量的推动，这是潜在的文化自信在起作用。如今，又找到了决定中国文化自信的内核是中华优秀传统文化，无论是革命文化，还是社会主义现代文化，根脉都在于中华优秀传统文化。而中华优秀文化的故乡又是在乡村，这就上追到乡村文化。由此改变了长期以来对乡村居高临下的姿态，希望中国的文化艺术在天宽地阔的田野里找到滚滚源泉和不竭动力。

二是由被动转为主动。乡村文化由被动的接受变为主动的传承与创造，这是乡村文化发展不偏离自身轨道的保证。事实证明，没有乡村内部的参与、呼应，外部力量想把自己的意志强加给乡村，只能是无根的浮萍。乡村文化发展需要外部力量加入，但也是以内生性为主导，外部力量在融合中实现内生性转化。只有乡村文化主动起来，在目标上才能紧扣乡村发展所需，融入乡村经济社会发展大局；在定位上才能把握乡村文化的灵魂和肌理，突出乡村特色；在依靠力量上，村民才会成为文化建设的主体，发挥主动性和创造性，让乡村文化仍然是他们的文化。

三是由单向转向双向。千百年来，中国文化就是在城乡两极的互动中发生着嬗变，尽管城市文化一直占着信息、人才、设施、市场等多方面的优势，但是乡村仍然能给城市源源不断地输送新的文化血液，仍然能跳出精彩的"二人转"，这种平衡在近代由于乡村的败落才被打破。改革开放以来，随着城乡一体化力度加大，城乡两极中的乡村又被激活。而且，在这个进程中，一个共识越来越清晰，即城乡一体化不能是简单的城市化，乡村应该保持自己的特色。乡村振兴中的乡村文化更表现出历史上少有的开放特征。今天的村民应该比历史上任何时候都具有开放视野，接受新事物的能力也最强。更何况，乡村的文化产业和乡村旅游业，都是具有其外部性特征的产业，在乡间进行的文化产品交易，实际上是在一体化的城乡市场中进行的，互联网技术又进一步强化了乡村的开放能力。

四是由局部转为全局。从前，面向乡村，"送"和"种"都是点状的，不可能把所有的乡村都送到、种到。"求"非物质文化遗产，也是有就求，没有就不求，或者是只有上了国家级、省级、县级名录的非遗就求，而大量的非遗还够不上哪个级别，但也十分宝贵，通过政府部门有组织地去搜集、整理、命名、保护，仍然会是挂一漏万。只有在全国性的乡村振兴中，乡村文化才进入了人们的视野，进入了当代中国文化建设的体系。

乡村文化的这个转换，反映了中国经济社会和文化的发展规律——

体现了社会发展规律。党的十九大把新时期的主要矛盾，由过去一直所表达的"人民群众日益增长的物质文化需要同落后的社会生产之间的矛盾"，改为"人民群众日益增长的美好生活的需要和不平衡不充分的发展之间的矛盾"。这是顺应中国经济社会发展规律做出的科学判断。在人民群众基本温饱问题解决之后，提高他们的生活品质，满足他们对美好生活的需求，成为工作的目标，而发展不平衡不充分，集中体现在城乡基层居民的生活品质上，其中特别表现为以农民为主体的乡村文化。

体现了文化发展规律。推动乡村文化发展，应该以内部力量为主体、内力与外力相结合。任何文化总是通过吸收新文化元素，吐故纳新，获得发展，古今中外，没有例外。乡村振兴也需要外部力量的加入。多年来，送文化、种文化、找文化都是外部力量的主动介入，为兴文化打下了基础。但关键是，必须激活乡村内在的活力，让外因通过内因发挥作用，让乡村文化以主人的自信，保持自己文化的定力，敞开胸襟迎接八面来风。与此相联系，乡村文化要坚守自己的本色。乡村文化总是在变化的，但万变不离其宗，经历多少风雨也不能改其源、断其根。它应该深深植根在自己的土地上，根据自己的禀赋，按照自己原本应该有的样子，生长结果。另外，文化是在与经济社会发展的呼应、配合中发展的，乡村文化只有在乡村全面振兴中才能实现自己的振兴。

体现了乡村发展规律。《中华人民共和国乡村振兴促进法》提出五个振兴：产业振兴、人才振兴、文化振兴、生态振兴、组织振兴，围绕五大振兴，又做出了系统安排。这是按照乡村发展规律做出的布局，也抓住了乡村建设的根本。乡村发展是整体性、系统性的发展。亚里士多德说："整体大于部分之和。"系统论专家认为系统中各要素都不是孤立存在的，并打比方说，手只有在人体上才是劳动工具，砍下来就什么也不是。"兴文化"就是在乡村振兴的系统中开展的。而且，文化振兴自身也要有系统性的解决方案，有目标、战略、规划、措施，如同春播、夏长、秋收、冬藏，不遵守节律、时令，就会事与愿违。

中华文艺复兴不能建立在凋敝的乡村文化基础上。目前文化建设的诸多困难，集中体现在乡村。而目前乡村振兴的崛起，也在一定程度上解释了中华文化强劲复兴的趋势。到了"兴文化"这个历史阶段，才是实现了近代以来乡村文化的凤凰涅槃。乡村文化的这一历史性变化，其意义远超乡村自身，其边际贡献将对当代中国文化产生整体性影响，包括引发文化建设实践与理论的蝶变，促进当代中国文化在创新中实现三个回归。

一是回归中国文化建设主场。中国的乡村艺术与城市艺术唇齿相依，没有乡村艺术，也就无所谓城市艺术。很多地方的城市已经在建筑上失去了地方特色，这是很无奈的，但这些城市依然在一定程度上保持着地方特色，除了城市自身特有的文脉，更因为其周边有乡村艺术的存在。乡村是地方文化特色的根据地，深入城市的地方特色文化，比如种种非遗，是从乡村放过去的风筝。因为乡村艺术与城市艺术遥相呼应，从而保持着一个地方的魅力。也因为乡村艺术的存在，使得当地的文化发展有了更大的回旋空间。我们还希望，因为乡村艺术的存在，能够规范未来城市艺术的地域性。从一个地方看如此，从中华文化发展的宏观层面上看，城市艺术与乡村艺术的关系也是如此。

城市当然也是中国文化建设的主场，或者可以说，城市以其独具的信息集中、人才集中、设施集中的优势，带动乡村、辐射乡村，这是古今中外不变的规律。在当今发展文化产业，无论是从满足国内需求看，还是从参与国际竞争看，城市负有更多的责任。乡村作为未来中国文化建设的主场，是从强化中国文化根基的角度提出的，其实，它也是城市文化发展的根基。从古至今，中国文化的许多灵感都产生于乡土之间。自有城市以来，中华文化就在城乡两极的互动中嬗变。如果未来乡村艺术不行了，艺术的城乡两极缺少了一极，中华文化传承发展就失去了张力。城市文化发展和乡村文化发展各有自己的使命，这是一件事关地方公共利益和民族艺术发展、国家文化安全的大事，从政府到社会，必须负起各自的责任，在制定规划政策、采取相关措施时，要充分考虑到各自的特点、优势和发展需求，加强文化方面的城乡一体化，真正打通城乡经脉。

二是回归中国乡村文化现场。中国是农耕文明，我们是农民的子孙，乡土文化深植于我们的体内，成为民族文化的基因。回归这样的现场，就会感到熟悉、亲切，于是触景生情，心领神会，于心戚戚，然后有所发现、有所创造。因此，必须返回乡村，返回曾经文化与庄稼一起生长的土地，立体式地搜寻，沉浸式地体会。轻捋这里的草木，一草一木皆关情；与这里的百姓交流，乡言乡音有共鸣。陶渊明说"此中有真意，欲辩已忘言"，只有深入"此中"，才能把握"真意"。

《人间词话》的作者王国维提出："诗人对宇宙人性，须入乎其内，又须出乎其外。入乎其内，故能写之。出乎其外，故能观之。入乎其内，故有生气。出乎其外，故有高致。"这同样适用于我们对待乡村。要真正回归乡村，要做到"入乎其中"，扎进乡村。一是要扎进乡村文化，扎下去，才能发现特色、呈现特色。特色是立足的根本，也是乡村文化的优势。再出人意表的想象也来自脚下的这片土地。乡村艺术是中国艺术的源泉。二是要扎进乡村生活、扎进乡村居民。还要做到"出乎其外"。艺术源于生活又高于生活，要发挥想象力，激发创造力，跳出生活看生活、展示生活。

三是回归中国传统审美论场。乡村是中国传统美学的故乡。乡村是中国文化的故乡，当然也是中国传统美学的故乡。乡村有最适合中国式审美的语境。孔子是面向乡村的，所以他说"礼失而求诸野"；老子、庄子的核心语汇，比如山、水、自然，都在乡间。汉代董仲舒的美学思想产生于乡村小院里，据说他在这个小院里十几年没出门。陶渊明的美学思想，产生于他"采菊东篱下"的乡居生活和"种豆南山下"的农事劳作中；王阳明创立心学的灵感来自多年的乡村生活，最后在山野中的龙场悟道；禅宗把佛教改造为中国宗教，除了达摩，已知的二祖慧可、三祖僧粲等人，都住在离农家不远的山上，总是穿行于乡间。在很大程度上，中国传统美学是开在乡村的花朵。今天，在乡村文化建设上，政府、社会组织、企业、村民、新农人、设计师和艺术家共同语言最多，最容易形成共识，其原因就是有着共同的审美追求。关于乡村民宿建设项目讲到与生态的关系，就经常听到"物我一体""天人合一"及环境友好；讲到与产业的关系，就经常听到主邻一体、推己及人、共同致富；讲到与生活的关系，就经常听到创享一体。这是对中国传统美学和乡村特征有深入的理解之后，才有的智慧之果。

以乡村为论场，是重构中国审美话语体系的基础。大学、科研机构是中国审美话语体系的重镇，书房、讲堂肯定是研究、阐发中国审美话语体系的场所。我们希望的是，能够把研究的目光投向乡村，关注乡村与中国审美的关系、历史，更要关注今天发生在乡村的审美实践和审美经验，像乡村创客提出的"乡朴美学"就是很好的案例。如果能像越来越多的艺术家、设计师、建筑师那样，能够深入乡村一线，收获和贡献将会更多。这些年来，在有关部门开展的"理论面对面"活动中，有不少方面的理论工作者走进乡村，我们期待也会有美学工作者的身影。当然，任何一种理论建设，并不是专家学者的专利，美学理论也是如此，特别是在今天这样一个人人都是审美创造者和享有者的时代，人民群众审美需求和能力的提升，已经通过互联网这个便利平台，进入艺术创作、艺术批评、艺术理论等环节，事实上已经介入了审美理论，他们也是以乡村为论场的审美话语体系的建设者。

近代以来，中国的乡村文化历经曲折，表现出顽强的生命力和韧性，正如同我们民族的性格一样。它一路逶迤而来，几经风雨，几经磨砺，从被遗忘的角落，到成为被垂顾的对象，最终在乡村振兴中被时代置顶。它也终将成为我们这个时代之冠上的明珠。

三、数智技术跨越乡村鸿沟

当代中国乡创美学已经初露头角，数智技术也方兴未艾，二者结合，将有利于乡村文化的振兴和数智技术的健康发展，也有利于当代中国美学的整体建构。

中国的乡创美学，是关于乡村审美创造、接受的人文科学，核心是"乡土+文创"，以乡村内源性力量为主体，发挥外部力量作用，与中华文化复兴、乡村振兴相结合，为乡村乃至整个社会提供文化艺术产品和服务，创造新的精神价值。

乡创美学产生的背景，首先是当今中国社会的基本矛盾被明确为人民群众日益增长的美好生活需要和不平衡不充分的发展之间的矛盾。这个判断本身就包含着真、善、美的追求。它改变了长期以来所表述的人民群众日益增长的物质文化需要同落后的社会生产之间的矛盾，深刻把握了社会发展的脉动和历史趋势，更符合中国社会现实之"真"；对发展不平衡不充分的关注，主要是对欠发达地区特别是落后乡村的关注，对获得感较少人群的人文关怀，表现出这个时代的"善"；强调"美好生活"，则强化了自古以来我们中国人所向往的生活美学。这种真、善、美的追求，既是乡创美学产生的时代根源，也是乡创美学的本质。

与美好生活追求相关的是文创的兴起，这是乡创美学产生的又一时代因素。美好生活，意味着高品质和理想化的生活，涉及生产、生态、社会、文化等多种因素，关系到人生存发展的物质世界和精神世界。在当今中国人的自然需要、社会需要逐步得到改善之后，精神需要变得越来越突出，而且这种精神需要与自然需要、社会需要交互影响，因此，美好生活更多表现为与日常生产生活相关联的价值判断和精神向往。一个时期以来，创意经济在中国蓬勃兴起，兼具实用功能和审美功能的文创产品受到追捧，国务院于2014年出台《关于推动文化创意和设计服务与相关产业融合发展的若干意见》，强力推进文化创意与相关行业的融合。乡创美学关注和推动的，正是以乡土为资源的文创活动对乡村居民和中国社会美好生活的贡献。

乡创美学产生的第三重背景是中华优秀传统文化回归。乡村是中华传统文化的故乡，作为农耕文明类型的代表性大国，乡土文化是中国文化的根系所在，中国绝大多数非物质文化遗产留存在乡间，其中有些还保持着鲜活的生命。"乡土中国"意识的觉醒，对"乡愁"的向往，表现出保护和弘扬乡土文化的社会共识。在发展创意经济的过程中，乡村非物质文化遗产成为文创灵感的重要来源。有创造敏感和天赋的艺术家、设计师、创客纷纷把目光投向乡村，期待自己的作品能够像庄稼一样在春风中吹生，在希望的田野里生机勃勃。

乡村振兴是乡创美学产生的最直接的原因。乡村振兴将带来乡村剧变，形成城乡共同发展、各擅其美的格局。乡村振兴是一项关系中华民族复兴的大事，乡村也将是中国文化复兴的基地，因此，新的乡村生产生活不仅造福于乡村居民，而且寄托着整个中国社会的梦想，也牵动着最敏感的审美神经。乡村是传统中国美学的摇篮，乡土文化是中国古代最重要的文学艺术主题，从孔子整理的《诗经》十五"国风"，到东晋陶渊明、唐代王维、宋代范成大等一代又一代作家创作的田园山水名篇，作为中国审美范式，陶冶了千百年来中国人的审美情操。乡土审美意识的复苏，在本质上就是乡创美学驱动下对美学故乡的怀想。

千百年来，乡土文化处于变动不居的发展过程中，作为代表的乡村非物质文化遗产，特别是民族民间艺术，变异性是本质特征。在当今快速发展的时代，乡土文化、非物质文化遗产传承，已经不可能像过去那样有序地实现自身更新。一个时期以来，随着非物质文化遗产理念的增强，围绕保护与利用的争论也持续不断，表现最为极端的就是"物馆派"和"市场派"。数智的应用，将会为解决部分难题找到出路：

一是保存。要利用数字化技术，扩大非物质文化遗产乃至乡土文化的记录范围，立体式搜寻、生态式留存。对传统村落，对乡土文化采取宜存则存、能存尽存的方法。已上国家级或地方某个层级保护名录的非物质文化遗产要保护，其他乡土文化内容，特别是方言习俗、饮食起居、农特产品等，也要纳入保护视野。这种记录要有时不我待的紧迫感和精耕细作的完备追求，尽可能为后世留下血肉饱满的系统档案，为当下的活化和将来的复兴创造条件。这种记录不可能是机械的，记录的角度、详略、先后，特别是解读方式，也不可能脱离人的选择，因此正确的保护观和保护方法则显得尤为重要。

二是传承。数字技术不能代替人的传承，但能帮助传承。它能让传承人通过这一技术更深、更全面地理解非物质文化遗产和乡土文化，在前人或师傅口耳相传、手把手教授之外，获得另一个"课堂"，另一个"机器传承人"的传习。这一技术还为跨代传承提供了条件，尽管这不是最理想的方式，但终归也是一种存亡续绝的途径。它还能实现跨空间传承，让远方有志于此的人了解并习得这门乡土传统技艺，并可能在综合中实现创新——这种类似于图谱的数字化记录，应该比武侠小说中的所有江湖秘籍都要完整生动，也更能出现熔众多传统技艺于一炉的英雄。

三是利用。数智的支撑作用最直观地表现在利用上，而利用才是最有效的保护、传承办法。数智将进一步带来的变化是，消费者的使用不仅体现需求导向，刺激内容生产者搜寻、保护、开发，而且消费者留下的数据又直接丰富了相关内容，消费者对于数据来说既是内容消费者，又是内容贡献者，体现出了用户也是内容生产力。数智将在虚拟现实结合、传统文化转化、数据价值显现等方面重塑文化建设各个领域，在场景、平台等方面为利用提供无限可能。

乡创美学在数智的支持下，审美创造与接受将呈现以下特征：

一是放大乡村文化红利。由技术带来的数字文化，最终还是要靠内容，而乡村正是传统文化资源的富集区。作为一个农耕文明大国，来自乡村的文化基因深植于每个中国人体内，因此乡村文化内容更能唤起发现者、生产者、消费者的价值认同，更符合中国传统美学心理，形成审美创造与审美接受的共鸣与互动。

二是增强审美感知能力。审美的特征是感性，是通过感知、体验获得美感。VR、AR、全息投影、现代声光、可穿戴设备等数字技术的应用，使人能够超越现实获得身临其境的体验。虽然它不能代替现实体验，但仍以虚拟的优势，或增强现实的优势，给欣赏者提供视觉、听觉、触角、味觉等丰富的感官体验，这正是产生审美感受的基础。

三是强化个性创造和服务。个性创造是审美价值的重要因素，是基于个性规律的风格哲学。以区块链、人工智能、3D打印等为主体的数智技术，使个性化定制、柔性化设计、参与式生产成为可能，用户在收获了个性化产品和服务的同时，又自觉成为创意、生产、传播、消费的主体。

我们要在数智技术的机遇与挑战中发展乡创美学。

第一，中国乡创美学应该成为新一轮科技与文化融合、数智技术与中国文化联袂发展的纽带。

历史上文化与科技的关系从来就是一枚分币的两面，许多科技成果或是从文化艺术中直接产生然后推及其他领域，或是从其他领域产生但很快应用于文化艺术，并在文化艺术摇篮中得到孵化。数智技术从本质上说是一种记录方式，与文化有着天然的亲和性，甚至可以说是科技与文化合成的产物。在文化艺术领域，特别是在乡土文化的沃土上，使智慧技术得到进一步完善，然后推及经济社会发展的更多领域，并且让数智技术因为在文化艺术中得到过锻打淬炼而带有中国文化的气质，从而双向增强中国文化与数字文化的融合、覆盖和渗透能力。

第二，中国乡创美学应该引导创造数智技术最优场景。数智技术的集成应用，特别是元宇宙概念和方向的提出，将越来越集中于沉浸式体验和全息式营造。乡村是中国文化的故乡，当然也是中国传统美学的故乡。乡村有最适合中国式审美的表达语境，有着在这样的空间里展开人与天地、人与万物互联互通的交互式情境。千百年来乡土中国的积淀，已经使乡土文化成为今天审美创造中最大的IP，在这里，文创和数智都将得到淋漓尽致的发挥，由此强化文化创意与科技提升对中国经济发展的双轮驱动。

第三，中国的乡创美学应该在智慧技术应用中发挥趋利避害的人文引领。科技从来就是第一生产力，但科技也是双刃剑，数智技术带给人类的并不都是福音，尤其是在资本的裹挟下可能危害更甚。人类从来没有像今天这样受益于科技，也从来没有像今天这样受到科技的各种安全威胁。在审美上，数智技术也是一方面解放人，另一方面又限制人甚至压迫人。先秦以来，中国形成了稳定的"天人合一"哲学思想和审美理想，主张天地人三才并立，而人又"为五行之秀，实天地之心，心生而言立，言立而文明"，人既与万物一体，又是万物的核心，万物皆备于我。这是一种明显区别于物我对立的世界观和方法论。今天来看，未尝不是古人建构起来的一个虚拟世界、现实世界与人的内心世界的三重世界。由人创造的数智应服务人、发展人，而不是限制人、异化人，应导向真、善、美，而不是假、恶、丑。在虚拟世界、现实世界与人的内心世界三个维度，在宇宙、元宇宙与内宇宙三个宇宙，形成良性互动、相互投射的关系。在元宇宙的萌芽阶段应启动人文精神的积极引领，在把现实投向虚拟的同时，投进我们的价值取向和伦理规范，让虚拟世界和现实世界成为人的本质力量对象化的世界。而这些"宇宙"坐标，应该定位在中华优秀传统文化，定位在乡土中国，既给当今中国的乡创美学以支撑，又得到这种乡创美学的灌溉与滋润。

在加强乡村数智支撑方面，智慧旅游是一个重要突破口。发展智慧旅游，需要跨越目前数字文化存在的三道鸿沟：

一是事业与产业。在数字化方面，文化事业起步很早，相关部委实施了数字文化工程，设立了专门的项目以及实施项目的机构，从国家到地方的相关事业单位，包括图书馆、博物馆、美术馆、文化馆、档案馆以及艺术研究院所、非遗保护传承中心等，也相继启动了文化资源的数字化工作，取得了明显成效。但是，尽管政府高度重视、不少事业单位也很努力，但仍然与产业拉大了距离。其原因，一方面是长期以来公共文化服务设施建设、队伍建设等欠账太多，包袱太重，再加上改革不到位，或者是政策调整不到位，大量的资源仍然在那里躺平。另一方面，不少地方的公共文化云覆盖不广，渠道不畅，易用性不足，可及性不强，群众参与程度不足。如果没有把各地的文化资源有效利用起来，智慧旅游就只能在景区景点的小范围内打转，不可能"智慧"。

　　二是城市与乡村。数字文化是时尚文化、科技文化，与乡村相比，城市有着天然的优势。再加上长期的城乡二元化体制，导致乡村公共设施落后、市场和产业基础薄弱，因此，尽管政府有关部门在启动数字文化建设之初，就考虑到不能让乡村成为遗忘的角落，但是由于城市发展得太快，乡村还是被甩下来了，如果任由这样的马太效应发展下去，还会进一步拉大距离。这种状况与当前国家高度重视乡村振兴是不相称的。没有乡村的数字文化发展，哪来乡村游、周边游、全域旅游的智慧化？

　　三是年轻人与其他人群。年轻人历来是文旅产业的消费主体，他们热爱中国传统文化，使得今天的时尚文化与主流文化出现了历史上少有的趋近和交织，而且他们接受科技的能力强，又是互联网领域的"原住民"，他们是数字文化产业的消费骨干，是他们引领数字文化需求导向，拉动数字文化产业的前行，继续发挥这种引擎作用至为关键。但是，要统筹考虑的是数字文化的其他服务对象，特别是中老年人群，目前暴露出这个人群疏于对互联网的应用，因而在突发事件面前易陷入窘境，可以想见他们在这个互联网时代很少有获得感。智慧旅游，对会使用的人是智慧的，对不会使用的人就很不智慧，就会造成新的"在家千日好，出门一时难"的问题。

　　数字文化三道鸿沟的形成，其实有共同点和相通之处，产业比事业有活力，城市比乡村有活力，年轻人比中老年人有活力，这是市场规律、区域规律、文化规律的综合反应。而三个方面的"发展不平衡不充分"，最后主要落在大量基层群众特别是乡村群众身上。

　　互联网时代，不应该有孤岛，何况是在文旅融合后的同一行业内部。缩小乃至填平三道鸿沟，政府部门有责任进一步加强政策引导和项目扶持，并且调动社会参与的积极性。当前特别要加强有关标准制定，为资源共享标明路径、打通关节，避免发展无序导致社会资源浪费，通过"滚雪球"的办法迅速做大"蛋糕"，做得越大，越能产生普惠效应。要深化文化体制改革，唤醒睡着的资源，特别是唤醒那些守着资源但是没被叫醒的人。

　　作为具体的策略，要选择矛盾比较集中的方面，特别是将大众化的项目中大众使用不便的问题作为切口，智慧旅游就是合适的选择，以此倒逼数字文化跨越目前的屏障：

一是加强文化内容。要利用文旅融合的体制便利，从加大文化内容的需求量入手，解决目前智慧旅游死角太多的问题。内容多了，选择宽了，就能兼顾事业与产业、城市与乡村、年轻人与其他人群。要实事求是地解决计划经济时期采集文化资源的知识产权问题，并且用改革创新的思维解决今天文化事业单位可能出现的新问题，并通过区块链等技术应用，尽快实现确权和确定真伪，从而把各级博物馆、美术馆、非遗中心的文化资源利用起来，造福于社会。在当前文化与相关行业加快融合的形势下，应加强与相关部门的联动，打破数据壁垒，把相关资源充分利用起来。在数据就是资源的理念下，相信会有很多企业投入与文化相关的数据采集、平台服务中来。另外，从中外文化科技发展史看，新的技术或直接产生于文化领域，或产生于其他领域但很快应用于文化领域，并在这里得到孵化。目前产生于其他领域的数字技术已经应用于文化领域，它在这个领域迅速成长，也是可以预期的。我们还注意到，文化科技创新大量发生在基层，文化内容的边界越大，掌握和应用这项技术的人越多，就越有利于解决基层群众中数字文化短缺的问题。

二是加强文化创意。从文化数字化，到数字文化，需要创意转换，而不是简单地当个将资源从线下移到线上的"搬运工"。不创意，则无智慧，而互联网思维恰恰打破了平面、线性的思维，具有网状、立体的特征，与文化创意有天然的亲和性。今天数字文化发展、智慧旅游的应用，与我们正处在一个创意经济与以互联网为核心的新经济相向而行的时代有关，数字文化可以说是创意的产物。数字文化的智慧性，不仅体现在数据的采集利用上，还体现在采集与利用过程中创意的发挥上；不仅体现在文化内容的融合上，还体现在展示文化内容所开展的项目、活动上；不仅体现在文化与数字化的融合上，还体现在文化与数字化经过融合后又合力向外融合上。这些年在促进消费上，有的电商平台开展的创意活动，一度对大众产生了不错的吸引力，其中的得失可以探讨，但我们发展数字文化、促进智慧旅游，至少应该借鉴这样的创意思维。

三是加强文化情怀。一般认为，互联网具有扁平化、普惠性、民主性特征，作为一种工具，能够从人出发，以人为本，用户体验至上，而且满足个性化需求，虽然互联网与其他很多科技一样，是双刃剑，但主流上是一种先进的生产力。而且，从乔布斯表明自己的创新"深藏着一种人文精神"，到国内互联网企业提出"科技向善"，互联网企业常常表明这样的文化动机。在中国传统文化的语境里，即便是面对人机互联、万物互联，我们从天人合一、物我一体的思想出发，也赋予这样的过程更多的人文光泽。因此，当今事业相对于产业滞后、乡村相对于城市滞后、中老年人相对于年轻人滞后，这个行业理应表现出它应有的人文精神，让已经如同阳光、空气的数字文化能够惠及大众。

第七章　遵循乡创产业的基本规律

一、坚持改革思路

一个时期以来，由于中华优秀传统文化回归，唤起中国社会的乡土情怀；由于城乡一体化、脱贫攻坚，使乡村凸显为产业的热土，特别是乡村振兴中的文化振兴，可谓振臂一呼，四方响应。乡村文化正在成为社会聚焦点，成为政府众多部门、企业、社会组织的发力点，越来越多的乡贤、艺术家、设计师、建筑师、青年创客进入乡村，准备一展身手。

各种力量跃跃欲试，各种资源暗潮涌动。静谧的村庄、沸腾的群山，或许我们理想中的乡村就应该是这个样子。乡村文化沉寂太久，被压抑的乡村能量应该在那广阔无垠的田野上尽兴地撒个欢。

但越是在这样的时候，越不能乱了方寸和阵脚。政府部门对乡村文化怎么重视都不为过，但要警惕头脑发热出昏招。要注意按规律办事，按照文化体制改革的方向推进。否则只会事与愿违，付出代价。初入文化门槛的文化企业和金融资本，一方面不要以为文化与意识形态关系密切，"水太深"因而畏缩不前，另一方面更应谨记隔行如隔山，要知道文化工作做什么、怎么做，了解文化工作的基本规律和基本做法，莽撞行事，只会交出更多的学费。

文化、旅游工作的基本做法，概括地说，即事业与产业的双轮驱动。文化和旅游融合，就是文化事业、文化产业与旅游业的"三业融合"。这是经过文化体制改革之后关于文化和旅游工作体制的基础性安排，所有新旧范式的变迁，都是这一根本性战略的蝶变。当然，文化体制改革需要不断推进和深化，甚至从乡村文化发展来看，以前的文化体制改革都还是预演，高潮还在后面。

发现文化的商品属性，是改革开放以来文化行业最重大的事件。这个发现很重要，它奠定了文化成为产业的基础，没有这个发现，这个产业就无从谈起。可能会有人认为文化产业的首要特征是内容而不是产业，这当然没错，文化产业首先是姓"文"，然后才是产业。但是，进一步深究，作为内容的文化一直有，如果没有把它的商品属性挖掘出来，并且自觉利用这一属性，能成为产业吗？

或许有人认为这算不上什么重大发现，搞产业当然会认识并利用这个属性。但事实上，在长期搞计划经济之后，认识这个属性并不容易，当时说出这句话可以说是石破天惊。在文化体制改革早期，原文化部门提出这样的观点，还遇到过很多阻力，甚至是来自一些方面的严厉质问。当然，这个发现的作用只有在文化产业发展到今天这一步才能看得更清楚，因为它是建构文化产业和旅游业的最重要的逻辑起点。正是由于发现了文化的商品属性，能产生经济效益，才会进而注意到内容产业的特殊性，即不能光讲经济效益，也要讲社会效益，要追求经济效益与社会效益的统一。后来，又进而表述为"把社会效益放在首位，实现社会效益与经济效益的统一"。

将文化建设划分为事业和产业两个门类，是改革开放后的中国文化发展面临的新问题，西方发达国家并没有像我们国家曾经实行过长期的计划经济，我们要通过这样的区分来解决这个历史问题。但是，事业与产业两分法在这些国家也是客观存在的，而且无论是发展文化事业，还是文化产业，我们都分别从这些国家得到了很多借鉴。

并不是所有的文化领域都可以清晰地区分出事业和产业，其间存在着一些模糊地带。而且，它还受到不同历史发展阶段认识水平的限制。但不能因此不对大多数能够区分的进行区分。时代变了，在实行社会主义市场经济体制的新时期，将事业与产业区分开来，就能发展，不区分就寸步难行，两条腿穿在一个裤管里是走不起来的。

这一发现，发生在探索建立社会主义市场经济体制的过程中。先是文化系统经历了一段时间的"以文补文""多业助文"的尝试，在20世纪90

年代初，当时的文化部领导在多个场合强调文化的商品属性，因为讲得多了，以致有些人不理解部长怎么近期老讲这一套，殊不知在文化产业的启蒙阶段，不经常讲反复讲，无法让这样的理念深入人心并且转化为行动。也正是因为曾打下这样的基础，几年后，当时的文化部在机构改革大幅度合并机构、裁减人员的情况下，增设了文化产业司，为文化产业发展开辟了道路。

改革开放后，我国旅游业的发展大概经历了几个阶段：第一个阶段是旅游与外交结合，即配合外交需要成立了最早的旅行社，此时旅游业处于萌芽阶段；第二个阶段是旅游与商业的结合，这是旅游业发展的关键，只有到了这个时候，旅游业才有可能形成产业化和规模化，才可能成为一种产业，即旅游业；第三个阶段是与多种相关行业融合，最重要的是与文化融合，形成了今天的局面。

中国旅游业的发展，也是以发现旅游的商业属性为起点的。1979 年 7 月 15 日，邓小平在黄山提出：黄山是发展旅游的好地方，要有点雄心壮志把黄山的牌子打出去。他还具体"出招"：黄山的茶叶很有名，应该包装起来，做纪念品；安徽的笔墨纸砚也可以赚外汇；黄山风景可以做明信片……发展旅游，基础设施建设很重要。邓小平同志在当地乃至全国农村基本以农林牧副渔为业的情况下提出搞旅游，确实是高瞻远瞩。如果把旅游业与文化产业都认定为内容产业，或者说是审美产业，其共同点都是通过知、情、意去感知对象从而产生审美效应，那么当代中国旅游业的起点为邓小平同志的黄山讲话，其实，当代中国文化产业的起点也在这里。

利用文化的商业价值，是文化体制改革的起点。以是否能够利用文化的商业价值为分水岭：能交给市场的要交给市场，让这部分在市场中发展壮大，抱在怀里的孩子是长不大的；还有"市场失灵"的这部分，虽然它不能产生经济效益，但是关系到公民的基本文化权益、国家文化安全、文物保护和中华优秀文化传承，则由政府承担主体责任，政府主导、社会参与。由此形成了文化产业与文化事业两大分野。它们一个是长江，一个是黄河，构成了新时期文化建设的基本结构和基本生态，这个二维矩阵也规定了今天文化发展的总体流向。

正是由于进行了这样的区分，一个时期以来，通过改革将事业与产业区分开来，根据各自的定位精准施策，政府的归政府，市场的归市场，长江的归长江，黄河的归黄河，文化事业和文化产业分别获得了发展。在文化事业方面，精神文明建设、先进理论建设、文化遗产保护传承、艺术精品工程、公共文化服务体系得到了切实的加强。放入市场的部分，则构建起文化产业体系，涌现出一大批龙头文化企业，中小微企业更是星罗棋布。经过改革，人民群众的基本文化需求和多层次、多方面的文化需求，分别通过文化事业和文化产业得到了一定程度的供给保障。或言之，正是由于锚定了事业与产业的区分，这些年，文化产业万帆竞发、百舸争流，公共文化服务体系也初步建立起自上而下的框架。

改革发展之初，经历过迷惘和探索阶段，经历了创造、选择、定型的过程。但从宏观上看，它是历史的选择。利用文化的商业价值进行这样的改革，是由于在长期的计划经济体制下，所有的文化工作由政府包揽。经过改革，花开两朵，水分两支，采取文化事业和文化产业两分法，使文化生产力在新环境下获得了解放。放在国家大背景下看，这是国家对所有原事业单位进行改革的思路，"在什么山上唱什么歌"，这也是进入社会主义市场经济体制之后的必由之路。

乡村文化建设当然要在这样的轨道上运行，按照文化体制改革思路，坚持事业和产业两手抓：

一是发展乡村文化事业。在市场经济条件下，文化事业是市场失灵的地方，是短板。而短板中的短板，在乡村。而乡村文化事业又是乡村文化的压舱石和稳定器。文化事业发展如何，是政府的直接责任。正因为如此，这些年文化产业蓬勃兴起，但是政府的第一责任仍然是文化事业。2019年在应对金融危机时，国务院出台了《文化产业振兴规划》，《文化产业促进法》的立法工作也开始启动相关研究，很快又考虑到事业和产业的均衡发展，提出要出台《公共文化服务保障法》。接着，《公共文化服务保障法》后来居上，先于《文化产业促进法》出台。文化立法长期处于滞后状态，一个文化方面的法律出台，以前都要经历漫长的过程，《非物质文化遗产法》编制了十二年才出来，《公共图书馆法》也编了十几年，《博物馆条例》出台的时间也很长。这些都是属于文化事业类的，它们在《公共文化服务保障法》前后集中出台，证明了国家的高度重视。而正在征求意见的《文化产业促进法》，也包括了相当成分的文化事业，可见文化事业特别是乡村文化事业的地位之重要。

二是发展乡村文化产业和旅游业。现代意义上的文化产业，其发展晚于城市。此前人们之所以担心发展文化产业会忽略保障公民的基本文化权益，特别是农民的文化权益，是因为当时的文化产业刚刚起步，还不能明显发挥后来才显露出来的"育民、乐民、富民"作用。乡村文化产业的迅猛发展，甚至可以说是异军突起，主要是两方面原因，一是文化产业发展的自身逻辑。由于现代文化产业是现代文化市场的产物，因此最早在城市起步，但它发展到一定程度就会向农村拓展，这是文化生产与消费规律决定的。二是传统文化的复兴。文化产业是内容产业，要发展依托传统文化作为资源的产业，就必然会把目光投向乡村。乡村文化产业开始发力的里程碑事件，是2014年原文化部和财政部联合出台《关于支持特色文化产业发展的指导性意见》，提出要利用地方性或民族性文化资源，通过创意转化科技，提升市场运作形成的产品和服务。在发展文化产业方面，乡村不仅找到了路径，而且找到了其他地方无法取代的竞争优势。乡村旅游的发展，走过的也是乡村文化产业大致的路线。

在当前的乡村文化发展中，要坚持文化体制改革的思路，注意防止两种倾向：

一是要防止固守计划经济思维。改革开放至今虽然已经四十多年，但仍然有不少人还有计划经济的思维惯性。表现在政府部门，就是用"计划"代替规划，分不清哪些工作应该由政府做，哪些工作应该由市场做。这种情况有多种表现，最明显的是越俎代庖，政府包打天下，帮企业做应该由企业做的决策，要求农民在市场中做什么、不做什么。关于有些问题的争论，背后实际上是计划经济思维在"作怪"，比如乡村文化发展要不要规划？当然要规划。中华人民共和国成立以来，国家一直坚持着每五年描绘一个经济社会发展的蓝图，计划经济时期称为"五年计划"，进入社会主义市场经济体制之后，改为"五年规划"，最重要的区别就是改变了计划经济思维。乡村文化发展也要规划先行，就如同种庄稼，讲究"一年之计在于春"，重视"三年早知道"。

计划经济思维还有一种突出表现，就是参与乡村文化建设的企业或创业者，有的认为既然政府这么重视发展乡村文化，有那么多政策和项目支持，在这里干什么都包赚不赔。应该说，无论是文化发展，还是乡村振兴，国家都分别推出了一系列政策和举措，在土地、财政、税收、金融、人才等方面给予明显倾斜，而且随着国力的增强，支持力度也明显加大。当然希望从业者用好用足这些政策，如此才能发挥政策效应。但是，所有的政策、项目，出发点都是促进产业发展，要尊重产业属性，顺应市场规律。企业和创业者作为市场主体，立身之本还是适应市场的能力。直截了当地说，参与乡村文化产业、旅游业，要充分利用相关支持政策、项目，但不能完全指望着它们。当年在城市发展文化产业和旅游业，就有"不找市长找市场"的说法，今天仍然适用于乡村。

二是要避免缺乏产业思维。有人认为，到乡村做文化，就是做情怀，好像有情怀就够了。到乡村做文化确实要靠情怀，很多艺术家、设计师、乡村创客就是冲着这份情怀去的。他们希望在乡村找到艺术创作的灵感，实现自己的艺术抱负。但是，要把情怀、艺术理想和热情转化为可以落地的产品和服务，还需要在研究市场方面下些功夫。艺术思维与产业思维的结合，才是做乡村文化产业和旅游业的安身立命之本。当然，很难要求有艺术天分的人都有产业思维，这需要团队配合，或者是通过其他合作方式来解决。还有人笑言"城里套路深，不如回农村"，农村简单，干就是了。实际上，做市场在哪里都不简单。就市场意识、环境及种种条件而言，乡村可能困难还要多一些。至于有人抱着投机心态，认为这里"人傻钱多速来"，想来这里轻轻松松捞一把就走。有这种想法肯定要栽跟头。

文化体制改革是一个逐步摸索、深化的过程，可以说是九曲回环，也经历过失败。有些改革措施虽然在方向上是正确的，但存在操之过急的问题。在乡村开展文化振兴，要总结以往的得失并从农村实际出发，继续摸索文化体制改革和文化发展规律。

第一，区分事业与产业，防止错配。文化事业与文化产业相区分，这一理论随着时间的推移，可能会出现理论疲劳，有的改革举措似乎偏离了这个轴心。比如，区分事业与产业，关键点就是把握需求，即公民基本文化需求与市场需求。在新的形势下，更要注意坚持需求导向。文化事业方面的需求，主要是公共文化服务方面，全国各地有普遍性，因为公共文化服务保障的是公民的基本文化权益，保基本是其原则。不过，公民的基本文化需求也在变化，经济发达地区公共文化服务水平要高一些，是可以理解的，也是应该的。比如在珠三角、长三角地区，文化馆里的钢琴比其他地方档次要高一些，书报刊数量要多一些。只是希望在这样的地区也要尽可能缩小城乡差距。更重要的是，要加强统筹，加大对欠发达地区，特别是对乡村的支持力度。

这里的需求导向，主要还是针对文化产业、旅游业。无需求，则无市场、无产业。如果说此前各种文化体制改革有过什么教训的话，至少有一条就是忽视了市场需求的关键作用。发展乡村文化产业、旅游业，既要研究宏观上的需求，把握这些需求的趋势和规律，又要关注周边的需求情况，量体裁衣，研究有没有需求，需求来自哪里，是什么样的需求，如何在产品、服务上，在创意、营销上对应这些需求。要特别关注城市文化和旅游的生活方式，这是乡村市场需求的最主要的稳定来源，是投资预期的最可靠的保障，也是乡村文化产业、旅游业升级的动力来源。对于大多数乡村来说，要更关注周边城市的文化、旅游消费需求，包括消费层次、消费类型、人群结构等因素。

第二，事业与产业衔接，防止脱钩。在文化体制改革进程中，在事业转产业的过程中，由于城乡发展不平衡，一些公共服务转为产业，应缓一步；从民族传统传承和国家文化安全出发，一些将乡村文化资源交付市场的措施，应缓一步。不是所有的事业都要转产业，即便是最终要转向产业，也要在条件具备的情况下进行，"放得下"的条件是"接得住"。实践证明，简单粗暴的做法，只会造成公共服务的缺位，造成优秀传统文化资源的断档甚至灭绝。乡村留存的非物质文化遗产，可以通过产业的方式进行传承，也应该进行这方面的尝试，扩大其影响，给农民带来经济效益，但也不可能所有的这种资源都可以进行这样的转化。有的非遗项目其实可以采取转化和不转化两种方式进行传承。可以转化的，也应把非遗传承与文创区分开来，让专业的人做专业的事。

第三，事业与产业互动，防止割裂。事业与产业通过改革加以区分，并非处处都是泾渭分明，有些方面在进行区分后，还可以互生互创。这些年，北京市文化消费季、安徽文化消费月活动，都在这些方面进行了积极的探索并且取得了成效。而且，有些成效在乡村体现得更明显。比如安徽，最突出的是乡村戏曲爱好者有了更多看戏的机会。要特别给予关注的是，如今在乡村出现的一些产业单位，如创客空间、民宿、直播平台等，既是产业空间，又是公共空间。上面千条线，下面一根针，要考虑更多、更充分地发挥这些空间的综合作用。把乡村图书室放在这样的空间，会得到更充分的利用。事实上，在有的乡村民宿、旅游景点，已经有地方图书馆的进驻了。从产业来说，兼具公共空间的功能，聚集了人气，增加了商机；从公共服务来说，可以产生让更多人享有服务的机会。

改革是时代主题，文化体制改革是一场宏大的文化实验。在2018年的政府机构改革中，文化和旅游融合在一起，就是文化体制改革的神来之笔。目前，乡村振兴中的文化振兴，正在倒逼文化体制改革的深化。必须进一步顺应社会主义市场经济体制，顺应当今中国文化与旅游发展的方向和格局，准确把握基层生产生活逻辑和乡村资源配置状况，把重点放在解决满足人民群众美好生活需要的痛点上，把好钢用在乡村的刀刃上，把文化体制改革的高潮放在乡村文化振兴上，就一定会突破体制机制性的诸多障碍。自然，乡村这个历史上的文化创新策源地，也会给正在谋求深化的文化体制改革提供新方案。

二、探索产业规律

当前乡村振兴大潮渐起，做乡村文旅产业，还得有细浪冲沙的定力。

文化、旅游能创造经济效益、成为商品，为什么没有像其他产业那样比较早地得到商业开发？传统意义上的文化产业和旅游业是存在的，但只有在世界进入工业化、产业化时代，进入了市场经济的环境，它们才得以发展起来，成长为让人刮目相看的产业形态。这种在市场意义上早期的"先天不足"，从长远来看，又完全有可能变成某种优势。这样的规律，会影响今天文化产业、旅游业的基本形态，特别是影响乡村文旅产业的基本节律：一般来说，它不是大轰大嗡，体量小、微，但有韧性；平平淡淡如居家过日子，提供的文旅产品就像油盐酱醋调剂了生活味道；文旅产业的很多经营者、管理者也没有老板派头，就像是邻家大哥。乡村文旅产业自身就是一道风景，其调性如山风过耳，不疾不徐，不矜不盈；其节奏如轻快小溪，穿过田间地头和竹树山涧，然后才汇聚成河，流向大海。这也应该是乡村文旅的规律。

乡村文化产业正到了春播的好时节，了解文旅产业的一些规律，至少是目前的一些特点，能够少走弯路。

第一个特点是渐进，不能都求快。文化发展是一个逐步累积的过程，它是在前人的基础上，经过日积月累的创新创造，才有了今天的文化成果。在通常情况下，这是十分缓慢的过程，是路途漫漫的周期，远不像种植农作物，一年一次收成。历史上，当文化创新积累到了从量变到质变的阶段，特别是由于经济社会环境的变化刺激文化演进，就会出现突变，甚至是狂飙突进。但大多数时候，文化的创新创造都是紧贴河床的底部，缓缓地推动着河流前行。它对人发挥作用的过程也是缓慢的，如春风夜雨，润物无声。这是文化发展的普遍规律，太快并不是好事。

这是文化资源积累、文化认识深化、文化心理适应、文化氛围形成等方面的基本节奏，这些又决定了文化发展的基本节奏。近代以来，中国经济社会经历了翻天覆地的变化，在这样的激荡中，文化也发生了历史上少有的急风暴雨般的更新。从五四新文化运动，到战争年代红色根据地的文艺运动，以及白区以鲁迅为代表的文化战士以笔为旗，到中华人民共和国成立后开展的文化建设，高潮迭起。改革开放以来，文化体制改革向纵深推进，公共文化服务初步建构起自上而下的体系，文化产业迅速崛起，旅游业也是如火如荼，整个文化发展进入了快车道。百年来，中国文化发展的节奏和取得的成果，是几千年来少有的，特别是从普通大众享有文化成果的角度来看，应该是这样。但即便如此，稍加分析就会发现，如果说百年来的文化发展是一个破旧立新的过程，那么，相对而言，"破"要快一些，"立"就要慢一些；同样的是"立"的阶段，初起阶段要快一些，后来就要慢一些。

乡村文化发展更是如此。无论从为国内提供文化产品、服务看，还是从文化产业参与国际竞争看，城市走在最前沿，乡村则是大后方。有一个相对稳定的后方，才能蓄积资源，为前方提供源源不断的支持。今天对乡村文化重视，从文化发展格局上说，在很大意义上是对中华文化大后方的重视。发展乡村文化，出发点当然首先是服务农民，丰富农民的精神文化生活，并用产业的方式发挥育民、乐民、富民的作用，而这恰恰同时是在文化大后方为中国文化发展涵养乡村文化建设的主体力量，不断激活并调动起乡村文化资源，与前方互为犄角，形成矩阵，在这样一个急剧变动、大浪淘沙的文化时代，成为当今中国文化持续前行的压舱石和稳定器。

因此，在乡村文化发展上要防止一蹴而就、急于求成的想法。各级领导和相关部门，需要有冷静的头脑，无论是做五年规划还是三年计划，都要客观实际。抓住乡村发展的机遇是必要的，但不要存有大干快上的想法；加大宣传力度、营造乡村文化建设氛围是必要的，但不能失去理智，听一些学者架秧起哄，更不要让这样的人做什么战略、规划。在这样一个高度重视文化的时代，也是一个互联网时代，短期内见效快的项目确实是有的，好的创意让有的乡村文旅项目成为爆款，一夜逆袭成功，但是一般来说，发展乡村文旅产业要有耐心、恒心，扎扎实实地打基础、谋长远。唐代诗人韦应物诗云："微雨众卉新，一雷惊蛰始。田家几日闲，耕种从此始。"做乡村文化，特别是乡村文旅产业，就应该在乡村振兴的一声雷中霍然惊醒，然后按照春播、夏长、秋收、冬藏的规律，踏踏实实地做下去。文化和旅游企业、乡村创客以及进入乡村的艺术家、设计师、建筑师，也要防止赚快钱的急躁情绪，不要有急功近利的想法，更不要有快快赚一把就走的投机心理。

第二个特点是分散，不能都求大。在温饱问题解决之后，人就会转向精神生活。但这种需求，在很多情况下毕竟不同于基本的物质需求，如果有选择，一般也不会将就，不像饿了要吃饭、冷了要穿衣，而且也不会像饿了可以吃同样的饭、冷了可以穿同样的衣。作为内容产业，文化产业主要满足的是个性化需求。人的精神生活需求因人而异，同一个人又因时而异。文化产业区别于公共文化服务在于，公共文化服务是满足公民基本的文化需求，这是公益性的事业，是政府的责任，而文化产业是满足公民多层次多方面的文化需求。这样的需求，一方面决定了文化产业服务范围的广泛性，有人群的地方就会有文化市场，就会有对文化产业的需求；另一方面，这些需求又是多样化多层次的，随时会发生变化。需求的分散性，导致了产业的分散性。

这种分散性决定了文化企业的体量。文化产业确实有一些大型企业，比如影视、出版、娱乐等，这些类型的产业，拥有相对较大的消费群体，会出现一些巨头。互联网企业介入文化产业后，借助于巨大的服务平台，也会迅速成长为大型文化企业乃至巨无霸。但是，文化产业以及旅游业，一般规模都不大，这是重要的行业特征，也是一个世界性的现象。包括文化、旅游装备制造业，尽管我们国家已经有这些类型的企业成长为大企业，甚至成为上市公司，但是与其他行业的装备制造业相比，还是小弟弟。与之相类似的是体育行业的企业，包括体育装备制造业。有些体育企业名头很响、赞助体育赛事也很积极，算得上是著名品牌，但是，与其他行业相比，也算不上大。在"需求分散"导致"产业分散"的情况下，通过整合、调配资源，特别是借助互联网平台，今后完全可以出现更多大型文化、旅游企业，但是仍以产业分散、中小微企业居多，这是这个行业的常态。少量大型企业，建立在大量中小微企业的基座上。

这种分散还决定了大多数文化企业和旅游企业是微利。与文化和旅游企业的体量相关联，文化和旅游企业很难实现规模化、批量化生产，文化产品一般创意成本高，旅游产品往往季节性强，这些又影响到它的成本与效益。有段时间，在理论界有一个关于文化产业特点的表述，说文化产业作为创意产业，具有高风险、高收益的特点。实际上，只是一部分文化产业有这样的特征，主要是影视、出版、娱乐这些行业。而且，即便是这些行业，大多数企业也不大，至于其他众多的文化、旅游企业，可能还是要立足于微利，满足于"小富即安"。

分散的特征在乡村表现得更加明显。广袤无垠的高山大川，星罗棋布的乡村，还有比村落更小的类似于四川"林盘"的农民聚落，是规模化、批量化生产的巨大沟壑，目前除了极少量的大型文化企业，特别是互联网企业，把触须深扎进去，大多数大型企业就有大炮打蚊子的困难，而这恰恰是最适合小微文化、旅游企业生长的地方。它们在文化市场的差异化竞争中，依托乡土优势以及船小好调头的便利，找到自己的安身立命之处。一般而言，城市大型企业进入乡村需要谨慎，特别是做乡村旅游，这些年无论是城市还是乡村，它可以富民，但对当地财政贡献相对较少，如果是大型企业进入，就会遇到盈利的困难。此外，乡村的公共设施基础、市场环境、村民意识等方面的落后，在一个时期内会制约着乡村文化产业、旅游业的发展，稍遇阻力可能就会耽搁下来，由此给大型企业的资金运营、产业运作带来一系列问题，小微企业应对这些矛盾和问题则会从容得多。

第三个特点是内容产业，不能都求易。文化产业、旅游业门类众多，产业链长，带动就业的能力强，其中有些门类、有的环节门槛比较低，比较简单。但相对来说，做文化产业、旅游业比有些行业要难一些，有的看起来很简单，做好却不容易，其中一个重要原因是它们为内容产业，正如写文章，"看似寻常最奇崛，成如容易却艰辛"。这使得文化产业、旅游业的有些公司，开张很快，关张也很快，朝生夕死。内容产业的灵魂是创意，创意的得失决定了项目的价值甚至生死。创意需要灵感，而这种灵感常常如电光石火，刹那间点燃又刹那间熄灭，需要"续之以膏，继之以艾"，也就是抓住稍纵即逝的灵感，并且采取相关手段留住灵感、进一步生发灵感。这是一个讲究IP的时代，做出一个好的IP，产品就成功了一半，而好的创意、好的IP，得之又何其难也。

文化产业要特别注意对风险的掌握。首先是政治风险。产品和服务在内容上要健康、有益，至少是无害的。要充分考虑到中国的基本国情和社情民意，考虑到中华审美传统，不能盲目搬用国外艺术标准和审美标准。标准必须拿捏得死死的。只追求经济效益不讲社会效益，政府不允许，观众不买账，注定不能在市场立足。其次是市场风险。作为内容产业，它需要精准把握消费需求，而文化消费需求最难掌握。有的项目在其他地方很火，换一个地方就做不起来，"橘生淮则为枳"。有的消费需求看起来很旺盛，但等你把相关项目做起来，消费需求又转向了，时尚类项目尤其明显。文化、旅游产品需要在内容、形式、制作、运营等方面精益求精，是真正的好东西。物质类产品质量次一点，打折可以卖出去。文化、旅游产品，次品无论怎么打折，也不会有人光顾。

做好乡村文化产业和旅游业，也不容易。诚然，乡村文旅产业起步比城市要晚一些，有的还没有起步，有的还处于初级阶段。但是，乡村会很快赶上来，等你把初级阶段的产品做出来，很快就落伍了。比如说，做农家乐就比较简单，但很多农家乐正在被乡村民宿所取代。而做乡村民宿，特别是做精品乡村民宿，就不是简单的事。随着文化产业的发展，特别是追求高质量发展，要求也会越来越高，做起来会越来越难，乡村文旅产业终究会迎头赶上。因此，从开始就要未雨绸缪，把项目做在前沿上。另外，外地企业，还有参与乡村建设的艺术家、设计师、建筑师、乡村创客，对乡村文化市场成熟晚、一些村民契约意识甚至法律意识淡薄等，也要有思想准备。处理好与村民的关系，主要靠法律，也要依靠基层组织，还要加强与村民的感情维系，千方百计把自己的利益与村民的利益捆在一起，把自己的企业发展、项目推进与乡村的发展、村民的获得感捆在一起。

渐进、分散、多风险三方面相互联系，就是因为它是精神产品，起决定作用的是文化的特性和人的特性，与人性、人的文化修养和审美取向息息相关。文旅产业贡献的是文化产品，实际上人也是文化的产品，人创造文化，同时被文化塑造，人是文化的载体，文化是人的符号。文化的稳定性与变异性、普遍性与差异性、自主性与归属性，决定了人的本质，决定了文化的常态，也决定了文化产业、旅游业的特性。从市场的角度看，固然要追求做快、做大、做稳，但从文化的角度看，做慢一点，做小一点，做灵活一点，未尝不是一件好事，或者说更符合文化的本质。马克思在《共产党宣言》中说："资产阶级在它的不到一百年的阶级统治中所创造的生产力，比过去一切世代创造的全部生产力还要多，还要大。"不同的生产力带来不同的文化结果，马克思也认为这是人类文明的进步。但是，马克思揭露和批判了资本主义的本质和罪恶，其中就有文化上的立场，他认为，在资本主义时代，科学和知识不仅与大众生活相分离，而且与大众语言和日常生活语言相分离，导致了人的异化和文化的危机。因此，乡村文旅产业不排斥多种发展的可能性，不排斥做快、做大、做稳，从方向上看，做慢、做细、做活看起来是不得已而为之，但恰恰是自己的优势所在。如果坚持这样的优势，乡村文旅产业作为中国文化产业和旅游业的乡村实践，将会产生积极的影响和更多的文化收益。

由此出发，可以说渐进、分散、多风险，一方面是文化产业和旅游业，特别是乡村文旅产业的不足，从另一方面看，处理得好，又未尝不是长处。具体说，有三长：

一是重在长效。乡村振兴是一项长期的历史任务，乡村文化振兴也是如此。这种长期性判断，是基于乡村的现实条件，必须坚持量力而行，尽力而为，实事求是，踏踏实实，一步一个脚印地往前走。离开这样的社会环境，离开乡村振兴的整体格局，离开乡村产业的发展系统，让文游产业拿出快马加鞭、一骑绝尘的姿态是不可能的，也是不可取的。乡村振兴，文化先行，主要还是指文化的精神动力和智力支撑作用，而不是乡村文旅产业。产业回报、经济机会，乡村文旅产业在这些方面与其他产业是一样的。不能存有脱离实际的理想主义思维。如果说进入乡村的企业家要警惕这种思维，容易产生创作冲动的文化艺术工作者更要慎之又慎。

乡村文旅产业要变不利为有利，不要去做"文化快餐"，要追求可持续性，像小河淌水，潺潺流动，源源不竭。这就需要乡村文旅产业把根深深地扎在乡村。乡村文旅产业刚刚起步，但文化艺术工作者进入乡村，则有长期的经验，可以从中得到借鉴。比如，坚持为农民服务的出发点，把自己的发展与乡村发展结合在一起，把企业的利益与村民的利益结合在一起，与农民同呼吸、共命运，形成共同的情感纽带。虚心向农民学习，像认识亲人一样认识农民。要了解乡村，首先要了解农民，通过活生生的人，了解这方水土、这方文化，毕竟人才是文化的主体。要善于发现村民身上闪光的东西，有可能这就是乡村文旅项目的闪光点。要熟悉乡土文化，挖掘乡村文化资源，特别是非物质文化遗产，发现乡村特色，并且把它与时代文化结合在一起，就像抗战时期革命根据地的文艺工作者深入乡村，把乡村艺术与红色文化结合起来，创造出迄今仍然脍炙人口的经典作品。

二是重在长尾。2004年，《连线》的总编辑克里斯·安德森提出长尾效应，意指原来不受重视的销量小但种类多的产品和服务，由于总量巨大，累积起来的总收益超过主流产品的现象。他的这一观点，相当程度上是得到了文化产品特征的支撑。因此，他特别指出，商业和文化的未来不在热门产品，不在传统需求曲线的头部，而在于需求曲线中那条无穷长的尾巴。他还举例说，在互联网的音乐与歌曲、新书乃至旧书等的销售中，尽管单项的热门制品畅销，高居营业额的前列，但由于仓储的无限和联邦快递的存在，使得那些看上去不太热门的制品也在创造着出乎意料的营业额，竟然成为这些新媒体销售收入的主要部分。长尾理论被广泛运用于观察市场中企业市场策略的研究上。

关于城市文化产业的长尾效应，克里斯·安德森已经说得很充分了。而乡村文化产业，还有旅游业，有可能缺少辉煌的头部曲线，但却可以有很长的需求尾巴。乡村有着丰沛的文化资源，吸引着众多层面消费人群的乡土情结，也刺激着文学艺术家、各类文创企业、乡村创客的创作灵感和创造激情，乡村文化在提供新的文化产品和服务方面，有着无限的可能性和突出的产业优势。身边守着丰富的乡土文化"仓储"，借助于互联网平台和大数据技术，乡村文旅产业将把长尾效应展示得淋漓尽致。

三是重在长链。产业链长，是文化产业，也是旅游业的显著特征。以主打产品为龙头，可以形成上下联动、左右衔接、一次性投入、多次产出的经济循环链条。除了文旅产业自身的垂直链带在不断延伸外，与相关行业的融合也拓展了文化产业和旅游业的链条。一个时期以来，文化创意和设计服务加快与相关产业的融合，特别是按照国务院《关于推动文化创意和设计服务与相关产业融合发展的意见》，加大与消费工业、装备制造业、建筑业、信息业、旅游业、文化体育业、特色农业的融合。如果说文化产业主要是在产业领域加大融合，以此实现对人民群众文化生活的影响，那么，旅游业则是凭借其"吃住行游购娱"等要素，在生活的场景中实现更广泛的融合。文化产业和旅游业向生产、生活领域的拓展，就是其产业环节的进一步延伸。

乡村文旅的产业链，以往明显弱于城市。主要是因为它对资源的依赖性强，市场基础弱，科技含量低，但是在新的形势下，特别是在中华文化回归中国社会大众，乡村振兴方兴未艾，经过文旅融合，乡村文化产业和旅游业展现出新的融合能力和产业带动能力。纵向看，在城乡统筹中，在区域联动中，在两个循环中，乡村文旅产业由于与城市乃至更大范围的文化产业、文化市场、公共文化服务的密切关联，突破了以往乡村文旅产业的狭小范围，产业关联也由此进一步拉长。更重要的是，从横向看，乡村文旅产业与同在乡村的其他产业在同一场景中实现互动和融合，或者是紧随其他产业，在为其他产业赋能的同时发展自己，或者是以自己的产业之力带动其他产业，在有些以文化产业和旅游业为主打的乡村，甚至出现全村"整建制"投入某个文旅项目，所有村民都在吃文旅饭，产业链不仅长，而且黏合性和带动力强，将众多甚至所有产业吸附在自身周围，在这样的乡村，是参与度最高的"全民办旅游"。

文化产业总是在自己的产品中塑造英雄、制造偶像，常常置身于超凡成就、浪漫人生的氛围中，但不能把自己当成了英雄或偶像。文化和旅游企业，格局要大，视野要宽，要不断拓宽业务的外延和摸高上限，但要走出通过这个行业暴富的个人野心和集体幻想。在乡村做文旅，脚下是沃土，眼前是绿叶，要用心血和汗水一天天耕耘，才能种瓜得瓜，种豆得豆。

三、应对突出矛盾

乡村文旅尚处于草创阶段，需要处理好以下三个突出矛盾：

第一，提高档次与防止奢华。

要防止的一种倾向是，把简陋粗放视为理所当然。有些人认为乡村落后于城市，在产品和服务上就可以简单对付，把粗制滥造混同于质朴，把脏乱差混同于本色，以保留原汁原味为由拒绝创意，不在精细化上下功夫，更不在丰富项目内容、开发产品潜力上费精力。有的农家乐，十几年一贯制：采摘与吃饭，更多的只是吃饭。有的地方依托景区办农家乐，一个县就有一千多家，成街成片，漫山遍野，但没有一家可以"让远方的客人留下来"。

要防止的另一种倾向是，一味地追求高大上，把高价位等同于高品质，"越贵越高级"。这不符合当今中国国情，与勤俭持家的千年乡风更是格格不入。乡村文旅产品当然要适应消费者不同档次的需求，价位也要遵循市场规律，随行就市，"在什么山上唱什么歌"。一些地方的民宿，价钱越贵越有人住，这种情况值得研究，不能一概而论，但就大部分地方而言，乡村文化产业和旅游业终归是乡村振兴特别是乡村文化振兴的一部分，有精神引导作用，有育民、乐民、富民的责任，能带动大家共同致富，如果绝缘于周边村民的生产生活，甚至与周边世界冰火两重天，造成对乡土文化的入侵、对文化生态的污染——还有可能与乡村自然生态的不和谐，这恐怕不是真正怀有乡愁的人愿意看到的。

在提高档次与防止奢华这对矛盾中，提高档次是目前矛盾的主要方面。产品要尽可能做好一点，比如农家菜，"菜是自家种的，鸡是满地跑的，蛋是笨鸡生的"当然好，至少应该体现乡村的优势：绿色、健康。游客至此，为的是呼吸新鲜空气、吃新鲜食品。服务也要尽可能周到些、仔细些，卫生要做得更好一些。要顺应整个社会消费愿望和能力增强的趋势，根据不同区域消费者特别是周边城市居民的消费水平和游客结构，确定合理价位。乡村居民也开始旅游了，特别是苏浙沪地区已经先动起来，对他们的消费特点和规律要精准把握，让消费物有所值，体现最好的性价比。

要在大众化基础上细分市场，保障服务的多元化，尽可能满足多层次的需求。对于乡村文化产业和旅游业中提供高档产品的企业，只要合法经营，当然要一视同仁地做好服务，但要加强引导，鼓励在产品的艺术性和创意水平上提升档次以及相应的价位，在物质消费上戒奢华、反浪费。乡村民宿要改变"贵便是好"的经营理念，反对攀洋炫富。在支持乡村振兴和发展乡村文旅产业的项目中，应向大众化项目倾斜，体现应有的导向。在防止文化垃圾下乡的同时，要防止城市高档会所下乡，对在民宿中夜晚举办娱乐活动出现扰民行为要有所约束。不主张国家机关、事业单位、国有企业、学校在高价位民宿搞"团建""研学"。

第二，实现标准化与防止同质化。

要防止的一种倾向是，不使用标准。不知道标准是何物，但更多的是对标准有误解。你要说标准，一连串问题就来了：文化、旅游就是玩，玩还有标准吗？有标准还好玩吗？特别是艺术，人人有自己的理解和发挥，怎么标准化？标准有那么多制定单位，有国际标准、国家标准、地方标准、行业标准、团体标准，有的企业也把标准拿出来，是不是有点乱？标准除了涉及人的生命财产安全的，基本是推荐性的，没有强制性的，何必给自己套个限制的框子？有这些误解，当然不会用标准。

要防止的另一种倾向是，跟风模仿。"王小二过年看隔壁"，没有各个乡村的特点，更没有经营者自己的个性。乡村文旅打的就是特色牌，但现在普遍的情况是缺少特色，没有个性。缺少特色的关键是没有创意。特色摆在那里，还需要创意来转化、呈现，有了创意，就能村村有特色、家家有新意。做乡村文旅就是说"乡村故事"，故事不一样，说故事的人不一样，听起来才有意思。

标准是质量强国的抓手，是行业的指南、导引，标准里有经过重复实践、验证摸索出的规律。按照标准做，可以少走弯路、绕开经营中的"坑"。在文旅产业中，标准的作用越来越明显，一些做得好的企业，已经把它视为轻资产、软实力。要改变目前文旅行业普遍存在的标准意识不强的问题，政府、协会加大标准的宣贯、培训、执行力度，把发挥标准作用当作加强服务的工具，用好用足。

落实标准难，形成特色更难。实际上，在乡村文旅产业的相关标准中，都把特色化作为一项重要指标。首先要有乡村的特色，其次有乡村各自的特色，最后有不同企业、艺术家、设计师、建筑师、创客的个性。从长远看，只要乡村文化产业和旅游业发展起来了，差异化竞争的态势自然会形成，只不过从业者醒悟得越早越好。

第三，促进品牌化与防止固化。

要防止的一种倾向是，不重视品牌。做市场，就要努力做品牌。现在流行的IP，确实很重要。实际上，它的来源之一就是品牌，特别是一些百年老店。但是，它不等同于品牌。IP是产品和服务的核心要素，品牌则是产品和服务的形象和持续影响力。在互联网时代，凭借好的IP成为爆款的案例比比皆是，但是来得快去得也快，以顶流明星或网红为IP尤其如此。品牌则是在市场中经过日积月累形成的，消费者的忠诚度也是在一路风雨中形成的，因此更稳定，也更能保证企业发展的可持续性。品牌没有过时，不重视品牌，说透了就是不愿意做好日常的坚守。

要防止的另一种倾向是不愿创新。坚守品牌不等于不创新。文创以"创"为生命，更要不断创新。乡村文化产业和旅游业身处基层，身边就是村民，脚下就是土地，而且大多是小微企业，船小好调头，创新的阻力要少得多，但现在普遍创新不够，包括内容、模式、业态的创新，主要还是创新意识不强，创新能力需要提高。

做一个好品牌，就从做一个好口碑开始。这样的口碑来自产品的实惠，也来自产品的独到之处，文化产品尤其如此。乡村文旅做品牌，凭借乡村自然和文化的加持，吸引城市居民并建立信任度，有先天优势。如能接续乡土特色进而转化为产品和服务的特色，更易于形成具有辨识度的形象和标识。不能要求每个乡村文旅项目都立马成为一个品牌，这等于要人一口吃成胖子，但从业者应该有这个目标，哪怕是一个"小目标"。不一定都要有令世人惊艳的品牌，在某个区域或周边十里八乡立得住，就有了看家法宝——从前的非遗就是这种"压箱底的传家宝"，不就是这么做成的吗？千百年来，不同的乡村在生产、生活、生态之中，创造出了独具风采的乡土文化，造就了今天的非物质文化遗产，现在需要利用现代市场机制和产业条件，按照文化规律和旅游路径，打造出自己的品牌。近些年来，农业部门开展"一村一品"工作，推动农耕养殖的特色化、品牌化。从理论上说，文旅上的"一村一品"更应该做到，否则"树犹如此，人何以堪"！

品牌的打造过程，就是持续创新的过程。在哪些方面创新，是权衡之后的选择，但不能不创新。除了内容创新，要特别关注文旅市场的变化和科技的发展应用，结合乡村实际走出自己的路子。内容创新要有想象力，市场开拓和经营模式的创新也要有想象力。乡村文旅是综合性的创新创业，需要复合性的人才，或者复合性的团队。以什么样的方式组成这样的团队，在机制上就是创新的。总之，游客想要的"乡村味道"，别人嚼过的馒头不是，"一招鲜吃遍天"才是。

四、加强政策驱动

政策驱动与市场驱动，是任何一个新兴行业发展都需要的力量，只是力度、方式的差异而已。由于重视程度不同、市场基础不同、发展阶段不同等因素，表现在政策驱动上有强弱、显隐、直曲之分，但两种力量所拧成的一股绳，始终是在维系和拉动产业的发展。文化产业发展同样需要这两种驱动力，两极运动，成为行业发展的孵化器。文化产业是典型的可塑性行业，政策作用至为关键。有政策的信念才有市场的信念，有政策的灵活才有市场的灵活，有政策的创新才有市场的创新。而当前，乡村文旅产业的电路板上，最需要政策导线。

从全球看，文化产业都受到政策的特殊支持，因为它是污染小、能耗低、产业链长、带动就业创业能力强的绿色产业，是可以创造巨大财富的朝阳产业，而且，作为内容产业，对保护和发展民族文化、增强国家文化软实力具有重要意义。不少国家特别是发达国家采取了"文化立国"的方略，给予文化产业强力支持。美国将文化产业定位为内容产业，从知识产权保护方面支持文化产业发展，制定了严密的知识产业保护体系。在直接支持文化产业发展方面，我国与日本、韩国等国一样，采取了一系列措施推动发展，属于"政策驱动型"。作为"新物种"，在走向未知、走向不确定性的时候，政策就是引领前行的风向标；在关山迢迢、荆棘丛丛的路上，政策就是闯关夺隘、披荆斩棘的利斧。

政策驱动和市场驱动，两种力量的消长曲线，是文旅产业的温度计。迄今为止，我国的文化产业始终是在政策驱动与市场驱动的交织中发展。大致线索，先是市场驱动"自发"产生作用：在改革开放之初，经济体制改革走在前面，文化体制改革尚未启动。但即便是在这样的情况下，文化领域还是在市场驱动下出现产业萌芽，在旧体制裂缝下凿出了最早的一抹光亮。我国现代意义上的文化市场，一般公认为起点是1979年在广州东方宾馆出现的音乐茶座。紧随东方宾馆，在广州其他一些宾馆也相继出现了音乐茶座，演艺娱乐业破土而出。20世纪80年代初，越来越多的地方举办歌舞厅，最初是为了丰富单位内部职工文化生活，后来渐渐开始对外卖票，越出了自娱自乐的边界，进入经营的实质性阶段。到了1987年，当时的文化部、公安部、国家工商管理总局联合发布《关于改进舞会管理的通知》，这是在营业性舞会等文化娱乐业活动已经开展几年后，以加强管理的方式给予正式认可。第二年，原文化部与国家工商总局又联合发布了《关于加强文化市场管理的通知》，"文化市场"的概念得到了政府部门的认可。再后一年，也就是1989年，原文化部成立文化市场管理局，文化市场管理进入规范阶段。每每回忆这段历史，我们总是对当时的主管部门心生敬意：在音乐茶座、歌舞厅开展营业性活动之初，找不到法规依据，但认识到这是社会的一种需求，因而不急于去干预，更没有一棒子打死，直到具备条件需要给予规范时才出面，也就是在政府、政策该出现的时候出现了。而此前一个阶段的"政策默许"，实际上可以看作是非常难得的政策驱动。因为尽管先有市场后有监管是普遍的现象，但考虑到长期以来对歌舞厅等娱乐业"灯红酒绿"的印象，这就具有不同寻常的意义。文化市场管理部门成立之初，形成了"一手抓繁荣，一手抓管理"，这个思路到现在也没有改变。繁荣放在首位，管理是为了繁荣，这应该是管理者的基本出发点。1994年，原文化部在政府机构改革大幅度合并机构、裁减人员的情况下，增设了文化产业司，是文化产业发展的标志性事件，自上而下的文化产业部门，作为政策驱动的主导者出场。

显而易见，在建立社会主义市场经济体制这个大的政策背景下，文化产业政策从发现精神产品经济属性的层面横切而出，才有了今天文化产业的宏大叙事。文化产业发展需要政策驱动，需要政策为自己写下底层代码和顶层设计。在以下三种情况下，这种作用表现得更为突出，这也是今天发展乡村文旅产业可以参考的：

一是初期阶段更需要政策支持。中国和韩国差不多同时对文化产业有所认识，但是韩国较早就有了成效。为什么差不多同时认识到文化产业是有希望的新兴产业，但是韩国却走到前面去了？原文化部曾连续派出考察团到韩国考察，重点就是借鉴产业政策，包括后来启动促进文化产业发展的相关法律。当时学习参考的对象不止韩国一个，一些我国驻外使领馆的文化官员也对所在国的文化产业政策展开过研究。当然，主要还是从我国实际出发，在深化文化体制改革的过程中，根据产业发展的需要程度，出台了一系列政策，为我国的文化产业破土而出，并迅速长成大树奠定了基础。在这样的阶段，乡村文化产业也较早进入了政策支持视野，发挥乡村文化育民、乐民、富民的作用，促进了对乡村文化产业属性的启蒙和利用。

纵向来看，在文化产业起步之初，乡村文化产业就进入了视野，并在政策层面给予了越来越多的关注，支持的力度在加大，手段也更多，但是总体上，乡村文化产业迄今还处于初级阶段。作为现代产业，文化产业在城市先行获得发展，然后带动乡村文化产业发展，符合产业规律和市场规律。但从实践效果看，到目前为止，城市文化产业对乡村文化产业的带动并不明显，对乡村文化产业形成带动的是城市文化消费，而不是城市文化产业。乡村文化产业的内生机制和内在动力还需要进一步唤醒，队伍还很弱小、分散，模式简单而且不成熟，整体水平尚处于"早春二月"。在这样的时候，特别需要扶上马送一程，采取一些稳定性的政策或过渡性的政策，对乡村文旅产业予以引导、培植、保护和足够的倾斜，如此，方能使这一产业由后进的劣势，转为后发优势。

二是欠发达地区更需要政策支持。二十多年前文化产业初起阶段，西部地区觉醒较早，西部地区出现了几位在理论上比较活跃的学者和省市领导，在全国早期的文化产业典型案例中，有不少来自西部地区。但是，由于基础条件的限制，这些地区总体上可以说是"起个大早，赶了晚集"，逐渐被发达地区超越。近几年，西部地区依靠特色，风头劲健，有多方面的原因，其中包括国家区域统筹的政策推力。长期以来，在国家几乎所有层面的文化产业发展规划、政策、项目中，区域统筹是题中应有之义，而乡村也是其中的重点内容。《文化部"十二五"时期文化产业倍增计划》就提出，鼓励东中西部地区根据资源禀赋和功能定位，发挥各自优势，依托大型城市和城市群建设文化产业带，支持中小城市和农村发展特色文化产业群，形成区域、城乡文化产业协调发展格局。这一思路仍然没有过时。

横向来看，乡村是欠发达地区里的"欠发达"，乡村振兴就是为解决包括文化在内的各方面发展滞后而启动的。没有乡村文旅产业的发展，就没有中国文旅产业的协调发展。党中央把当今中国社会的基本矛盾确定为人民群众日益增长的美好生活需要和不平衡不充分的发展之间的矛盾，具体到文旅产业，就是乡村发展的不平衡与不充分。它不仅事关乡村自身的发展，事关村民的文化福利，而且影响到当今中国文化产业和文化市场发展的整体性与可持续性。目前，国家加快构建以国内大循环为主体、国内国际双循环相互促进的新发展格局，在这样的背景下，解决乡村文旅产业发展不平衡与不充分问题更加突出。

三是特殊时期更需要政策支持。2009年，为了应对亚洲金融危机，国家按起初的计划出台了十个《振兴规划》，分别涉及钢铁、汽车、船舶、石化、纺织、轻工、有色金属、装备制造、电子信息以及物流十大重点行业。我们中国人喜欢"十"字，所以大家都以为这个组合拳就是这十个招式。但是，国务院又出台了《文化产业振兴规划》，被称为"10+1规划"。这一不同寻常的措施，向社会释放了重视发展文化产业的强烈信号，是迄今仍然堪称"王炸"的重磅政策。紧接着，又出台了《文化部关于加快文化产业发展的指导性意见》《关于金融支持文化产业振兴和发展繁荣的意见》《文化部"十二五"时期文化产业倍增计划》等，火力全开，成为文化产业迅速崛起的强劲推力，也创造了化"危"为"机"的经典案例。2020年新冠肺炎病毒突然出现，给文化产业和旅游业造成重大损失，不少企业陷入困顿之中，文化和旅游部又出台了相关政策，特别是根据国务院《企事业单位复工复产疫情防控措施指南》出台的《旅游景区恢复开放疫情防控措施指南》等一系列"指南"，为刺激文化产业特别是旅游业的复苏，发挥了明显作用。而在这一特殊时期，特别是在跨区域旅游困难的情况下，旅游文化和旅游部门此前就已经开始推动的周边游、乡村游，成为这一时期以来最早迎来生机的文旅业态。

历史上的每一次灾难都使人类向死而生，唤醒的人生命意识、生存意识、生活意识，人们更加珍爱生命、珍爱生活、珍爱自然。因此，每次大的灾难都成为文化和旅游发展的新起点。这次的病毒已经让世界付出了沉重的代价，作为一种代偿效应，有关生命哲学、生活美学方面的课题进一步回归，强化了一个时期以来中国社会对美好生活的需求、对审美活动的渴望，也由此给今天的文旅产业发展带来了新的机遇。千百年来一直庇护我们中国人的乡村，让我们又一次在它的温暖怀抱里，体会到生命、生活、自然的美好。我们应该以积极的审美心态，在政策上予以推动，从而进一步唤醒和强化这样的心态，使之成为一种有利于社会进步、文化发展、人民幸福的社会心理和大众潮流，也成为有利于文旅发展特别是乡村文旅产业发展的新的趋势。

在乡村振兴中，需要在文旅产业发展上持续发力，扩大战果并且形成长远效应：

一是巩固脱贫攻坚成果。在完成脱贫攻坚任务的过程中，乡村特色文化产业和特色旅游崭露头角，而且在很多情况下，越是贫困地区，发展乡村文旅的条件越好，成为重要支撑甚至是不二选择。特别是在脱贫攻坚进入冲刺阶段的最后两年，正值文化和旅游融合，显示出更强的产业能力，一些贫困地区或贫困户因此而一举脱贫，乡村文旅也因此而一战成名。在新形势下，建立健全防止返贫的长效机制，推进脱贫攻坚与乡村振兴的有效衔接，仍是一项长期的任务，乡村文旅产业也应继续绷紧这根弦，继续开展和加强相关工作，防止断链。否则，不仅依靠文旅脱贫的贫困村和贫困户会返贫，而且好不容易起步的乡村文旅产业也会功亏一篑。为了实现从脱贫攻坚到乡村振兴的平稳衔接，国家要求对摆脱贫困的县，从脱贫之日起设立五年过渡期，期间不摘责任、不摘政策、不摘帮扶、不摘监管，帮扶力量保持总体平稳。这当然也是对参与扶贫的文旅行业的要求。

有的地方依靠大型文化企业、旅游企业发展起来乡村文旅产业，在完成脱贫攻坚任务后，已经把项目移交给地方或乡村自身。要防止人走政息，防止帮扶的企业走了，乡村文旅的业态也垮了，应该有相应的机制保证这样的项目继续运转，并且越办越好。要持续帮助乡村做好产品、对接资源、开拓市场、创新模式，特别要在培养地方人才、乡村人才上下功夫。万事开头难，应该一鼓作气，帮助到底，让乡村文旅产业在当地生根开花。这种情况，当然需要给予更多、更有力度的政策支持。

二是整体推进乡村文化振兴。在脱贫攻坚基础上推进的乡村振兴，任务范围从贫困地区、贫困人口扩大到所有农村、所有农民。如果说脱贫攻坚具有特殊性、局部性、阶段性的特点，乡村振兴则具有整体性、渐进性、持续性的特点。乡村文化振兴，一方面在脱贫攻坚的基础上乘势而上，一方面与各地长期开展的乡村建设汇合，形成波澜壮阔、席卷全国的乡村文化建设洪流。将按照《中华人民共和国乡村振兴促进法》中关于"文化振兴"的要求，明确计划，逐项完成任务。其中，关于发展乡村文旅产业也提出了相关要求。各地文旅产业将在乡村文化振兴的统一目标下，形成自己的规划，提出自己的任务，充分发挥各自的优势，特别是凭借特色资源和文化创意，形成自己的品牌，成为全国乡村百花园中具有独特风采的一朵。

还应该看到，脱贫攻坚的"贫"主要指经济上的贫困，如果在文化上看，这个"贫"的范围就要大多了，甚至可以说，相当多的乡村在文化生活上仍处于贫乏状态。这些地方乡风文明建设严重滞后，文化设施短缺，有的建起来也没有发挥作用，而且损坏严重。在城市化进程中，一些乡村成为空壳村，留守的老人、孩子没有文化生活。所以，在全国性的乡村振兴中，一定要先解决好文化上的贫困问题。过去在乡村经济上没有脱贫的时候我们就常讲既要"富口袋"也要"富脑袋"，如今在越来越多的地方解决了温饱问题但没有文化生活，还要讲这句话，只是针对性不一样。这些思路，都应该体现在政策引导上。

三是系统推进乡村文旅发展。要在乡村振兴的系统工作中找准位置，有所作为，发挥文化的基础性作用，为产业振兴、人才振兴、生态振兴、组织振兴全面赋能。这是一个文化自觉的时代，在今天的中国，文化自信有着深厚的社会基础，只要能找到文化的契合点，以及与文化相向而行的相关领域，总能与积极介入的文化一拍即合。特别要关注和利用为促进乡村振兴而出台的相关政策，虽然不是针对文化和旅游领域，但对于文化和旅游工作十分重要，应该把它们引进来，用好用足。要按照中共中央、国务院关于乡村文化工作的部署，按照《中华人民共和国乡村振兴促进法》关于文化振兴提出的目标任务，形成有规划、有目标、有步骤的政策体系。中华人民共和国成立以来，围绕乡村文化建设的目标、任务越来越多、越来越具体，思路与方法也在与时俱进，在《中华人民共和国乡村振兴促进法》中，关于乡村文化工作和旅游工作，就提出了乡村精神文明、公共文化服务体系、优秀文化保护与传承、艺术创作、文化产业、旅游业，等等。这些方面既各有分工，又相互联系，但不能各自为政，应该相互搭台、相互借力。

要跳出乡村看乡村文化、促进乡村文化。这是把乡村文化建设的战场引向纵深。统筹城乡发展、推动城乡融合发展是国家实施多年的发展战略，以城带乡，既是立足现实的选择，又符合文化发展规律。文化和旅游融合，为文化上的城乡融合发展提供了新的机遇。应该加强相关方面的研究，在实践上积极探索，特别要关注文化和旅游融合后在体制、公共服务平台、产业发展等方面的变化，顺时而变，勇于创新。还要看到中华优秀传统文化回归，唤醒乡愁情结，在很大程度上消除了城市与乡村之间文化理念的对峙，特别是改变了城市对于乡村居高临下的态度，这一观念上的变化，将为促进城乡文化融合发展创造前所未有的条件。加强城乡联动，将造福于乡村，也将造福于城市。另外，可以预见，乡村振兴已经成为社会高度关注的热点，各方力量参与踊跃，甚至呈现出举国发力的态势。乡村文化成为更多政府部门谋划工作的自觉维度，这将把乡村文化振兴引向更广阔的空间。

从目前乡村文化实际出发，必须加大政策驱动力。但应切记，乡村文旅属于产业，归于市场，市场驱动力才是最后的动力。因此，从一开始我们就必须明白，乡村文旅发展应持之以恒地发挥政策驱动与市场驱动两种力量，这个"二人转"唱好了，乡村文旅产业才有戏。因此，应坚持以下几个方面的原则：

一是增强市场理念。无论是在哪个阶段，都必须分清政府与市场的各自职能，政府不能越俎代庖。比如，哪怕政府部门或基层组织特别看好乡村民宿，也只能做政府能做的事，加强规划引导，做好相关服务，而不是直接去办乡村民宿，也不是直接介入民宿的经营管理。在加强政策驱动力时，要始终把培育市场驱动力作为最终指向。在市场驱动力形成后，尽可能发挥市场机制的作用。只有市场驱动力发挥主导作用，乡村文旅才是走上了可持续发展的道路。

二是加强市场研究。虽然政府与市场各有分工，但是政府部门出台的每一个促进乡村文旅产业的政策，或乡村基层组织采取的每一个促进本地文旅产业的措施，都应该认真研究相关市场。既要宏观研究文旅产业发展的趋势与规律，又要仔细解剖本地区乡村的市场环境、基础和种种条件。在此基础上，准确把握政策驱动与市场驱动各自的分寸，把握两种驱动在不同乡村、不同阶段的各自发力点和二者结合点。

三是强化市场驱动。要把发挥市场机制的作用作为制定政策的一种初心，或者说是最终指向。比如制定市场规划，采取有效措施，促进本土文旅产业发展；培育市场主体，扶持乡村文旅企业，发现、培养乡村本土的文旅能人，支持来乡村发展的外来企业，还有艺术家、设计师、青年创客，引导和帮助村民进入文旅产业的就业、创业链条；加强市场服务，特别是做好基础设施服务、信息服务，推动成立文旅产业合作社，增强应对市场的能力；营造市场环境，放水养鱼，筑巢引凤，让文旅企业或其他市场来得了，留得住。

政策驱动和市场驱动，乡村文旅产业只有借助这两个车轮，才能抵达适宜自己成长的乐土家园。要进一步加大政策支持力度，让政策驱动邀市场驱动起舞，用政策之炬点燃市场之火。目前，市场很关注政策，而政策与市场尚有距离。政策与市场应该相互倾听、相互尊重。这就需要深化文化体制改革，改革才是破题的新密钥，以此强化政策的驱动力和有效性，并让市场驱动对政策驱动做出积极合理的反应。只有形成这样的促进机制，才能为乡村文旅产业提供理想的发展机会，充分释放乡村文旅产业的要素价值，并成为中国文化产业和旅游业的新标本。

第八章　中国乡创的文化传承与审美期待

一、中华文化从乡村再出发

乡村文化是中国传统文化复兴的试金石，也是文化强国的基石。如果说欧洲文艺复兴的发源地在小镇，当代中国的文艺复兴基地则是乡村。中国的文化复兴当然离不开城市这个主战场，但乡村将是它开辟的另一个主战场。城市更新与乡村振兴，构成了当代中国文化的辉煌交响。就如同城市文化会以合适的方式进入乡村一样，乡村文化也会在城市继续酝酿、发酵。在这样的双向交流中，怀有乡土情结、向往叶落归根的中国人，更倾向于选择把城市文化场景变成对乡村环境的模拟，把城市艺术的旋律变成对乡村艺术的回响。乡村振兴大幕已经开启，乡村已经从边缘走到国家经济社会发展的中央，乡村农业和乡村文化也将在举世瞩目中同时得到精耕细作，成为中国未来发展解决方案中浓墨重彩的一笔。从文化演进看，乡村既是当前发展的短板，又是未来发展的洼地，中华文化的复兴，将定格在它的返乡之旅与再出发征程中。

近代以来，中国的乡村文化经历了从式微到重振、从至暗到光明的曲折跌宕。乡村文化的兴衰与传统中国的兴衰具有同步性。发生在这片古老大地上的一个又一个乡村故事，组成了百年中国触底反弹、由积贫积弱走向复兴的宏大叙事。崇尚家国一体的中国人，找到了寻根与强国的融合之路。在自己的文化母体中，获得了温暖自己、反哺乡村、建设国家的力量。

有乡村自信才有我们中国人真正的文化自信。清王朝晚期，西方的坚船利炮打开了中国的大门，也摧毁了中国人的文化自信。一些知识分子，从最初认为器不如人，进而认为制度不如人，再进而认为文化不如人，从根本上丧失了文化自信，比如胡适提出："我们必须承认我们自己百事不如人，不但物质机械上不如人，不但政治制度不如人，并且道德不如人，知识不如人，文学不如人，音乐不如人，艺术不如人，身体不如人。"他还提出"不要怕丧失我们自己的民族文化"，这种激进的观点在当时有可以理解之处，甚至有打破封闭僵化的进步作用，但历史局限性也十分突出。在强势的西方文化面前，我们的文化自信已经荡然无存。而当时中华文化的主体是乡村文化。

鸦片战争后，中国乡村与中国传统文化同步跌入谷底，鲁迅、巴金、茅盾、老舍等一批现实主义作家的作品，都反映了当时乡村衰败和文化沉沦之间的深刻关联。即便是政治上比较超脱的沈从文，也在他的小说里反映了所谓现代文明对乡村的入侵，汪曾祺评价他的《边城》："反映了这个民族过去伟大处与目前坠落处。"早在20世纪二三十年代，处于社会剧烈变动中的陶行知、晏阳初、梁漱溟等知识分子，还有实业家卢作孚等人，已经认识到当时中国文化的衰微与农业凋敝的内在联系，并且在乡村开展实验，希望同步实现中国的乡村振兴和文化复兴。陶行知自述在乡村办学的目的是"乡村学校做改造乡村生活的中心，乡村教师做改造乡村的灵魂"。当时的一批知识分子还行动起来，放弃条件优厚的国外生活和城市生活，举家迁入乡村开展这项实验。他们的实验在日寇侵华的炮火中中断。虽然这段往事的一些情况还有待澄清，一些得失还有待总结，但它的发生以及对它长期以来的不断解读，反映了知识界对乡村与中国传统文化之间关系的共识。

实际上，近代以来，中国传统农业经济社会衰微中的文化问题，引发的关切远超知识界、文化界，孙中山甚至比他更早的政治家，在当时就对此有高度的关注。在五四新文化运动中，站在最前沿的知识分子，更是在农民问题上有着不一般的眼光。1919年，毛泽东这个农家孩子在《湘江评论》中发表《民众的大联合》，用平民的语言，号召民众联合起来。他首先是喊"诸君！我们是农夫。我们就要和我们种田的同类结成一个联合，以谋我们种田人的种种利益"，然后，喊向工人、学生、女子、小学教师、警察、车夫"诸君"。以毛泽东为代表的中国共产党人走出了一条从农村包围城市的道路，其依据的基本国情就包含着对当时中国农民与乡村文化之间关系的判断，并在土地革命时期、抗日战争时期、解放战争时期，在中华人民共和国成立之后，逐步积累起经验。党的十八大以后，"三农"问题被放在更加突出的位置，党的十九大提出乡村振兴目标，这些宝贵经验得到了进一步的发扬光大。

中国的乡村文化与中国经济社会衰落继而振起，在历史节点上同频共生、同落同起，是基于以下三方面的原因：

第一，乡村文化是养育一代代中国人的文化。中国是农业大国，千百年来，农村人口占了中国人口的绝大多数。诚然，在迅猛推进的城镇化进程中，城市人口已经反超农村，农村人口下降的趋势越来越明显。即便如此，农村人口仍然占有相当大的比例。而且，随着乡村振兴战略的实施，农村成为国家经济发展的风口，越来越多的人选择在乡村发展事业，农村人口又出现回流。人民创造历史，中国经济社会的发展离不开农民，也不能与农民创造的乡村文化割裂开来。中国共产党人以服务人民为初心，以人民的创新创造为根本，更会时时警醒全党全社会不能远离乡村文化，不能淡忘乡愁。

第二，乡村文化是中国传统文化的渊薮。乡村是中国人的精神原乡，是一代又一代中国话语体系的内核。乡村语境、乡村语言是中国人最熟悉的表达情景，最生动的修辞手法，如毛泽东所说："我们共产党人好比种子，人民好比土地，我们到了一个地方，就要同那里的人民结合起来，在人民中间生根开花。"学界认为，按人类文明的类型划分，中国传统文化属于农耕文明，中国的海洋文明、草原文明与农耕文明相互作用，农耕文明占有主导地位。与乡村一道绵延不绝的是传统文化，与乡村一道消失的也是传统文化。中国传统文化是在乡间成长起来的，也将在乡村获得新生。文化引领发展已是当今世界的潮流，文化表现出向各个领域广泛覆盖和深度融合的趋势。由传统农耕文明脱胎而来的当代中国文化，也需要在与新农业、新农村和新农民的磨合中保持自己的特色，获得新的资源和动力。当前文化建设的许多问题需要在返乡之中找到办法，乡村发展也离不开文化的支持和参与。文化发展的焦虑能够在中国的田野中得到舒缓，乡村发展的困境能够在中国的文化中找到良方。

第三，乡村文化是中国国情的表征。以毛泽东为代表的中国共产党人从中国实际出发，找到了一条从农村包围城市的道路。这种对国情的判断，从文化发展的角度看，在今天仍然没有过时。中华文化与乡村社会高度关联，荣损与共。近代以来，中国传统经济社会衰落，从根本上动摇了中国乡村社会的基础，鸦片战争后，中国传统文化与中国乡村社会一起坠入低谷。文化与农业同为最古老的人类生产生活方式。在中国，悠久的农耕方式形成了与之相适应的文化，二者相辅相成，互为因果，造就了独特的农耕文明，也造就了与之相适应的集体心理和社会结构，由此又影响到各种制度的建立和更新，包括文化制度和农业制度。今天的很多文化问题同时表现为乡村问题，很多乡村问题又有文化问题隐匿其后。这些共同点构成了文化发展与乡村发展的基础，导致了双方的殊途同归，包括共同的机遇、挑战和推进策略，也决定了文化改革、乡村变革是改革中最困难、复杂的部分。这可以解释何以在整个经济社会改革中文化解放在先，农业改革也启动在先，但现在却双双滞后了。尤其是这两种改革同时作用于农村，则直观地显示了消除物质贫困与精神贫困的深刻关联。当前乡村振兴中，文化与农业又表现出这种共同进退的血肉联系。

今天的乡村文化要在乡村振兴进程中，在中华民族实现伟大复兴的节点上，发挥其关键作用，就必须做到三个"结合"：

一是把乡村文化振兴与国家振兴结合起来。战争年代，在中国共产党的领导下，乡村文化与革命文化相结合，成为发动群众、组织群众、打击敌人的有力武器。从中央苏区红色政权到各地红色政权，从陕甘宁边区到各抗日根据地，还有解放战争时期从南到北的革命根据，都有文化制度的安排，面向工农兵，而这些政权基本建立在乡村，农民成为主要的对象，乡村文化成为主要的依托。中华人民共和国成立后，乡村文化始终与国家发展大局息息相关，对乡村文化的传承、更新，从来没有停止过。只是由于长期的城乡二元体制，虽然国家一直强调农村文化建设，但是城乡距离不是缩小，而是加大了。比如国家很早就提出过"两馆一站"的建设目标，一次次出现在五年发展规划中，在快速推进的城镇化进程中，不少乡村成为空心村，乡村被甩得更远。在国家发展大局中，农民付出了代价，乡村文化也付出了代价。党的十八大以后，乡村文化的重要性受到了前所未有的重视。中华文化与中国乡村共同经历了衰败与振兴、转换与创造。在现代化进程中，中华文化与中国乡村要适应工业化、市场化和国际化趋势，又都面临着突出的矛盾。新的历史背景下，中国乡村和中华文化正在发生着同步嬗变。文化在乡村振兴中地位提升，反映了文化发展的规律和当今中国社会的发展趋势。在乡村振兴中重视文化、发展文化，不是要追求文化的单飞。经验表明，乡村发展离不开文化，没有文化不成戏。但不能光有文化，文化不能单兵突进，独角不成戏，它是在国家发展的大局中，在与其他角色的互动中，唱成一台台大戏。如果说，百年来的乡村文化，主要是在实现民族独立和人民解放事业中发挥作用，在建设新的国家特别是在改革开放和现代化建设的征程中发挥作用，那么今天则是在乡村振兴的总体目标中，在实现中华民族伟大复兴的宏伟事业中发挥作用。

二是把乡村文化继承与创新结合起来。乡土文化作为中华优秀传统文化的摇篮，是中华民族基因中最鲜明、最突出之处，也是文化传承的重点。在继承的基础上开展创新，是成功的关键。比如在战争时期，在革命根据地，一直以表达情爱和倾诉愁苦的民歌为主，后由于红色政权的建立、时代精神的融入，内容为之一新，境界为之一变，从江西的兴国民歌，到陕北的信天游，许多歌曲至今传唱不绝。毋庸讳言，乡村文化也有它的不足。千百年来，乡村文化发展滞后于城市文化，长期处于边缘状况，交通不便、信息不畅，影响到农民的目光、胸襟，制约着他们对新事物的接受，也制约着他们的创新意识和创新能力。乡村文化从来就是变动不居的，创新是其源头活水，在乡村振兴中，乡村文化的创新体现在各个方面，比如发展乡村公共文化服务、乡村文化产业和旅游业，培育和吸引乡村文化能人，把科技成果应用于乡村文化建设，等等，都需要加大力度。另外，在城市化的进程中，一些文化垃圾趁机混入乡村，与乡村固有的落后文化合流，黄赌毒沉渣泛起。移风易俗，在乡村文化发展中是一项持之以恒的工作。乡村振兴中的乡村文化，是除旧布新的过程。乡村文化的优秀成分得到发掘和发展，将有益于乡村振兴；落后成分未能革除甚至膨胀，将阻碍乡村振兴。

三是把乡村文化建设的内源性力量与外部力量结合起来。从文化角度看，土地革命时期以及后来的时期，毛泽东等一批当时的先进知识分子，从城市来到乡村，在乡村开展了一场伟大的实践。而乡村，也因为新文化的注入，焕发出新的生命。在这场实践中，建立了红色政权中的文化制度，在共同的理想、理念、主题、旋律中，开展了一系列由乡村内外力量参与的红色文化活动。抗战时期，大批知识分子奔向革命根据地，进入共产党领导下的乡村。毛泽东在《延安文艺工作座谈会上的讲话》，明确提出了文艺工作为人民服务的方向、人民群众的生活是文艺创作的源泉、必须面向大众解决好普及与提高的关系，对这些问题的回答，迄今仍有着现实指导意义。而当时一大批文艺工作者深入乡村，深入农民，创作出一大批文学、美术、音乐、戏曲等各种艺术门类的作品，成为不朽的红色经典，这些文艺工作者成为今天进入乡村的艺术家、设计师、建筑师、创客的先行者，并且为进入乡村的文化产业、旅游领域的企业、乡贤以及其他方面的社会力量树立了榜样。

古老的乡村文化在今天重新焕发青春，并且能够在乡村振兴中扛起自己的责任，是时代给了这样的机遇，赋予了这样使命：

第一，文化在乡村振兴中地位的提升，在于全党全社会的文化自信。党的十八大以后，文化自信在道路自信、理论自信、制度自信之后提出，成为"四个自信"的组成部分，而且文化自信是最根本的自信，其他自信说到底还是文化自信。博大精深的中华优秀文化，是文化自信的核心内容，是革命文化、社会主义先进文化的基础。今天的中国社会，文化自信已经深入人心，具有真实的民意基础，也成为自上而下各个部门统一的执政理念。而中国传统文化的根在乡村，中国人有了乡村文化自信，才有真正的文化自信。

第二，文化在乡村振兴中地位的提升，还在于它的市场价值得到了肯定和发掘。文化不仅能够育民、乐民，还能富民。乡村是文化资源的富集区，尤其是大量的非物质文化遗产留存在村民的生产生活之中，是发展特色文化产业的最重要的条件。乡村旅游的兴起，成为乡村文化的同盟，二者汇溪成河，相互推动，乡村文化是乡村旅游的灵魂，乡村旅游是乡村文化的载体。目前的乡村文化产业与乡村旅游业已由最初的有意识捆绑在一起，到现在的水乳交融在一起，正在蓬勃发展起来。而且，文化产业和旅游业都是黏性强的产业，它们对相关产业，特别是对特色农业的带动作用尤其明显。

第三，文化在乡村振兴中地位的提升，更在于文化对乡村振兴的综合性作用。在这样一个文化时代，文化渗透到经济社会的各个方面、各个层次，如水银泻地，无处不在。文化是精神动力，这是乡村文化最重要的力量。乡村振兴靠的是人，积极的乡村文化能够吸引人、凝聚人、激励人，提振人心，鼓舞斗志。文化是智力支持，提高村民的思想道德素质和科学文化素质，是一个突出的任务。建设农村的知识粮仓、填平城乡之间的信息鸿沟，在科技发展日新月异的今天，显得更加迫切。文化的作用可以体现在乡村发展的大事上，比如发展规划、重大活动，也可以在细微之处，主要是在乡村日常的生产生活中。文化的作用是显性的，从一年一次的春节，到一月一次的篮球赛，到一周一次的诗社、画社活动，到每天的广场舞，但更多情况下是隐性的，如乡风、民风、家风，文化的作用如春风入夜，润物无声。文化的作用还可以有多方面的表现，比如它是直接的，但更多情况下是间接的；它有爆发力，更有持续力。

乡村文化是当代中国发展的晴雨表，是把握中国政经大势的信号灯。乡村文化中有我们中国人关于家园、关于远方的许多想象。今天的乡村文化，是历史造就的，也是时代造就的。同样，乡村曾经造就了过往历史，也将造就新的时代。返回乡村，你会感到沉寂、萧然，但潜入乡村文化，又会意识到这里活力澎湃、新鲜如初。在乡村振兴中，乡村在发展上重新拥有或首次拥有了生态、经济、政治、人文氛围的综合优势。"野火烧不尽，春风吹又生"，渡尽劫波，文化复兴的中国，将是我们熟悉的带有乡土气息的中国。

二、从"文学的乡村"到"文创的乡村"

从"文学的乡村"到"文创的乡村"，从文学的意境到生活的场景，从歌咏的对象到创业的岗位，这是中国传统诗学精神和话语体系在现实界面的延伸和重构，是亘古不变的乡土情愫的又一次发酵，而且这一次如同春风吹又生的劲草，漫山遍野。一些命运多舛、濒于衰亡的乡村由此再获生机，变富变美，平芜尽处是春山。

"文学的乡村"可以追溯到人类早期社会，有乡村，就有它的作品，这样的作品又反过来塑造乡村，孕育了乡村文明的曙光，也奠定了现代乡创的基石。按照《人类简史》的观点，不只乡村"故事"是乡村的成果，乡村自身也是乡村"故事"的结果——尽管我们不完全同意作者对乡村"故事"和乡村功能的价值判断。原始意义的文创也是源远流长，人类早期的图腾、手工艺品都属此类，但作为现代产业的文创，是约三十年来才发展起来的，包括文化产业、旅游业，以及文化创意与相关行业融合的业态。"文创的乡村"更是后来才蓬勃兴起的现象。乡创依托的是乡村，也正在创造新乡村。因此，无论是"文学的"，还是"文创的"，本质相通，犹如树叶脉络一样重叠、交织，共同构成了跨越几千年的乡村画卷。

历史上影响最大的是文学。当今中国社会的"乡愁"，很大程度上是源自乡村的文学作品。许许多多的乡创参与者与消费者，正是在这种文学濡染下形成了乡村情怀。"文创的乡村"传承的是"文学的乡村"的薪火。几乎所有乡创参与者都受到过"文学的乡村"的启蒙，几乎所有成功的乡创IP，都是炒中国古典诗词的"冷饭"，或者说是中国修辞方法中的"用典"，这说明了经典的不朽力量。当然，也有可能是面对乡土的诗性思考，决定了今人与古人心有灵犀，殊途同归。

中国古代文学特别是诗词歌赋中关于乡村的所思所想，规定了乡创的方向、范式和基调，主要表现为思乡、悯乡、兴乡三大共同主题。只是"文创的乡村"跨出象牙塔，进入了真实的乡村世界，或者说是把诗歌交付给行动，把隔空吟唱变成亲力亲为：

第一，思乡。中国文学史上现实主义与浪漫主义两大流派的源头——《诗经》和楚辞，都弥漫着这样的思乡之情，泽被后世。比如《诗经·小雅·采薇》："昔我往矣，杨柳依依。今我来思，雨雪霏霏。行道迟迟，载渴载饥。我心伤悲，莫知我哀！"又比如屈原《哀郢》中言："鸟飞返故乡兮，狐死必首丘。"屈原不仅把思乡与人的天性相联系，还强化了家国一体的理念。思想主题一旦确立，就成为后世文人不由自主的选择，即六朝文人谢灵运在《归途赋并序》说的"兴不自已"。

　　今日乡创，延续着古代文学的乡关之思。时代发生了很大的变化，触发怀想的动因不仅没有消失、淡化，反而趋于强烈。工业化和城镇化迅猛推进，再一次表现出历史发展的二律背反，在顺应这一历史进程并享受其好处的同时，也面临着问题和危机。特别明显的是，城市发展已经成为时代前进的火车头，而其节奏和噪声又给人的心理带来种种问题甚至疾病，由此增强了对乡村生活的渴望。中华优秀传统文化回归，是引发社会性怀乡之情的更重要的原因。在"文化决定未来"的全球性共识下，文化立国相继成为越来越多国家的发展战略，中国的文化强国，是以中华优秀传统文化为根基和优势，由此促进了中华优秀传统文化的回归，进而体现为向中国文化的故乡——乡村的回归。

　　乡创继承了传统文学的乡关之思，由于它采取了市场化、产业化、实物化和现场化的方式，能够为满足思念之情提供更便利、大众化和更丰富、立体的服务。乡村文化产业、旅游业以及文化与相关行业融合的产业，通过电商平台、地域互动两大渠道，连接乡村与游子。游子不一定就是从这个乡村走出去的人，但在文化上推己及人、家国一体，甚至认为四海之内皆兄弟的我们中国人，可以把由近及远的任何一个乡村视同家乡，在这里找到乡愁，找到精神上的庇护。这种共同感受，就是当代乡创应该抓住的刚需。

　　第二，悯乡。悲悯是任何理想主义者的精神气质。中国古代关注民生疾苦，首先表现在悯农。有人认为今天进入乡村的艺术家只是奔着世外桃源去的，这是对乡创的误解。诚然家乡美好是关于乡村的普遍印象，这种主观"美化"，源自内心的真正热爱，就像儿不嫌母丑。而且经过乡创，许许多多的乡村不仅实现了致富目标，而且把昔日破旧的乡村变成了童话般的"艺托邦"，而就乡创的深层意识而言，首先是源自中国古典文学中对乡村的悲悯情怀。自古以来，乡村就是民生的符号，关注乡村就是关注民生，表现出我们这个农耕文明大国特有的社会责任和人文担当。中国文学史上的大量作品，特别是现实主义作品，写出了乡村生活的美好，也反映了民生的艰辛和苦难。《诗经》中的《七月》作为最早的乡村叙事与抒情长诗，描写了农民的劳作与收获，也道出了他们的真实悲欢，还反映了民女对"与公子归"的恐惧。《硕鼠》篇发出了"誓将去汝，适彼乐土。

乐土乐土，爰得我所"的呐喊。唐代诗人李绅的《悯农》云："春种一粒粟，秋收万颗子。四海无闲田，农夫犹饿死。"爱与悯，是中国古代人文精神的二重奏。

今天的乡村早已经发生了翻天覆地的变化。诚然，乡村的落后甚至丑恶现象仍然存在，也需要文学作品去反映和揭露，而乡创由于与消费者的互动相结合，与今天人们追求的美好生活相结合，发现、表现、分享美好是其主要方式，但并不表明乡创参与者的内心世界只有莺歌燕舞。他们的情怀中，有对农民贴心的理解与同情，有对乡村生态被破坏的忧虑与感伤，有改变落后乡村的使命感。他们与很多心怀悲悯的理想主义者不一样的是，他们把悲悯转化为行动的力量。他们希望通过文创，提高农民的物质生活和精神生活水平，让乡村变得更美好，因此乡创的总体风格呈现为美好、浪漫和明亮。

第三，兴乡。《诗经·小雅·小弁》云："维桑与梓，必恭敬之。"造福乡时，报效桑梓，是中国人根深蒂固的情结。以血缘宗法制度为基础的古代社会，一个乡村一个祠堂或总的祠堂，就是一个大的家族，不是一个家族的也友好相处，远亲不如近邻，孟子说"老吾老以及人之老，幼吾幼以及人之幼"，爱护老幼就是这样一个由内而外、由近及远的程序，在有关乡村的诗词中，报家、报乡、报国三位一体。古人报效家乡，表现为留在乡村的人延续耕读传家，坚守良好家风、乡风，也表现在致仕还乡和解甲归田的返乡者作为乡贤发挥作用。晋代陶渊明《读山海经·其一》云："既耕亦已种，时还读我书"，应该是"耕读"较早的倡导者，也未尝不可以看作是最早的乡贤。宋代陆游"三冬暂就儒生学，千耦还从父老耕"，以身示范，在诗歌中延续并弘扬这样的传统。

今天的乡创继承了报效桑梓的文学传统，通过文化产业、旅游业以及文化创意与相关产业融合，达到在乡村文化与乡村经济两方面的兴乡作用。从脱贫攻坚到乡村振兴，越是经济发展条件比较差的地方，就越能显示乡创的作用，很多落后乡村吃上了旅游饭，端上了金饭碗。乡创不仅能雪中送炭，也能锦上添花，在一些经济条件比较好的地方，特别是乡村现代产业发展较快的地方，把文旅元素嵌入进去，为农民提供了增收的新途径。在乡创中充当主体的，是以村民为基础的企业家、艺术家、建筑师、设计师等构成的新农人，还有高校相关专业的师生。从当前乡创的城乡互动、主客互动来看，实际上也是城市居民通过消费的方式支持和参与"文创兴乡"工程。

"文创的乡村"是"文学的乡村"的嬗变，它一方面与今天"文学的乡村"在主题上相互呼应，一方面又有着自己独特的方式和作用，特别表现在由"说"到"做"的转变：

一是心物合一。思乡之情、悯乡之念、兴乡之志，落实到乡村文化产业、旅游业、文旅与相关行业融合的产业中，凝结在这些产业的产品和服务中，是物质与精神、实用与审美的统一。因此，乡创既要务虚也要务实，其产品和服务应该有意义、有效益。要防止只讲情怀，不讲效益，也不能只讲效益，忘了情怀。要让实实在在的产品和服务承载着理想、情怀，承载着乡土文化的精神和趣味。

二是知行合一。乡创是行动派，重"知"更重"行"，把"知"转变为产业行为、市场行为，通过自己的创新创造来"说故事"，让"故事"落地。古人就深知，"非知之难，行之难也"，今天的乡创，需要对接乡土文化与城市文化、现代文化，对接科技资源、金融资源，对接乡里乡村，对接消费者，把画笔画在大地上，画在乡村田野中。

三是专综合一。乡创有其专业性，体现在对艺术、产业、市场的知识储备和规律把握上，应该是专业的人做专业的事。另一方面，乡创的基本手段是跨界融合，在实践中，可能只是某个类别的项目，但处在文化艺术、市场环境、乡村社会的网结点上，有很多合作方与利益攸关方，需要综合利用多种资源，往往是"系统工程"，所以乡创需要复合型人才，更期待发挥团队的作用，如合作社、协会等社会组织的作用。

"文学的乡村"是语言艺术，"文创的乡村"是行动艺术，分别是中国诗学长廊里的这一头与那一头。事实上，很多乡创的参与者和消费者，就是文学青年，或者是其他年龄段的文学爱好者，骨子里，绝大多数的中国人都是这样，从表达方式和行为方式上就看得十分清楚，千百年来对乡村的吟唱已经在潜移默化中形成了他们的心理仓储，他们在乡创审美创造与审美接受，实际上是同时调动眼前的乡土资源和心中的文学库存。在着力满足人民群众对美好生活的向往、建设"美丽中国"的时代背景下，"文创的乡村"或许只是"文创的中国"的序曲，或者说是中国人建构诗意栖居的一次"乡村实验"，他们正用文创的方式续写唐宋名篇，将出现新的李白、杜甫，不同的是，他们不是"纯粹"的诗人，当然更不是传统的农人，而是亦文亦农的文创新农人。

三、中国乡创的审美期待

"期待视野"由20世纪德国文论家尧斯提出，指在阅读文学前及阅读过程中，作为接受主体的读者，基于个人经历、素养、趣味与所处社会的影响，往往会有既成的思维指向。他认为，一部文学作品在其出现的历史时刻，对他的第一读者的期待视野是满足、超越、失望或反驳，这种方法明显提供了一个决定其审美价值的尺度。期待视野与作品间的距离，先在审美经验与新作品接受所需求的"视野的变化"之间的距离，决定着文学作品的艺术特性。后来的美学家阐述和发挥他的这一理论，由文学推及各个艺术种类。

乡创不是传统意义上的文学艺术，但也适用这个理论。乡创所要呈现的产品，是现实的也是想象的，是生活的也是审美的，是熟悉的也是"陌生化"的。

乡创的审美期待，可分为两种，一种是对审美对象的期待，一种是对审美过程的期待。乡创的审美创造与审美接受，就是在期许与实现的转换中，在"入乎其中"与"出乎其外"的弹性中，达到同频共振。任何审美过程，都不能建立在一无所有的前提下，期待视野，是所有审美解构与建构的起点。所谓乡创，就是在这样的期待图谱中抓取消费者共情共鸣的要素，并给予创造性表达。从市场的角度看，这也可以说是"预期锚定型营销"，是对需求导向最积极、精准的回应，是审美创造者与接受者的互证互认、相望相惜。

首先是对审美对象的期待：

一是文体期待。这是由作品类型或形式特征引发的期待指向。乡创也能引发这样的期待，因为乡创作为文创的一种，具有艺术的功能和稳定的类型特征。乡创是"文创重建乡村"的活动，主要包括乡村文化产业、旅游业以及文创与农业等相关行业融合形成的业态，它是将乡土资源通过文化创意、科技提升、市场运作转化为产品，这样的产品兼具经济功能与美学功能。消费者在接受这样的产品时，怀有实用与审美的双重预期，而且从趋势上看，审美期待越来越占有主导地位。这就使得乡创产品有了"文体"的意义。有两个因素明显刺激着这种预期，一是家园情感，对乡村的热爱与怀想，是人类共有的审美现象，但中国作为农耕文明类型的代表性大国，在文化上对乡村有更强烈的归属感；二是文艺导引，自古以来大量关于乡村的文学艺术作品，确定了乡村的诗性存在，也形成了乡创享有者、消费者在审美心理上的定向结构图示。

二是意象期待。这是由作品的某种特定意象引发的期待。千百年来，乡村一直是诗人、画家着力营造的世界，也成为中国传统文学艺术的核心意象。从《诗经》的"十五国风"开始，历朝历代来自乡村的文学艺术作品，滋养了一代又一代人的诗意世界，也抽象为中国诗学的典型符号。构成这种诗意生态的首先是自然，这里的蓝天白云、青山绿水，不仅长出了养活我们的粮食，也长出了中国人精神世界的诗意。乡土艺术，历代诗人、艺术家关于乡村的作品，确立了乡村文艺的基本范式。它的乡村的气息、风土人情，特别是纯朴的民风、古老的民俗、友善的人际关系，还有晴耕雨读的家风、家国一体的大义，构成了这里的典型意象。

三是意蕴期待。这是对作品思想情感和审美意味的期待。乡创的期待指向，既源自传统，又来自时代。在"天人合一"思想的作用下，从《诗经》、楚辞开始，文学作品往往把人与自然、人与他人、人与自身的关系描写成一种亲切融合的关系，因此和谐为美成为乡村基调，也成为今天怀想乡村的主题。乡村题材的作品内容丰富，如同野草般的丰茂，但无论是在文人笔下，还是在村民歌唱中，对乡村美好生活的描写占据着主导方面，乡村世界往往幻化为"乐土乡村"，这类似于中国文学艺术，特别是戏剧，往往以大团圆的结局来表达精神寄托。很多的乡村曾经是贫瘠的、苦难的，在现代也是落后的，但是出于对文化母体的情结和对美好人间的向往，这里仍然能够发酵出诗意，长出"苦菜花"——从审美心理的角度看，对乡村的怀想正如同对美好童年的怀念。中国传统文化的复古倾向，也是形成这种乡村意蕴模板的关键因素。今天，所有的期冀正在成为现实，在乡村振兴和中华优秀传统文化复兴的背景下，乡创产品有了更积极的内涵、更美好的意境和更明亮的色调。

其次是对审美过程的期待：

一是虚实相生。虚与实是中国美学的一对范畴，"实"指实体、实物、实事，"虚"即虚构、虚灵、虚幻，虚实相生是诗词歌赋、绘画乐舞等各种文学艺术共同的表现方法，其依据是"道生一，一生二，二生三，三生万物"思想，还有《周易·系辞》中记载的伏羲画卦，"以类万物之情"。采取虚实相生的手法，有文学中的含蓄、绘画中的留白等，比如《诗经》首篇便是写乡村的《关雎》，就用的这种方法："关关雎鸠，在河之洲。窈窕淑女，君子好逑"，前两句写眼前实景，后两句转向由景产生的"虚"的联想。

今天的乡创，在审美期待中是现实乡村与艺术乡村、眼前乡村与心中乡村的重叠。乡创要通过游客所接触到的实景、实物，表达乡村自然信息和乡土文化的丰富内容。陶渊明《饮酒》是这么示范的：采菊东篱，悠然见山，晚来云变，飞鸟归还，此中真意，欲辩忘言。唐代王昌龄和皎然提出的"取境""缘境"，还有同是唐代的刘禹锡、司空图提出的"象外之象""景外之景"，这些诗学理论可以借鉴、移植为乡创理论。为此，乡创的项目设计，内容既不可太实太满，又不可太虚太空；节奏当然不能太快，到乡村来主要是追求慢生活，但也要适度，不能把"慢"理解成拖沓、无内涵。一方面要有好的吸引物来吸引人、触动人，一方面还要适当留白，张弛有度，像中国古典园林那样，虚中有实，实中有虚，而这种方法实际上是对乡村自然风景的模拟。

二是情景交融。情景交融是虚实相生的一种，景为实，情为虚，触景生情，以情观景，进而浑然一体。这与其说是一种写作手法，不如说是一种自发的审美过程。而且，中国的情景交融也是建立在"天人合一"的理论基础上，从情景交融的角度看，景出自"天"，情出自"人"，《周易》和《庄子》对意与象、言与意的论述，为情景交融提供了直接的哲学依据。在文学创作中，先写景后抒情是常见格式，即便是纯写景，按近代美学家王国维《人间词话删稿》的说法，"一切景语皆情语"。近代至今，

"意境"已成为最普及的审美标准，是语文老师常用的词汇。

古典文学熏陶出来的当今消费者，对乡创也有这样的需求。乡创产品应该对接这个需求，为他们提供相应的产品、服务，特别是营造这样的场景。其中最重要的线索，就是中国古代关于乡村的种种描写，这是消费者熟悉的，而参与乡创的生产者、经营者，很多是艺术家、设计师、建筑师，还有来自高校相关专业的师生，在古典文学上浸染多年，这正是用武之地。带领消费者进入古诗词中情景融合的意境，帮助他们重温古人情感，在与景物交流的同时也与古人进行审美情感交流——时光流逝千年，审美情感没变，而且更加稳固。今天的乡创参与者还要认识到，长期与自然、与乡村厮磨的古代文人，他们对乡村景致更熟稔，在实现情景交融的方法上也受到过长期训练，沿着他们的路径，就能抵达乡村审美之境。当然，今人也有今天新的情感需求，比如在工业化、信息化的超快节奏中，在都市建筑丛林的压抑下，对舒展身心的渴望。

三是主客互动。古典文学中写到乡村，常有主客互答，比如"借问客家何处有，牧童遥指杏花村"，"儿童相见不相识，笑问客从何处来"，"松下问童子，言师采药去"。陶渊明《桃花源记》更是描写了武陵捕鱼人与桃花源居民的几天共处。乡村居民是乡村文化的载体，城里人与他们的互动，是城乡文化的对接，而这种对接对乡村文化大多持欣赏姿态。这种姿态可以追溯到孔子，在《论语·微子》中，乡野之人不留情面地批评他"四体不勤，五谷不分"被如实记载下来，他本人的基本态度也"各言其志"。这成为后来文人善待乡野之人的"万世师表"。其中"止子路宿，杀鸡为黍而食之"，颇具画面感，对后世影响深远，唐代孟浩然的"故人具鸡黍，邀我至田家"，显然是其翻版。当然，在我们这样一个重视农业的国度，从大禹化牛耕田，到皇帝每年象征性地耕地作为春天第一犁，到历史上一些民族地区的土司也有体验农事的传统，与农夫有这样的互动是合乎情理的。

今天的乡创，主客之间共创共享正是其重要特征。这也是当前文化产业、旅游业以及文化创意与相关产业融合的共同特征，比如乡村游，是当前旅游业态中游客最熟悉、最亲切，也最放松、最能自由想象和发挥的地方，互动便利，游客参与互动的意愿强，甚至可以说，乡创是游客进入乡村这个特定场景与经营者以及当地村民共演的一场"戏"。乡村游不同于景区游，如果没有主客互动，特别是游客与村民的互动，只是看看风光，显然不能与景区比，主客共创共享，就是乡村游的优势所在，而且是无法取代的优势。目前，国家关于乡村民宿的标准，已经对引导游客与村民互动提出了明确要求，总的来看，还需要围绕这个要求继续创新，特别是把这种互动模式推及乡村游以及乡创的其他方面。

"心有所想，必有回响"。几千年岁月流转，韶华如驶，面对乡村的吟唱一遍又一遍，如同庄稼一茬又一茬，其中的期待视界也在顺应与突破中翻过一页又一页。当代中国乡创的审美期待，承载着对故土和血缘的承诺，寄托着亘古不变的大地情怀、人文初心，还有几乎所有中国人拥有的集体记忆，同时，它又是关于乡村历史、现实与未来叠化而成的愿景，是一粒等待在时代春风中发芽的种子。

第九章　中国乡创视野中的自然美

一、自然美是乡创美学的核心和原点

乡创审美的对象主要包括乡村的自然美、艺术美、社会美。这三大类别实际上也是美学的主要内容，但在乡创美学中得到集中表现，并呈现蓬勃发展的势头，预示着中国未来美学兴趣和研究重点向乡创的转移。其中，自然美是乡创美学的核心，也是原点，是穿越亿万年来与我们相会并产生审美共情的老友，与我们教学相长。

自然美是审视自然形成的美感，包括日月星辰、山川河流、草木虫鱼等。今天所说的生态美，主要也是指这样的自然美，而且包含着对人类保护这种美的肯定，是"人化的自然"，人类通过以生产劳动为核心的社会实践，既重建了自然，又重建了人类自身。这种关于人与自然关系的认识，以及由此形成的自然美的认识，集中反映在当前的乡创美学中。当今中国乡创视野中的自然美，还融入了传统哲学关于自然的认识，特别是"天人合一"思想。在自然美的审视中，有更丰富的内涵和多维的标准，由此也带来乡创的审美创造与接受中的灵活性与宽广性。

应该说，是自然对人类进行了审美启蒙，人在与自然的互动中发现了美，并且揭示了美的规律。同处文化轴心期的中国先秦和古希腊，都是首先从自然角度发现美和阐述美的。老子说"天地有大美而不言"，庄子说"圣人者，原天地之美而达万物之理"。亚里士多德认为自然美是"由于自然不仅有其规定性、有其形式、有其可变性，而且有目的，因而它是美的"。德谟克里特认为"在许多基本而重大的事情上，我们算得上是各种动物的学生：在纺织上我们是蜘蛛的学生；在家宅营造上我们是燕子的学生；在歌声的模仿上，我们是天鹅和夜莺的学生"。

人类与自然的爱恨情仇，与人对自然的认识发展相始终，众多国家和民族中都有洪水主题的神话，成为各种文化的共同原型，恐惧与膜拜、征服与顺应、拒斥与贴近，在不同文化和不同历史时期又有不同的表现，在中国古代，从鲧堵水到禹疏水，父子治水方法的转变，标志着人与自然从对立到和解的转变，这个传说的产生及流传，更表达了在中华文化中对于自然的基本态度。当前全球性的生态危机日趋严重，成为需要人类共同应对的挑战，由此也成为横亘在人文学科前面无可回避的问题。这是当前自然美、生态美成为越来越重要的审美取向，生态美学有可能成为美学显学的重要原因。历史上中国乡村与生态同步衰退，因此生态振兴是乡村振兴五大振兴的任务之一。

文化振兴同样位居乡村振兴五大振兴任务，与生态振兴息息相通。当今中国的乡创美学，以中国传统美学中的自然美为根基，融合中外关于自然的新哲学观与艺术观，特别是融入中国乡村振兴的潮流，以亲切、友好的姿态面向乡村的绿水青山，师法于自然，结友于自然。

第一，亲近自然。乡村是离自然最近的地方，乡村的物理空间和生活方式，与自然的调性最和谐、节奏最合拍。《易经·系辞下》说，伏羲画卦，仰观天文，俯察地理，远取诸物，近取诸物，然后以八卦模拟"万物之情"。在我们这个民族的土地上产生这样的神话传说，而且千百年来在中国文化中被反复解读、一再认同，使得中华文化总是沿着这样的路线走向自然，走向乡村这个人与自然的交叉地带，并且留下无数优秀作品作为引领后来者的路标。陶渊明在《归园田居》中说"久在樊笼里，复得返自然"，这种畅意，在后世激起的共鸣不绝如缕。

今天的乡创，依然是学着前人的样子，描画天地，反观自身，通过自己的创作生产，与自然融为一体。这是他们源自已经深入血脉的文化基因的召唤，也是今天中国社会在文化消费上的需要，而且愈益表现为一种刚需。在乡村发展的特色文化产业和旅游业，以及通过文旅赋能乡村的相关行业，最大的资源是自然资源，最突出的核心竞争力是"自然力"，最大的优势就是把消费者引入大自然课堂，最好的老师就是面前的山山水水、一草一木。乡村居民也是很好的老师，乡土文化也是很好的教材，这是因为村民世世代代生活在这里，他们与自然山水声气相通，心心相印，面向土地的劳作，自然的节律决定了乡村生产生活的节律，这也是与人的自然节律，二十四节气就是人的节气——归根到底，是因为村民和乡土文化与自然最贴近。至于越来越多的城里企业家、艺术家、设计师、建筑师，还有相关专业的师生纷纷走进乡村，开展乡创，是要零距离面对山水，临摹自然，向消费者传达以自然为师的心得。

第二，感应自然。中国传统思想主张"天人合一"，物我一理，人与自然同构。《周易·乾卦第一》云："夫大人者，与天地合其德，与日月合其明，与四时合其序，与鬼神合其吉凶。先天而天弗违，后天而奉天时。天且弗违，而况于人乎？况于鬼神乎？"这种人与自然的一一对应，在汉代甚至发展到极端，而这种思想很大程度上源自我们这个典型的农耕文明社会，与农事的观察与体验密切相关。孔子在谈到学习《诗经》的作用时，强调"多识于草木虫鱼鸟兽之名"的作用，朱熹《诗集传》中说："仰观星日霜露之变，俯察昆虫草木之化，以知天时，以授民事。"而且，古人还把这种人与自然的对应，农事与天时的对应，泛化到经济社会的各个领域，成为一个观察、解释世界的主要角度的基本方法。至于汉代董仲舒提出"人副天数"之说，《春秋繁露·人副天数》云："人有三百六十节，偶天之数也；形体骨肉，偶地之厚也。上有耳目聪明，日月之象也；体有空窍理脉，川谷之象也；心有哀乐喜怒，神气之类也"，走向谶纬神学，这是不足取的。这种神学倾向在汉末被纠正，表现出中华文化理性精神的力量，进一步说，还是中华文化追求自然本真的力量。而人与自然之间的对应关系和心灵感应则延续了下来，并在人与自然山水的密切接触中，把它进一步发挥为中国古典美学中审美创造与接受的基本方法，比如西晋陆机《文赋》："遵四时以叹逝，瞻万物而思纷。悲落叶于劲秋，喜柔条于芳春。"钟嵘《诗品》又提出"气之动物，物之感人，故摇荡性情，形诸舞咏"。汉魏六朝，山水审美意识与人的个性意识同步觉醒，在与自然的相遇中，回归自然，也回归自我，由此成为中国传统美学的主流。

今天乡村的文化产业、旅游业以及与文旅产业相关的行业，与从前的文学艺术一样演绎与自然的心灵感应。这是由当今中国社会的审美需求所决定的，也就是在与自然的对话中得到来自自然、来自内心的启示，在与自然的相向而行中实现心灵与山水精神的契合。乡创从业者在努力适应这样的需求，尽可能为消费者提供乡村自然的产品，通过自己的文化产品、旅游项目，通过文化创意与农业等相关产业融合形成的综合服务，营造"情往以赠，兴来如答"的环境和路径。他们尝试把握审美的个性化、特色化特征，想方设法让消费者在"天地一体"中体会到所处乡村的独特性。没有相同的河流，也没有相同的乡村自然风景，因为先秦时期的哲学已经揭示了作为世界本原的"气"在不同的区域又表现为不同的地之"气"，在它的作用下长成了不同的草木庄稼，也长出了不同的人、不同文体特征和创作个性的文学艺术作品，"气之动物，物之感人，故摇荡性情，形之舞咏"。正是在自然的召唤下，一代又一代的文学艺术家接踵而至，在与自然的感应中，一个又一个优秀的作品薪火相传。今天的乡创，就是要帮助消费者接上这样的地气。

第三，赋能自然。人类的生存发展受益于大自然的馈赠。这种受益，有很多是人类通过对自然的开发利用实现的，特别是物质产品。作为审美对象，一般不具备经济的属性，但是在特定的情况下，也有可能与消费相联系。宋代苏舜钦在苏州城外花了四万钱（折合四十贯）买下了一块地作为园子，名为"沧浪亭"，在给欧阳修的诗中说："清风明月本无价，可惜只卖四万钱！"中国古代发达的园林艺术，精髓在于与天地自然相通，其借景方法至少可以上追到东晋陶渊明的"采菊东篱下，悠然见南山"。园林作为模拟自然、通往自然的载体，拓展了自然的审美属性，在消费的平台上实现了"增值"。这是"人化的自然"的又一种表现。

苏舜钦用花钱居家的方式享受自然，今天也是一种时尚，越来越多的城里人，包括在中国工作的一些外国人，到乡村买房、租房。在市场化、产业化程度不断提升的条件下，享受自然的需求与方式日趋多样化，乡创最大的机遇和最重要的依托应运而生。在乡村发展文化产业、旅游业，并且依托乡土资源将创意融入相关产业，业态丰富多彩，但根本上还是靠乡村自然资源。这也是唤醒亘古如斯的乡村山水，并且从新的角度赋予其市场价值，也赋予"靠山吃山，靠水吃水"这句老话新的内涵。从业者的任务，就是发挥创意的作用，拉近消费者与自然的距离，导引消费者体验自然。通过这些产品和服务，在呈现乡村自然风物审美价值的同时，创造自然风物新的经济价值，让绿水青山用多样的方式造福于人类，成为金山银山。

人类只是地球史诗上的一个章节，而人类自其产生之日起就是与自然相依相偎的生命共同体。先秦哲学已经形成的共识是，因为有天地人"三才"，才有了大千世界及其意义，审美的根源也由此产生。自古以来，前人总是把最高的审美境界和最终的审美寄托指向自然的伟大之美——"醉翁之意不在酒，在乎山水之间也"，在山水观照中，发现山水也发现自我，欣赏山水时也欣赏自我。今天的乡创，就是在乡村这个人与天地最近的场景中，开展审美创造与接受活动。这是中国自然美学之树在乡村振兴春风中绽放的新枝。在乡创中，紧靠自然，就是紧靠市场的核心优势；守住了自然，就守住了乡创的基本盘。

二、中国乡创：与自然亦师亦友

乡村是离大自然最近的地方，是现代人通向山水的最后驿站。中国乡创视野中的自然美，是乡村的远山近水，还有掩映在烟岚云雾中的村民活动、从粉墙竹影里漫弥开来的烟火气息。自然美是乡村美的底色，是乡创产品的基调。

这种自然美，不单指自然山水，它往往通过与自然气脉通连的生产、生活、文化来呈现，使得自然之美更丰盈、更生动。自然，是乡村生产、生活、文化的底层逻辑。各类乡创产品和服务都应在自然的因果链和排列轴上，都是对自然美别开蹊径的展示和曲径通幽的表达，与自然互为表里。天地自然，化育生灵，乡村的风土人情，乡创的产品、服务，都是这个土壤里生长出的树木花朵，都是乡村地理的通识。老子说"道生一，一生二，二生三，三生万物"，自然就是"一"。乡村美包括了自然美、艺术美、社会美，而自然美是具有全局性、系统性作用的审美枢纽，是乡创产业的压舱石、乡创灵感的蓄水池，寻着自然美的飒飒山风，就能豁然进入艺术美、社会美的天地。还有一个重要的原因是，近代以来，乡村衰落，面目全非，自然美是乡村美的最后阵地。

由中国人创造的实景演出，是这种审美理念的集中体现。2002年，《印象·刘三姐》在桂林阳朔首开实景演出的先河，二十年来，虽然这类产品参差不齐，但实景演出的形式却表现出持续的生命力，久演不衰，丰富了景区内容，激活了演出市场，并且成为文旅融合的先导。这项了不起的当代艺术发明，强化了自古以来自然美在中国审美中的独特位置，也找准了今天消费者审美接受的方式：其一，实景演出又称"山水实景演出"，将演出置于山水之间，天做帷幕、地做舞台，这种具有中国特色的审美创造与审美接受，表明"天人合一"思想理念深及我们的骨髓和血液，仍然作用于今天的消费者。其二，实景演出满足了游客了解景区所在地的村民生产、生活的需求。没有哪场实景演出只是展示自然风光，它总是与生产、生活在这片土地上的人联系在一起。一方水土养一方人，"一方人"的生产、生活方式是"一方水土"的人格化体现，实景演出则通过自然与生产、生活的沉浸式呈现，唤起观众与自然相通的身心体验与情感共振。其三，实景演出满足了游客了解当地文化的需求，包括风土人情、故事传说和地方艺术，这些文化内容与当地自然山水血肉相连，先秦时期的先哲认为世界的本源是"气"，不同区域有不同的气，"气动谓之风"，由此产生不同的乡土文化，如此遍布各地实景演出，是在重演《诗经》中已经有的"十五国风"。总之，自然山水是乡村生产、生活和文化的根基、源泉，而乡村生产、生活和文化，是自然的延伸和泛化，或者说是一种"人化的自然"。

实景演出或许是我们中国人又一次在乡村呢喃中醒来。它表明，乡村自然仍然是我们最能找到审美感觉的地方，山水太极仍然是导引创新创造的潜在图式。作为农耕文明类型的代表性大国，自然是涵养中国文化最重要的土地，决定了中国的哲学精神和审美气质。文明初兴，山水有灵，草木有情，从孔子说"仁者乐山，智者乐水"，老子说"上善若水"，到千百年来关于山水的吟咏，再到今天山水实景演出，一路逶迤而来，"承百代之流而会乎当今之变"。与自然、农事相结合的联想与创造，也可上追到远古时期的先民，《山海经·大荒南经》记载的"百谷所聚"

之地，就是丰衣足食、精神充实的乐土。这种想象在陶渊明的《桃花源记》中，在孟浩然、王维、李白、苏轼、陆游、范成大的田园诗中，反复演绎，薪火相传，慰藉和丰富了中国人的心灵，也构成了今天乡创想象的源头。

实景演出在山水乡野之间展开项目，而且惠及当地的农民，甚至很多农民、牧民牵牛骑马赶着羊走上舞台，获得经济上的收益——作为现代文化产业和旅游业结合的种类，可以说是最早的乡创。区别在于，实景演出是把艺术表演与现实的生产、生活区分开来，村民作为群众演员参与其中，而现在广泛开展的乡创，则是把文化艺术要素融入乡村生产、生活之中，而且村民与外来的企业家、艺术家、设计师、建筑师、创客一起，同为主体，同为主角，与游客共创共享艺术美、生活美，还有自然美。因此，正在继续推进的中国乡创，也未尝不可以看作是在乡村环境中进行的一场演出，是又一种实景演出。

实景，是乡创的核心竞争力，实景中展开的乡村生活、生产、文化，构成了最美的乡愁画轴，诠释了"望得见山、看得见水"与"记得住乡愁"的内在关联。

第一，自然的生活。老子提出顺乎自然，庄子强调抱神以静。成书于西汉时期的《黄帝内经》，提出的生活原则和养生方法是"顺自然，保正气"，"春夏养阳，秋冬养阴"，"和于术数"。与自然贴近，是人的天性。自古以来，各国皇家权贵，圈地筑园，风格各异，但融入自然是基本需求，中国古代园林艺术的最大特征，体现在以有限的空间容纳天地万物。近代以来，城市公园在世界各国兴起，如今又出现了星罗棋布的街心公园、城市绿地，顺应了人的自然需求。百姓的日常家居，也千方百计地装点自然风景，"纳须弥于芥子，藏日月于壶中"。工业时代给人类从生理到心理带来了一系列严重的问题，更是激发了城市居民对自然生活条件的向往。

就人对自然生活的渴慕而言，城市公园绿地是乡村山水在城市的"飞地"，反之也可以说，乡村山水是城市公园绿地的延伸。乡村是一个广阔的自然生活空间，这就是发展乡创的契机。孟浩然《过故人庄》云："故人具鸡黍，邀我至田家。绿树村边合，青山郭外斜。开轩面场圃，把酒话桑麻。待到重阳日，还来就菊花。"这是给今天乡创"打的样"：把游客邀进大自然的怀抱里，进农家屋，吃农家饭，说农家话，鸡是满地跑的，菜是地里摘的，走时还要带上当地的绿色农产品。民宿及创客空间，最理想的建筑方式是与青山绿水、蓝天白云在风格上相搭配，符合自然的生活情调。而且，把准当今消费者养心与养身、养神与养形相结合的需求，顺应当前文体康旅一体化的趋势，把生活的自然趣味巧妙地融入种种细节之中。

第二，自然的生产。自然环境是人类劳动生存的基础，也是几乎所有产业中与自然关系最密切的，"面朝黄土背朝天"道出了传统农事的辛苦，也反映了人与土地的直接关系。即便是农业高度发达的今天，它仍然是人与自然的协作。土壤、水、光照、热量，还有来自大自然的生产资料，支持着农民开展农、林、牧、副、渔等传统产业，以及乡村其他产业。古人很早就把握了农耕生产与大自然相关联的节律，总是希望让自己的生产过程纳入自然的序列，让生产的成果既经过劳动转化又保持着自然品质。千百年来，围绕农事活动形成了大量农业生产技艺，有的已经成为珍贵遗产。这些技艺，带着一代代农人的体温，也带着质朴、自然的气息。

今天的乡创，正在帮助游客重温农人的生产过程，重拾我们基因中关于祖辈的记忆碎片。研学游、亲子游以及其他种种深度游，利用果园、稻田、菜园等资源，引导游客参与农事活动。这种关于农事的研学方式，与伏羲"重农桑，务耕田"（晋代皇甫谧《帝王世纪》）一脉相承，也令人联想到作为教师之祖的孔子，要求学生"多识于草木虫鱼鸟兽之名"。独轮车、风车、石磨、木犁，还有扁担、畚箕、煤油灯这些老物件，成了农业生产的难得教材。在教育部门把劳动教育确定为学生课程的新形势下，增加了翻耕、育秧、插秧、收割、入仓以及种菜、采摘等农事体验，还有打麻糍、切糖片、做米圆、酿米酒、做豆腐、柴火灶等农家过日子的基本技能，更是增加了旅游项目的思想性、知识性和趣味性。

第三，自然的文化。春有百花秋有月，夏有凉风冬有雪，丰富多彩的大自然构成了文化的大千世界。区别于西方的神人合一思想，中国自古以来信奉的是"天人合一"，所以中国文化本质上是自然的文化，或者说是土里生长出来的文化。从自然角度认识世界，成为中国文化的基本方法论，而其中与自然息息相关的农业是最重要的思想维度。二十四节气与中国传统阴阳五行等思想观念相融合，渗透到文化传统、民间风俗中，与养生、祭祀、诗歌创作联系在一起，从而有着丰富的文化象征意味，《诗经·豳风·七月》，以时令为序，叙述了农人一年间的耕织劳作情况，在春耕、秋收、冬藏之外，还描写了采桑、染绩、缝衣、狩猎、建房、酿酒、劳役、宴飨等农家文化的方方面面，构成了西周早期社会男耕女织风情画卷。在全球性的生态美学兴起背景下，自然的文化在保护自然高度方面得到强化，它能够从生态伦理学出发，探索解决自然生态问题，以及与此相关的人类精神世界荒芜问题。这种思想在中国传统文化的加持下，有了更强的说服力和感染力。

没有自然不成风景，自然的文化也是今日乡创产业最重要的线索。它综合了中国传统自然文化思想、现代环保理念和乡村振兴的生态观念，既紧扣了当今中国社会发展的脉动，又顺应了消费者对于乡村生态的关注和兴趣，通过乡村民宿、田园综合体等业态，形成了带有土壤气息的文创产品和服务。围绕乡村生态文化，从业者或是以乡村的自然环境作为创意起点，展开项目的故事；或是从其他方面起步，最后追溯到自然环境，为故事找到最接地气的依据。在这样的往复中，自然是最重要的叙事内核。而且，在乡创"谈天说地"的诠释中，在一村一景、一村一品的创建中，把自然的文化转化为特色优势，从乡村特有的地理位置、土壤条件、气候环境中挖掘出乡创元素，让自己的产品实现自然禀赋与文化禀赋的融合、文创产业与生态产业的融合。

春风吹动，草木复苏，中国文化从乡村再出发，实际上就是从乡土出发、从乡村山水出发。自然不仅给了我们物质食粮与精神食粮，也决定了我们与自然息息相通的禀性。乡村，特别是乡村生产、生活和文化，是通向自然的最近道路。靠近自然，就是靠近生命之源。早在远古时期，草木冬枯春生，昆虫冬蛰春蠕，先民与日月星辰、天地万物的互动，他们关于风调雨顺的渴望，他们对生命的原始思考以及由此形成的世界观和价值观，在今天的乡创中又一次激起回响。乡创要做的，是让自然以清晰、友好的面貌进入游客视野，引导游客叩击星空，梳理草木，通过对自然的挖掘与诠释、想象与创新，在现实的自然经纬和乡创的审美语境里，重构生产、生活、文化，调动游客体会自然节律与体内节律的共振，而且在此后的日子里，只要回想到这段乡村经历仍会怦然心动。

几乎所有原始部落的图腾都是自然与创意结合的IP，今天的乡创也是在讲这样的乡村故事。

三、让乡村游客慢下来、静下来、放下来

原始崇拜始于自然崇拜，几千年过去了，自然山水仍然是不会过气的偶像。在我们这个长期以来以"天人合一"为理念的国度，从来就没有想过要走出自然，而且一代代人经过睹物兴情的审美训练，无论是在理念上还是方法上，对自然更加向往，在方法上也更有心得。而乡村游，就是这种现场教学的课堂，乡创从业者，是麦田里的守望者。

乡村旅游业态丰富，消费需求多样。但就大多数情况而言，要让游客像乡村的自然山水一样慢下来、静下来，并且把各种精神负担放下来。游乡村，不是简单地走完一段村头进、村尾出的路程，而是一个心态转换的"入戏流程"。乡村文化产业、旅游业项目，就是传导自然节律的媒介，从业者的工作，是把游客带入这样的磁场，完成自然的接力，"当大自然的搬运工"。

第一，在节奏上让游客慢下来。慢是旅游的根源，也是旅游的本质体现，只有慢，才可以得到休闲、放松，体会逍遥、自由的感觉，让终日暴走的身心有一段休憩。慢，不是拖拖拉拉、慵懒散漫，而是符合天地万物和人体运行的正常律动。人体的内在律动，会受到纷繁世界的干扰，工业化、城市化时代尤甚，信息化的"唯快不破"，更助推了这种趋势，提速再提速，使快成为一种压迫性的生存状况。返回乡村，重温自然的节律，日月缓缓升落，花有花之期，草有草之季；这里的生产、生活按照大自然的方式，在不徐不疾中运行，日出而作，日落而息；乡土文化也是这样形成的，天长日久中有所累积，也有所耗散，与村边小河一起保持着平静的面貌。慢是时间和心境的投入，是审美的必备条件，唯有从容进入乡村场景，沉浸其中，相契无间，才会融入慢的旋律，在慢中领悟自然的妙趣横

生，也领悟与山水同为大地生灵的浪漫与温馨。

乡村文旅项目，要想方设法为游客慢下来创造条件。旅游心理学表明，最令旅行者心动是启程前的计划和期待，即便是一场说走就走的旅行，最有魅力的也是做出决定的那一刻。游客到乡村的计划与期待，就是慢下来，怎能用短促的时间简单打发呢？如今，为把游客留下来，主要是在增加旅游内容上下功夫，特别是增加文化活动和生活服务。实际上，除此以外，还应考虑从环境上、氛围上给游客以引导与暗示，让游客变得从容不迫、气定神闲。要让游客慢下来，乡创从业者首先自己要先慢下来，不能急着赚快钱，不要把自己的心浮气躁带到生产、经营过程中，让游客在慢工出细活中，特别是在匠心运作中，体会到外来者对当地生产生活的深扎、沉淀、酝酿和呈现。

第二，在环境上让游客静下来。静也是旅游追求的目标，由景静到心静。乡村自然环境的幽静，生活的宁静，村民的静气，将观赏者、游客带入静的氛围。中国哲学主张心体合一、神形合一。安静的环境带来安静的心境，安静的心境又有益于身体的健康，即扁鹊说的"心乱则百病生，心静则万病息"。静心、静神、静气，也是审美的条件，尤其是文学艺术创作，刘勰在《文心雕龙·神思》中说："寂然凝虑，思接千载；悄焉动容，视通万里。"从《诗经》，到汉乐府，到唐诗宋词元曲，从音乐到绘画，由乡村环境之静转向人心之静，构成我们中国人熟悉、亲切的"意境"。

如果说目前景区在旅游旺季人满为患，很难让游客体会到静的境界，那么，乡村则有这样的优势。当然，这也是开展乡村游的必备条件。要是乡村游无法提供宁静的环境，那么，游客除了看看乡村建筑之外，很难有其他收获了。而真正具有建筑典型性的乡村又有多少呢？事实上，即便是这样的乡村，也很难有持续的吸引力。

第三，在心态上让游客放下来。旅游就是"生活在别处"，换个地方换个心情，放下工作，也放下精神负担，给心灵放个假，把紧绷的神经发条松一下。特别是在城市病日趋严重的情况下，解决焦虑问题已经成为政府的一个重点，要让居民从冗繁的积压和情绪困扰中解脱出来。"能婴儿乎？"这是老子发出的千古之问。乡村环境，特别是自然环境，正适合游客这样的精神需求，放下压力，像婴儿一样无所挂怀，清一分，则慧一分。

现在一些乡村游，特别是古镇游，商业气息太重，这显然不利于游客"放下"，如果总是让游客算计物质上的得失，而且全国各地景区都是清一色来自"小商品批发市场"，与当地特色文化没有关系，怎能在这些时候做到精神上的超越呢？乡村游、古镇游当然要有商业，我们还要特别让游客把当地的农特产品带回去。关键是这些产品产生在这片土地上，与这里的自然联系在一起，是这里自然的"标配"。另外，乡村民宿中出现的奢华之风也不可长。这是一种与爱慕虚荣的生活观与消费观联系在一起的世俗心态，争豪斗富与乡村的质朴自然更是格格不入。乡创产业要帮助游客找回纯净、淳厚，物我皆忘，坐观自得，从物欲的压迫下解脱出来，而不是让游客陷入更深的世俗泥淖中。

慢下来、静下来、放下来，互相关联，是审美的基本态度和方法，也是养生的不二法门，因为中国文化从来主张形神合一、心体合一。行色匆匆，是赶路的人、心急的人、心里有事的人，不是旅游的人，不是审美的人。慢下来，人就由外而内地安静了，才有可能冷静观察世界，体验世界，才有可能进行审美创造，也就是"火要空心，人要虚心"。这种在日常表述中称作"清静"的词，古人还称为"虚静"，而且始终是哲学、美学、养生等理论的核心，可以追溯到周厉王时期的《大克鼎》的"冲上厥心，虚静于猷"。这一理论很早就用于审美创造中，而且与自然山水相关。汉末以后审美意识自觉，山水诗、山水画勃兴，寄情山水的文学艺术家都有慢、静、虚的功夫，兰亭雅集和王羲之的《兰亭集序》就是这样的成果。陶渊明在乡村写出的"悠然见南山"，一个"悠"字写出了慢、静、虚的境界。今天的乡村文化产业和旅游业，就是要在乡村寻找到这样一个角落，让消费者和游客获得视觉、听觉、味觉、触觉的全方位、沉浸式体验。

向往自然，乡村是最好的课堂，远山近水是最好的老师。当前乡村振兴中，生态振兴是一项重要任务。实际上生态保护还可以做得更积极些，特别是通过乡创项目，丰富生态文化，把绿水青山转化为产生经济效益和审美效益的金山银山。为此，乡村必须是有山水，而且是真山水、活山水。在当前的乡创中，要避免以下倾向：

一是缺山水。对于游客来说，山水是乡村的第一吸引物。在乡村做文化产业、旅游业，并用文化赋能相关行业，当然要百花齐放，多种业态、风格并存，但都不能破坏生态，不能有影响乡村风貌的大体量建筑，乡创的项目要从社会的整体期待和绝大多数消费者心理预期出发，与当地的自然风光、自然趣味相适应，不要成为绝缘于乡土的孤岛。不是每个项目都要专做山水文章，但不能忽视山水的存在，在乡村搭台唱戏，不能无视乡村的山水场景，不能与乡村的自然底色格格不入。

二是伪山水。村庄不同，地气不同，山水也不同，即便是同一座山梁、同一条河流，山是横看成岭侧成峰，水是深浅曲直随物附形。做乡创产业，也要因地制宜，不能生搬硬套。别的村子做油菜花海，你可能适合做桃花林；城里的小桥流水是模拟乡村的，乡村再去模拟城市风格的桥栏、廊道，这已不是柏拉图说的"模仿的模仿"、离自然更远的问题了，而是典型的"在咖啡里找啤酒"。

三是死山水。从"眼中之竹"到"胸中之竹"，再到"手中之竹"，要经过创作转换，古代画家已认识到这个规律，今天的乡创也应如此。不能没特色，特色来自山水的本来面貌，也来自乡创者的独特观察与理解；不能没感情，山水的水灵来自观察者和表现者的心灵，山水的意义来自审视者的赋予，要让欣赏者、消费者与自然亲切对话；不能没创意，既要有打动人的审美力量，又能满足消费者对产品功能性、物质性的需求。

今天围绕乡村开展的乡创，在对待自然的态度上，应该从审美对象的特征出发，顺应今天消费者的需求，摸索规律，求新求变。

向自然请教。古希腊时的亚里士多德认为，艺术可以而且应当模仿自然。文艺复兴时的达·芬奇认为，绘画是自然的合法的女儿，因为它是从自然产生的，为了更确切起见，我们应当称它为自然的孙儿，因为一切可见的事物一概由自然生养，这些自然的儿女又生育了绘画，所以我们可以公正地称绘画为自然的孙儿。先秦时期是我国美学思想发展的初期阶段，也是自然美学思想发展的起始阶段，虽然在此之前，已有了自然审美的朦胧意识，但真正从美学的角度认识、理解自然，是从此时期开始的，孔子、老子都是从自然的方向打开了审美之门。在中国美学史上，一代代艺术家和理论家都把"师法自然"作为根本原则和方法，进而拓展到艺术、社会之美的领悟与表现。今天，向自然学习的方法并没有过时，这是游客的需要，也是乡村创客的路径。

向前人请教。向古人学习欣赏和分享自然的方法，尤其是审美创造与接受的经验。前人自从对自然产生兴趣以来，一直在探索、认识自然，并且通过自己的作品分享自然的方法，各有心得，有些涉及基本的规律和方法。今天的乡创从业者和乡村文化产品、服务的消费者，可以从中得到启示。比如孔子说过学习《诗经》的作用，《论语·阳货》载："子曰：'小子何莫学夫诗！诗，可以兴，可以观，可以群，可以怨：迩之事父，远之事君，多识于鸟兽草木之名。'"《诗经》收集了来自各地的大量作品，其中有很多写到自然世界的事物，以其中《关雎》为代表的诗歌，基本格式是先写眼前景物，由此起兴，表达作者的联想和情感，这就是孔子所说的"兴"，宋代朱熹的解释是"先言他物以引起所咏之词"。无论是文人的诗词歌赋，还是民间歌谣，仍然采取的是这种面对自然的办法，而且沿用至今。今天的乡创产品，在处理与山水的关系上，与前人的山水诗画本质相通，方法上可以借鉴，只是乡创有自己的特点而已。至于孔子讲到的"观""群""怨"（也可能是其他情感）及"多识于鸟兽草木之名"等，都可以体现在乡创产品和服务之中。

向市场请教。如果说传统的"靠山吃山，靠水吃水"常常是消耗性甚至是破坏性的利用，现在则是保护性、可持续的利用。在社会主义市场经济体制下做乡创产业，包括做文化产业、旅游业，或者是把文化创意与相关产业融合，都要尊重市场和产业的规律。这体现在项目策划、创意的应用、产品内容与形式的结合、市场营销等各个方面。做乡村风光的文章，除了自然自身的内容，还要在融合乡土文化上下功夫，并且把准市场发展的趋势，特别是把准消费者的审美需求、接受方式，巧妙结合城市文化、时尚文化，让自然用新的方式走进大众，走进消费者。

今天的奢侈之求，是慢下来、静下来、放下来。站在乡村的门槛，临风听雨，与远山近水交流，与曾在这里观山观水的古人交流。每天的山水都是新鲜的，但又是一代代人情感叠加起来的，包括到此一游的客人。缘于我们骨子里的对乡村自然的向往，在新的历史条件下会表现得更自觉和强烈，千百年来发生在乡村的故事，可能还只是开了个头。"昔我往矣，杨柳依依；今我来思，雨雪霏霏"。乡村文化产业和旅游业，应帮助重返乡村的消费者和游客重建人与自然的链接，与慢为伴，与静为邻，与旷达为知己，让脉搏与自然同节拍，让呼吸与庄稼共起伏，走向山海，也走向更宽广的自己。

第十章　乡村建筑之美再发现

一、每座乡村建筑都是历史博物馆

乡村的标志是乡村建筑。乡村建筑，包括乡村传统建筑或者是体现乡村传统建筑风格的建筑，主要指的是乡村老建筑。这些老建筑，是乡村的符号。乡村建筑是乡村文化最重要的载体。它是本土居民生活、劳作、社交的物质空间，体现了对自然、对生活、对社会关系的认识，存有当地人祖祖辈辈生于斯、长于斯的文化基因，还有生活在其中的当代人的生气与活力。这里是生命、生产、生活信息累积的仓库，是乡村文化的大本营，是汇聚本土有关哲学、宗教、伦理学、社会学、文化艺术的课堂。乡村建筑是乡村的形象。它与当地的自然景象、田园风光一起，构成了乡村风貌。它承载着独特的历史与文化，其建筑材料、营造技艺、结构布局、风格样式，表现出对自然的遵循，以及对当地现有条件的依傍和利用，遵循造化，有所创造。这些建筑或是出自当地能工巧匠之手，或是居住者自己的作品，但都自觉遵循着这些生活哲学和审美样式，里面盛放着丰富的非物质文化遗产。乡村建筑是体验当地历史与文化的现场。它是可以进出的历史空间，是承载乡土气息的文化容器。这是一种现实的、沉浸式的、身临其境的体验，能感受到来自建筑的直接、敞开的历史存在和现实存在。从烟火气中，你能想象到主人的生活轨迹、喜怒哀乐，而且你不只是欣赏者，还是参与者、互动者、审美共创者。这种在场、在地审美，是其他文化艺术种类不可取代的。

在2018年的政府机构改革中，原文化部和原国家旅游局合并为文化和旅游部，被称为"诗和远方走到了一起"。文旅融合，促进了文化和旅游的高质量发展，也打开了新的审美创造与审美接受的路径，乡村建筑之美，便是这个背景下的再次发现。

有历史文化价值的老建筑变身为博物馆，这样的情况很多，西方的缪斯神庙、中国的孔庙，都是现成的例子，故宫博物院也是，很多乡村建筑当然可以成为这样的博物馆。

博物馆有收藏、展示和研究三大职能，乡村建筑具备这样的基础。事实上，不少地方的乡村建筑已经建成了这样的博物馆，或者是已经具备博物馆的雏形。可以预期，会有更多这样的乡村博物馆涌现出来。

如今乡村的各种老建筑，虽然不能按照严格意义的博物馆去要求，但是乡村建筑里聚集、展示着丰富的文化内容，都具有研究的价值，都是文化硬件与文化软件的结合体，而且观众身处这样一个特定的物理空间会有所收获，从这个意义上说，每座乡村建筑都是一个博物馆。

乡村建筑积淀了这里居民祖祖辈辈生产、生活的历史信息，记录着他们的家族繁衍、生产、生活和文化传承，有披荆斩棘、筚路蓝缕的创业、守业事迹，也有与锅碗瓢盆形成交响的喜怒哀乐。这些历史信息，是波澜壮阔大历史中的沧海一粟，走进这样的建筑，就是走进了历史。

乡村建筑文化内涵丰富，有些还具有很高的艺术价值。文化是建筑的灵魂，乡村建筑中体现了当地人对天地自然的认识，对万物和谐的追求，对幸福生活的渴望；体现了他们的价值观、社会观、伦理观、生活观，比如最感人的孝道规范和有关故事；还体现了他们的审美取向和艺术追求。

建筑本身就是艺术品，作为一种立体艺术形式，它在处理各种空间、结构、造型的关系中，形成了自己的建筑表达，并且综合运用了绘画、雕刻、装饰、庭院、家具陈设等各种艺术手法，贯穿着经济、适用、美观的审美法则。乡村建筑还附着着当地的风土人情和生活习俗，并且每一代人都留下了自己的痕迹。

这些内容，嵌入在不同的乡村建筑里，有的一望便知，有的则藏在各种细节中；有的人们已经耳熟能详，有的还需要继续挖掘、不断发现。

有人会认为，只有那些已经被评为国家级历史文化名镇或名村的建筑才具有类似于博物馆的价值。应该说，拥有那些建筑的村镇之所以入选名镇名村，既是因为在建筑类型和风格上具有代表性和典型性，又是因为在当代保护上具有示范性。

实际上，各个村落的传统建筑，都有独一无二的价值，都值得保护传承。这种唯一性，是因为各个地方的自然风貌、地理环境和社会习俗不同，它们给当地建筑打上了自己的烙印。

中国古代很早就认识到，十里不同风，百里不同俗。先秦以来的传统哲学还认为，不同的地方有不同的地气，表现在文化艺术上也各有特点。没有相同的两片树叶，也没有相同的两个村庄，不同乡村建筑的独特价值也就在这里。

乡村建筑的这种独特价值，还表现在历史上与不同的生命个体相关联，其中有杰出人物，也有平常百姓，杰出人物有他们的非凡传奇，平常百姓也有他们的感人故事。

用博物馆的眼光去看待乡村建筑，就会有不一样的心得，对它们更加珍惜，更加注意保护。首先不会轻易拆除它们，不到万不得已，不把它们从一个地方搬迁到另一个地方，因为老建筑离开了原来的地方，历史文化信息的完整性就被破坏了；更不会改动其外在布局和内部结构，不损毁原先的装饰、绘画、雕刻。应抓紧搜集整理和研究与老建筑相关的历史材料和传说故事，让乡村建筑的价值保得住、说得出。

特别欢迎游客到这里来参观、体验、互动，观众来了，乡村建筑的展示功能也就出来了。如果因此而兴起关注、研究乡村建筑乃至乡村文化的热潮，那也就会给乡村振兴提供一个新的兴奋点。

二、中国建筑是土里长出来的

中国文化是土里长出来的。按照女娲造人的传说，人就是女娲用泥捏出来的。世界上还有一些地方也把文化与土地联系在一起，像英语中"文化"的词根就是耕作，但是由于中国先秦以来"天人合一"的思想和农耕文明长期占有主导地位，因此我们文化的土性更强。

中国建筑也是从土里长出来的，从巢居、穴居到后来各类建筑的演变，直观地展示了这样的一个生长过程。更何况，建筑作为文化的产物和载体，可以说是中国文化自然属性最典型的例证。依山而建，傍水而居，住在这样的建筑里，我们的前人才会觉得可以安身立命，落地生根。

文化和建筑由人创造。人来自自然，信奉人与自然和谐相处的中国人，从来就是大地之子。到乡村旅游，找乡村建筑，可以体验中国文化和建筑的这种土性，这是我们文化和建筑最重要的禀赋。感受到这种土性，就接上了地气。一看乡村建筑理念。"道法自然"是千百年来中华民族的集体意识，遍布各地的乡村建筑，不管是出自何人之手，是识字的还是不识字的，是专业的还是非专业的，都遵循着这样的法则。这些建筑无论是单体外形，还是村落布局，都追求人与自然的统一，尊重自然、敬畏天地，与周边山川河流、田园树林融为一体。农人像种下树木、庄稼一样种下建筑，让它们在一起长成，互生互动，相得益彰，共享天地精华。二看乡村建筑营造。乡村建筑的形制与工艺，涉及结构构架、砖石砌筑、装修装饰方方面面，用上了木作、竹作、土作、石作、砖瓦作等匠作工艺，形成了丰富生动的建筑话语体系。各地的乡村建筑，既有自己的鲜明特征，自成单元，又表现出我们这个民族的共有风格。欣赏这样的乡村建筑，应该了解它以"土"为特征的构造、工法、工具、工序、传承，体会其中的工艺智慧，特别是科技与艺术的融合，这些都是我们文化中值得骄傲的家底。三看乡村建筑材料。乡村建筑最主要的方法是就地取材，这决定了它的地域特色。在什么山上唱什么歌，在什么山上用什么样的建筑材料。或木结构为主，或土结构为主，都是当地最便于取用的材料。一些地方盛产竹子或易于取石，竹、石就成为主要的建材。各地乡村选用的建材，还具有保温隔热、节能、透气的功能，体现出对人的安全性和亲和性。从今天的视角看，这些建材能够循环利用，因此是环保的、绿色的。

中国农业与乡村建筑的生成演化具有同步性，甚至集于一人之身，至少在传说中是这样。公刘就是这样的伟大人物，他既是先周农耕文化的鼻祖，又是开创穴居式生活方式的窑洞之祖。《诗经·大雅·公刘》描述了公刘带领大家开垦荒地、营造居室的过程，其中写道："笃公刘，逝彼百泉。瞻彼溥原，乃陟南冈。乃觐于京，京师之野。于时处处，于时庐旅，于时言言，于时语语。"公刘察水观山，终于选中了这片土地，在这里种植，也在这里构筑居所，百姓安居乐业，一片欢声笑语。

今天，我们寻访一些保存比较完好的古村落，当地人总会说先祖来这里开创基业，就是看上了此处有利于农事和居住，他们是家族发展的拓荒者，也是家族居住的规划师。

一代又一代的中国人就这样构建了带有泥土气息的乡村建筑，又反过来受到这些建筑气息的熏陶，建筑品格与乡村人格相互生成。这些处于自然怀抱中的乡村建筑，不仅能为这里的人们遮风挡雨，而且成为他们精神上的庇护所。这就难怪今天的游客面对这样的建筑，会有赤脚踩在泥里的亲切和舒适，有"复得返自然"的感应。

三、乡村建筑是中国人的共有祠堂

祠堂是中国古代家族祭祀祖先或先贤的场所，家族繁衍，瓜瓞绵绵，家道传承，于炽于昌，血脉融合了文脉，文脉维系着血脉，族人即便远行万里甚至漂洋过海，也念念不忘。

今天散落在乡村的各类建筑，特别是传统民居，也具有祠堂的分量，或者说是我们中国人共有的祠堂。这些建筑留下了一代又一代人创业守业的身影，也留下了他们对幸福生活的心中默念，留下了引起我们这些后世子孙强烈共鸣的精神气息。乡村建筑是我们追想并努力传承中华优秀传统文化的殿堂，平淡而庄严，平凡而神圣。

"山不在高，有仙则名；水不在深，有龙则灵。斯是陋室，惟吾德馨。"中国的乡村建筑就是依靠这种"德"的禀赋，无论多么残旧、多么偏远，今人仍能倾听到历史上礼仪之邦在社会基层的回响，真切感受到历久弥新的文化气场。乡村建筑以德服人，因而有着跨越时空的力量。

乡村建筑特别是乡村民居能唤起这样的崇高感，是基于我们民族特有的集体意识：一是家国意识。《孟子》提出："天下之本在国，国之本在家，家之本在身"，家国一体，修身齐家治国平天下，是中华优秀传统文化的核心。二是家族意识。在今天看来，与长期的血缘宗法制度相联系的家族意识，当然有其时代的局限性和落后性，有些已经是糟粕，但家族观念影响下形成的忧患意识、担当作风、进取精神，仍然有其不可磨灭的闪光之处。三是家居意识。农耕文明决定了对家园的固守，家族意识也决定了对家居的热爱。《汉书》中说："安土重迁，黎民之性；骨肉相附，人情所愿也"，难离故土，也就难离故居，在我们这个民族的文化中，祖屋的地位和价值是其他民族没有的。

从重家国，到重家族，到重家居，在这样的民族心理结构中，乡村建筑承载着不同寻常的家国大义。也正是依照这样的逻辑，无论是在血缘上还是文化上，民居就是当地祠堂这棵大树上张开的分枝，而当地祠堂又体现着我们这个民族共同的思想行为范式。千百年来，中华文化由此深植于家庭和人心。

各类民居满足的是家庭生活所需，不像祠堂那样以表达人纪纲常为主要目的，但也贯穿着祠堂里倡导的思想内容和行为要求，六朝文人谢灵运在《山居赋》中说"家传以申世模"，"家传"与"世模"具有同一性。因此，今天的人就会看到，博大精深的优秀传统文化，鲜明生动、具体而微地体现在乡村建筑中。比如，各地老民居在建筑格局和房屋安排上，尊敬长者，老幼有序，或以厅堂字画，或以房头雕刻，或以室内装饰，展示耕读传世、勤俭持家、父慈子孝、循礼而行、温柔敦厚的内容。民居延伸、拓展、丰富了祠堂文化，并把这种文化融入日常生产生活，形成了各家各户优秀的家风。

家风的精神底蕴是中华优秀传统文化，家风、族风和社会风气息息相通，承载着这些文化信息的乡村建筑，成为祖祖辈辈的必修教材，在日常生活中接受这种建筑文化的教育，成为必修的功课。在这样的日积月累中，中华优秀传统文化更加深及民族的血液和骨髓，成为坚如磐石的集体认同和民族意识。而崇尚和谐、刚健有为、自强不息、厚德载物，这些都成为中华文明历经五千年仍然生生不息的重要动力，也是今天社会主义核心价值观的直接源头。

今天的游客面对中国的乡村建筑可以发现，我们的前人用"天人合一"的思想实现了人与自然的和谐，又用家国观念、家族观念实现了人与社会的和谐。这些建筑如果让我们既感到敬畏又感到亲切，那是因为列祖列宗们的文化创造，特别是他们确立的一些价值取向和生活基调，仍然深刻影响着我们，使我们这些后世子孙不失中华儿女的本色。

早在北周时期的文人庾信在《哀江南赋》中说："潘岳之文采，始述家风；陆机之辞赋，先陈世德。"实际上，表达我们引以为傲的"家风""世德"，不只可以靠文字，还有乡村建筑。

四、藏在乡村建筑里的生活美学

经历过灾难，人们更热爱生命，更相信生活就是美，更向往在平常生活中体验、创造美好的人生，享受日常生活之美的快乐。或许，乡村建筑能给我们这样的惬意和启示。

乡村是一种生活方式和文化方式，它造就了乡村建筑，乡村建筑也成全了乡村。乡村生活方式、文化方式和乡村建筑，共同构成了这里的过往场景。一代又一代的人生活在这里的经验、体验、憧憬，点点滴滴，一砖一瓦，经过平凡而细微的累积，凝结成为中国人的集体潜意识和生活原型，成为东方美学的基本心理模式。

这种以乡村建筑为轴心的典型情境，让曾经生活在这里的人念兹在兹，初衷不改。所以，陶渊明辞官回乡，首先想到的是"方宅十余亩，草屋八九间。榆柳荫后檐，桃李罗堂前。暖暖远人村，依依墟里烟。狗吠深巷中，鸡鸣桑树颠。户庭无尘杂，虚室有余闲"。他在《桃花源记》中描绘的理想世界，也离不开乡村建筑："土地平旷，屋舍俨然，有良田、美池、桑竹之属。"古人挂冠、解甲，总是急不可耐地回到他们心心念念的故居。这是按照人的尺度搭建起来的建筑，因此，总是让后来人心向往之。这也是人类殊途同归的情愫。

时代变了，农民的生产方式以及生活方式、文化方式也变了，这是不可逆转的趋势。但是，乡村建筑上仍然留有以往的印记和韵味。它们盛放着过去乡村人的生活，也盛放着后来人的诗意怀想。

乡村建筑之所以在文化上有这样的磁场效应，一是亲近自然，人虽是五行之秀、万物之灵，但终归是万物一分子；二是质朴温情，只有这样的建筑才能鸡犬相闻，人们怡然自乐，乡土味里有着人情味；三是有想象力，摆脱城市建筑丛林的局限和压抑。

更自由、更自然、更接地气的乡村建筑，能够唤醒沉睡的审美感性和个体存在感，在充满想象力的世界里重整旗鼓，或者是把这种美学体验形成作品供世人分享，或者就在自己的天地里完成精神世界的升华。

追根溯源，人来自自然、来自乡村，也都有回归自然母体、文化母体的本能，这是他们熟悉、亲切的地方，是心灵依归。不管走得多远，总会去找来时的路。乡村建筑应该是这条路上屹立的灯塔，带你穿越迷惘，给你温暖的力量。故土难离，故居难忘，故土与故居密不可分，如果要分的话，就是紧紧拧在一起的两股绳，编织起乡土情结。

不是要用贬低城市生活和城市建筑的方式来褒扬乡村生活和乡村建筑，但至少，长期生活在城市里的人，拉大与城市的距离，面对乡村特别是乡村建筑，是有益于审美经验的丰富和艺术世界的拓展的。在这个没有来过又似曾来过的地方把自己放空、放松、放飞，也在这里充实、充盈、充美。事实上，今天城市里也有很多好建筑，它传承了中国乡村建筑的生活格调，复活它的原始意向，因此能激活同样的思维活动方式和情感发生模式，让具有"先天倾向"的我们心有戚戚。

东方美学的重要特征是关注生活，中国诗意主要来自平淡日子里的拈花微笑，淡泊明志，宁静致远，古人如此，今人也是如此。因此，就请游客们到乡村建筑里看一看，你会心有灵犀，发现很多已被遗忘或忽略的生活风景。

五、建筑的微改造与文学的用典

当代建筑的微改造与古代诗赋的用典，看上去风马牛不相及，但表达效果却异曲同工，起作用的是中国传统审美心理；它们的当下流行与曾经流行，其背后也是中国美学逻辑，反映了自古以来我们民族在新旧时空上的自如切换、衔接共生能力。

微改造不限于建筑，它运用于整个城市更新的范畴，除了建筑，还包括街区、街道、公共空间的整体风貌和肌理，但主要落脚在建筑上，它与大拆大建的理念截然相反。2016年，《广州市城市更新办法》提出这个概念，指的是在维持现状格局基本不变的前提下，采取因地制宜的方式，进行"小修小补"，起到提升人居环境、促进街区活力、传承地域文化的作用。建筑微改造，已经上升为国家政策。2018年，住建部就出台了相关文件，两年后又发布《关于在实施城市更新中防止大拆大建问题的通知》，在建筑微改造上要求更明确、力度更大，强调不随意迁移、拆除历史建筑和具有保护价值的老建筑，不脱管失修、修而不用、长期闲置。不破坏老城区的传统格局和街巷肌理，不随意拉直拓宽道路，不修大马路、建大广场。采用"绣花"功夫，对旧厂区、旧商业区、旧居住区等进行修补、织补式更新，严格控制建筑高度，最大限度地保留老城区具有特色的格局和肌理。

用典则是中国古代诗赋的修辞手法。所谓用典，就是引用历史上特别是古籍中的故事、词句，支持自己要表达的观点，丰富而含蓄地表达思想情感。用典是中国特色的修辞方法，今天古典诗赋的创作已是小众化的行为，但在现代诗中，特别是在一些流行歌词创作中，还可见用典的流风余韵。同样是中国特色修辞方法的还有成语，它还广泛应用于当代生活之中。成语中的主要来源之一，正是典故，只不过用典强调"引用性"，成语强调"既成性"。使用典故、成语，是中国人独有的生活诗意，信手拈来一个典故或成语，就是构建了一个历史与现实构成的场景，邀古人入局，邀故事进入生活，向传统借力，让历史的智慧照进现实。

六朝刘勰的《文心雕龙·事类》是迄今关于用典最系统的分析，将它关于用典的论述与今天建筑的微改造比照，有明显的美学"通感"：一是传承、创新之美。刘勰说用典作用是"事以类义，援古以证今"，同时要"用旧合机，不啻自其口出"。建筑的微更新，是在旧的建筑文本上创作新的建筑文本，让历史与现实都能找到位置，相互观照，相互成全。它要处理好旧与新的矛盾，无缝对接传统与现实。一方面，要让旧的居住、生产空间适应新的生活、生产需要，实现新旧功能的转换，与现代城市文化乃至流行文化、时尚文化相融合；另一方面，它尊重传统，尽可能把有历史价值的建筑保留下来，并且用自己的创新创造赋予它们新的生命，让它们适应今人新的生产、生活，特别是顺应人民群众欣赏美、创造美的需求，兼具实用功能与审美功能。二是丰富、含蓄之美。以少胜多，是用典的突出优势，所以，刘勰认为用典模式在中华文化元典《周易》中就确定了，即所谓"《大畜》之《象》：'君子以多识前言往行'"。中国传统崇尚含蓄内敛，传统的建筑理念，也看重对建筑本身的内心领悟，主张通过有限的物质空间演绎无穷的文化意味。在城市更新中，要保留这样的含蓄表达，而且在这些老的建筑或街区、厂区、矿区中，融入今人的丰富情感和审美趣味。三是简约、洗练之美。刘勰说，"综学在博，取事贵约，校练务精，捃理须核"。中国古代建筑，在物质空间上也力求经济，寄大情于小景，以有限藏无限。建筑微改造的洗练，表现在它利用有限的局部空间，以少胜多，点铁成金。

讨论当今建筑微改造与古代诗赋用典在中国传统审美上的通约性，目的有三：一是支持城市更新中的微改造。要认识建筑微改造的特征与规律。当前最重要的是立即刹住大拆大建之风，自觉遵循在文化上既要传承又要创新的时代要求，既要"无为"又要"有为"，尽可能保护住老城区的历史风貌，并且在已有的文化肌理上自然融入新的文化积累。要尊重以含蓄、简约为美的审美传统，不在老城区大动干戈，不做"大手术"。二是支持将微改造推及乡村。建筑微改造的经验应由城市更新向其他领域推广，特别是推及乡村振兴中的古村落保护与利用。如果将城市更新中的微改造，与乡村振兴中越来越自觉地保护古村落建筑、保护乡村风貌联系起来，就能看出当今中国社会的文化取向。城市更新与乡村振兴在诸多方面有共同点，包括面对的主要问题和解决问题的基本思路和办法。特别是古村落，既要保护老建筑、街区、道路，又要解决旧建筑与新功能的矛盾。它需要保护，需要采用绣花的方式进行缝补，并在此基础上进行活化、利用。古村落如果不被赋予新的生命，只会加速其消亡，因为它毕竟是人的居住空间。三是支持在城乡文化建设中顺应中国审美传统。要把握中国审美传统回归当今社会的路径。强调建筑微改造，在中国有多方面的原因，中国审美传统心理是潜在的，但也是关键性因素。在已有建筑格局中有所增益，踵事增华，是千百年来中国建筑的基本做法，从村落的自然形成，到都市的规划安排，莫不如此。今天的微改造，实际上是这种建筑传统的延续和发展。

建筑是凝固的音乐，也是凝固的历史符号。典故，实际上也是这种具有凝固特征和符号意义的表达。从今天文创的角度看，这些被保留和活化的建筑、典故，实际上又都有IP的分量。建筑微改造与文学用典在中国传统审美心理上的相通，本质上是关于符号世界、文创IP运用的相通。保留并活化了某个老建筑，或者用了某个人们心有默契的历史典故，并且赋予了新的意义，其实都是用了一种文化的指引，它能解构平庸和平淡，营造出现实与历史交汇、生活与艺术交汇的生活空间和表达语境。活用一个典故就是打捞出一个故事，活用一个老建筑就是把人带进一个取景地、一段过往的风情。徜徉于典故或老建筑的林荫大道上，与风华如旧的人物、事件以及那个时代相逢，与往日的人间烟火相逢，生活就有了味道，表达就有了诗意。

揭示建筑微改造与诗赋用典在审美上的相通，是期待由此进而认识其背后的社会背景和时代脉动，使微改造得到更广泛的认同，使围绕城市更新的政策得到落实，并推广到乡村，让正在进行的城乡老建筑改造，成为中国传统文化与当代生活融合的生动教材。

第十一章　城乡互动中的文创作用

一、促进中国城乡第二次握手

在乡村振兴中，中国城乡经过复杂对视和曲折磨合，将因文化融合实现第二次握手。

仿佛是经历了几千年一次的轮回。当初的城乡揖别，便是出自文化动因，马克思说："物质劳动和精神劳动的最大的一次分工，就是城市与乡村的分离。"城乡分离是社会分工和专业化发展到一定阶段的产物，是人类文明的重要演进，这种分离及二者之间的运动，在历史上带来了二律背反式的复杂情况。马克思指出："一切发达的、以商品交换为媒介的分工的基础，都是城乡的分离。可以说，社会的全部经济史，都概括为这种对立的运动。"社会的全部文化史，也可以认为是这种对立的运动。今天，在城乡融合中，文化也将实现融合，只不过它是城乡保持各自特性的融合。乡村的美丽与哀愁，也将因为城乡相互欣赏而焕发新的容颜。

城乡融合是实现乡村振兴的重要途径，所以在《中华人民共和国乡村振兴促进法》中有单独的《城乡融合》章节。文化融合将是城乡融合的必然趋势，也是它的终极价值。让已经脱钩的城乡文化再次牵手，其意义远不限于乡村。乡村是中华优秀传统文化的根系所在，而中华优秀文化是中华民族最强的精神黏合剂，城乡文化融合，将促进这样的黏合剂在中国社会产生进一步的化学反应。

文化是人类活动的结果，政治、经济、军事等种种活动，一定区域、范围、领域、行业的活动，在时间的发酵下，最后都形成了文化。丝绸之路，历史上是商贸之路，后来成为文化之路。藏羌彝走廊是民族迁移大通道，后来成为众多民族碰撞、交融的历史文化带，现在又成为文化旅游产业带。黄河是中华民族母亲河，大运河是人工开凿的水上交通命脉，后来成为黄河文化带、大运河文化带。长征，中国工农红军的军事壮举，现在也是一条文化上的红色飘带。现在，国家又启动了黄河国家文化公园、大运河国家文化公园、长征国家文化公园、长江国家文化公园建设。城市、乡村的最初形成，并非出于文化的原因，后来也都成为文化的容器。

当前的城乡融合，是源自解决经济问题、产业问题，继而形成经济、政治、社会、文化等各个重大方面的综合目标，《中华人民共和国乡村振兴促进法》提出了产业振兴、人才振兴、文化振兴、生态振兴、组织振兴的任务，这也是城乡融合的任务。围绕城乡融合，《国民经济和社会发展第十四个五年规划和2035年远景目标纲要》提出"建立健全城乡融合发展体制机制"，涉及城乡在城乡劳动力结构、产业形态、要素流动方式、空间布局、公共产品配置等多个方面，其中也有文化内容。随着这种融合体制机制的形成，各种要素频繁流动，城乡关系互动密切，在日积月累中，终将形成城乡融合文化。在今天我们这样一个文化自觉的时代，一个强调"文化自信是更基础、更广泛、更深厚的自信，是更基本、更深沉、更持久的力量"的时代，这一趋势将表现得更为突出。如果我们从现在起，就充分认识到这一趋势，变自发行为为自觉行为，充分发挥文化在城乡融合中全面赋能的作用，而不是仅仅把文化作为城乡融合的一个单项任务，那么将有利于城乡之间的深度融合。文化也将在发挥作用的过程中完善自我，特别是深化文化体制改革，提升文化能力，扩大文化影响力。

在漫长的历史中，或者说在工业革命之前，城乡关系基本是融洽、互助的。城市从乡村脱胎出来，规模很小，乡村居民与城市居民在从容步行的直径范围内相互穿越。据埃米尔·库恩的《古代城市》，城市与乡村构成了古希腊人那个时代特有的和谐一致。威尼斯在中世纪时还规定，城市居民必须在乡村住两年，保持对乡村生活和体育运动的热爱，不论男女都要参与农事劳动，或是从学校中接受正规的农业教育，或是到田野里参加劳动。了解了这样的历史，就不难理解在文学艺术作品中那些对乡村生产、生活的美好描述。

农耕文明长期占主导地位的中国，远在先秦时期就有城乡文化之别，这主要表现在《诗经》中的"雅"与"风"两大种类，准确地说，"雅"是周王朝的首都之音，称之为"雅"是从政治上的考量，而不是城市对于乡村的优势，如果认为乡村文化微不足道，就不会有朝廷持之以恒的采风制度。采自各地的民歌土谣，很难说是出自诸侯国的都市还是乡村，那个时候的都市除了朝廷所在地，都实在太小了。即便是在《雅》中，也能看到乡村歌谣，因为它也不大。直至鸦片战争前，中国的经济社会具有城市依附乡村的突出特征，马克思说"亚细亚的历史是城乡无差别的统一"，这种自然经济的特征固然有它落后的方面，在文明演进上也付出了不少代价，但是在文化上却有一个离今天不远的传统：城乡士绅学习一样的经史子集，参加一样的科举考试以博取功名。而且，进入城市的官宦，或像陶渊明挂冠回乡，或退休致仕返归故里，他们的往返带动着城乡文化穿插，用这种方式延续着耕读传家的中国文化主脉。他们的行为方式，特别是他们关于城乡生活的文学艺术作品，积淀为中国文化城乡混合的气质和风貌。

千百年来的中国文化艺术史，一直是在城乡两极的摆动中前行，"生于民间，死于庙堂"，从一个角度揭示了这一规律。只是，近代以来，这种城乡之间的文化张力变为了文化内卷。席卷全球的工业化生产，摧毁了城乡之间唇齿相依的原始结合。资本主义工业化在从乡村抽离出来的同时，也把城市与乡村分割开来，并且开始了对乡村的盘剥，农业完全从属于工业，乡村成了城市的附庸，农业落后和农村贫困不断加剧，与大机器的轰鸣形成共振的是城市对乡村的霸凌。在这一历史进程中，中国与其他发展中国家一样，工业和城市得到了发展，但是在发展模式上，中国的城市很大意义上成了西方列强在中国发展工业的码头，中国的乡村成为国外资本主义榨取资源的基地，在半殖民地半封建的社会背景下，帝国主义和封建买办势力不仅阻碍着中国工业和城市的正常发育，而且让中国的农业和乡村陷入进退入据的窘境，不少乡村甚至濒临破产。城乡文化关系也由此很快走向分离与对立。这种扭曲的文化关系贻害至今。读过茅盾《子夜》的人应该记得老太爷初入上海惊厥而死的情节吧？这也使得今天的中国在解决城乡矛盾时有文化上面临的更多困难。

面对工业与农业、城市与乡村的矛盾成为阻碍经济社会正常发展的压力，特别是在农业的落后又反过来影响工业和城市发展的形势下，世界各国普遍采取措施缩小城乡差距，改变其在工业化初期以牺牲农业来发展工业的做法，实行工业反哺农业的政策，加大对农业的投入，并且加快土地改革的步伐，发达国家以此实现土地的规模化生产，发展中国家则是以此调动农民的积极性。与此同时，大力促进农业生产的工业化，重视交通等基础设施建设，城市发展战略也从集中走向分散。

反对不平等、缩小城乡差距，可以说是中国共产党人的初心。中华人民共和国成立伊始，毛泽东就提出："城乡必须兼顾，必须使城市工作和乡村工作，使工人和农民，使工业和农业紧密结合起来，绝不可以丢掉乡村只顾城市。如果这样的话，那是完全错误的。"中华人民共和国成立初期的城乡和谐关系，为调动农民积极性、稳定经济社会发展，起到了积极作用。只是这样的思路逐步被工业优先、城市优先的发展战略反超，形成以户籍制度为主要特征的"城乡二元结构"。居民被区分为农业户口和非农业户口两种不同户籍，并在此基础上构建了粮油供应、劳动用工、社会保障等制度。城乡距离进一步拉大，"城市病"和"农村病"成为今天中国发展中要面对的病症。

改革开放后，家庭联产承包责任制不仅启动了中国的全面改革，而且在"不经意间"成为解决城乡发展不均衡的破冰之举。紧随其后，实行农民土地承包权的长期稳定；调整优先发展重工业的工业化战略，支持农业和轻工业的发展；支持发展乡镇企业，促进农业剩余劳动力就地转移；逐步放开农产品流通和价格，培育农村商品市场；实施城镇化战略，积极发展小城镇等。1982—1986年，中央连续五年发布以农业、农村和农民为主题的中央一号文件，从2004年开始，党中央连续十六年发布以"三农"为主题的中央一号文件。进入21世纪，我国解决城乡发展均衡性问题，经历了城乡统筹发展——城乡一体化发展——城乡融合发展的演进过程。2003年10月，中共十六届三中全会提出统筹城乡发展，位居五个统筹（统筹城乡发展、统筹区域发展、统筹经济社会发展、统筹人与自然和谐发展、统筹国内发展和对外开放）之首。2012年11月，党的十八大报告提出"推动城乡发展一体化"，形成以城带乡、城乡一体的新型城乡关系。2017年

10月，党的十九大报告指出，推动实施乡村振兴战略，坚持农业农村优先发展，按照"产业兴旺、生态宜居、乡风文明、治理有效、生活富裕"的总要求，建立健全城乡融合发展体制机制和政策体系，加快推进农业农村现代化，城乡发展进入了新的发展阶段。

解决城乡差距，中国与世界各国有相通之处，也从其他国家吸取了经验教训，在许多做法上殊途同归。但是，中国的做法又有着中国的出发点和特色，尤其是在"融合发展"阶段，融合的理念典型地体现了中国文化的传统精神与当代追求：

第一，城乡融合的科学理念。2018年1月，《中共中央、国务院关于实施乡村振兴战略的意见》对"建立健全城乡融合发展体制机制和政策体系"提出要求，要坚持城乡融合发展。2019年4月，中共中央、国务院印发《关于建立健全城乡融合发展体制机制和政策体系的意见》。2020年10月，党的十九届五中全会将"城乡区域发展协调性明显增强"作为"十四五"的主要目标之一，要求"健全城乡融合发展机制，促进城乡要素平等交换，双向流动，增强农业农村发展活力"。"融合发展"是党中央从当今中国城乡经济社会发展需要出发做出的重大部署。而联想到一个时期以来，"融合"在国家战略决策中频频出现，从长期以来经常讲的"军民融合"到如今的"文旅融合"，体现出追求和谐的中国思维。由融合而成的中华民族，也以融合作为认识世界和应对世界的基本方式。融合的本质是和谐，要以此解决城乡二元结构所造成的经济对立以及由此带来的社会分离和文化分离问题。

城乡之间既相互依存，又相互转化，如乾坤定位，阴阳轮回。在工业化进程中，世界各国普遍采取了重工轻农、重城轻乡的办法，又共同面对着这种办法带来的一系列经济社会发展问题。解决城乡之间的紧张、对立关系，让乡村归位于正常发展的位置，是全球性的纠偏行为。解决城乡矛盾的原初动力来自经济，因为这种对立阻碍了产业的进一步发展和市场的正常运行。但是，循着科学发展的逻辑，必然会触及城乡文化发展的不协调，乡村文化问题成为突出的问题。一个时期以来，乡村建设越来越受到重视，最终拉开乡村振兴的大幕，与乡村文化越来越被聚焦为主角，最终成为乡村振兴"五大振兴"之一，具有明显的同步性和对应性。

从这样的科学理念出发，各级政府和全社会对乡村文化振兴应该给予充分的重视，按照《中华人民共和国乡村振兴促进法》对于文化振兴的要求，从本地实际出发，认真谋划，逐步落实，充分发挥乡村文化建设的精神动力和智力支撑作用，并且解决城乡公共文化服务的差距，发挥文旅游产业的富民作用，让农民从乡村文化振兴中得到实惠。乡村文化和旅游的管理者、从业者，包括进入乡村的艺术家、设计师、乡村创客，都应在城乡融合发展的大局上，找准位置，有所作为，让文化和旅游工作充分融入乡村发展机制，成为城乡要素平等交换、双向流动的重要组成部分，并且发挥文化创新创造的优势，增强农村发展的活力。

第二，城乡居民融合的人文精神。党的十九大提出："中国特色社会主义进入新时代后，我国社会主要矛盾已经转化为人民日益增长的美好生活需要和不平衡不充分的发展之间的矛盾。"城乡发展不平衡是主要矛盾的突出表现，乡村发展不充分是矛盾的主要方面。因此，全面建设社会主义现代化国家，必须推进城乡融合发展。城乡融合发展的目的是促进全体人民共享改革发展的成果，加快农业农村发展，大幅度增加农民收入，努力消除城乡之间在居民收入、基础设施、公共服务、社会保障等方面的差距。由此可见，解决乡村发展不平衡不充分，实际上就是要解决乡村居民长期以来事实上的不平等，逐步实现与城市居民共同富裕。

解决城乡问题，从全世界来看，都可以体会到其中的人道主义精神和人文情怀，体会到对社会弱势群体的关注和扶助。把为人民服务作为初心的中国共产党和人民政府，更是把这样的初心体现在乡村振兴的各项目标、任务和措施中。而且，在乡村振兴中，农民既是帮扶的对象，又是实施的主体，要体现农民当家作主的地位和作用。《中华人民共和国乡村振兴促进法》明确提出："坚持农民主体地位，充分尊重农民民主权利和其他合法权益，调动农民的积极性、主动性、创造性，维护农民根本利益。"这一原则，贯穿在乡村振兴的方方面面。

在文化振兴的部分，这个原则体现得最充分，可以说，所有内容都是围绕人展开的，包括人的精神面貌、人的文化权益、人的文化传承，以及乡村文旅产业对于培育人、娱乐人、造福于人的作用。应该看到，在历史上，虽然乡村在中国古代占有地域上的绝对优势，而且总体上来说，城乡之间的关系是相互依附的，但城市从乡村分离出来，就是精神生产从物质生产分离出来的结果，而且在漫长的历史上始终占有政治、信息、人才等多方面的优势。近代以来，乡村和农民的经济地位的沉浮直接影响着文化的地位。农民在文化上是被动的接受者，是迄今仍然突出存在的现象，其中也有不少农民在长期封闭的环境中形成眼光短浅、思想保守等问题。把他们文化上的积极性、创造性调动起来，并与进入乡村的外部力量相互配合，形成乡村文化振兴的合力，还是一项复杂艰巨的任务，因为人的工作是最难做的工作。

第三，城乡文化融合的家国情怀。《中华人民共和国乡村振兴促进法》总则提出："国家坚持以社会主义核心价值观为引领，大力弘扬民族精神和时代精神，加强乡村优秀传统文化保护和公共文化服务体系建设，繁荣发展乡村文化。" 这是最具中国特色的城乡融合，即把弘扬中华优秀传统文化与乡村振兴结合起来，突出乡村相对于城市的特色与优势。"文化振兴"部分强调"各级政府应当采取措施丰富农民文化体育生活，倡导科学健康的生产生活方式，发挥村规民约的积极作用，普及科学知识，推进移风易俗，破除大操大办、铺张浪费等陈规陋习，提倡孝老爱亲、勤俭节约、诚实守信，促进男女平等，创建文明村镇、文明家庭，培育文明乡风、良好家风、淳朴民风，建设文明乡村"。从这段关于乡村文明建设的表述中可以看出，在传统的好东西与坏东西并存的乡村，要按照时代要求，从家庭到乡村，从家风与乡风、民风，由内而外，由近及远，丰富和强化社会主义核心价值观对乡村、对全社会的引领。

《中华人民共和国乡村振兴促进法》的"文化振兴"部分又强调"各级人民政府应该采取措施保护农业文化遗产和非物质文化遗产，挖掘优秀农业文化深厚内涵，弘扬红色文化，传承和发展优秀传统文化"。对优秀传统文化的传承、发展，还可以通过产业的办法，所以它提出"县以上地方人民政府应当坚持规划引导、典型示范，有计划地建设特色鲜明、优势突出的农业文化展示区、文化产业特色村落，发展乡村特色文化体育产业，推动乡村地区传统工艺振兴"。

对中华优秀文化的尊崇，改变乡村文化的地位，让乡村抬起了头，成为今天中国人仰视的高地，乡村有了与城市展开平等对话的底气。对话不仅限于文化领域，而是各个领域。而怀有乡愁的城市人，乡村是他们认祖归宗的故土，在修身齐家治国平天下的文化基因作用下，他们参与乡村文化建设，是又一种家国情怀的表现。

解决城乡矛盾是世界共同面对的课题。中国作为一个农耕文明大国，解决城乡矛盾，既有沉重的包袱，也有突出的优势。优势之一就是文化。做好这个答卷，是我们这一代人的责任，这也是检验中国社会文化自信的一把尺子。必须增强意识，不只是更好地完成城乡文化融合的任务，而且把文化融合理念贯穿到城乡融合的各个方面，从文化角度为乡村撑腰、鼓劲，明确融合的文化指向，营造融合的文化氛围，强化融合的精神动力。要加强相关研究，跳出文化看文化，在乡村振兴和城乡融合大局中发展乡村文化，促进城乡融合。要加强创新实践，还要特别关注来自基层群众在城乡融合中的文化创造，他们是这种实践的参与者与受益人，有更加强烈的创新动力和智慧，从他们的创新实践中提取的经验、形成的政策，成功率也最高。

近代以来，乡村板块在与城市板块的碰撞与挤压下出现下沉，城市文化像城市高楼一样占据着时代的天际线，乡村离开了社会发展的轴心，乡村文化也被放逐到边缘，这是中国经济社会正常发展绕不过去的一道坎。如果说城乡融合曾因种种原因被按下了暂停键甚至是倒退键，现在则是按下了加速键。当今中国文化进入了新的发展循环和生长周期，将奏响城市与乡村的交响。我们相信，最朴素的城乡文化际遇将是中国文化发展最生动的故事，最简单的城乡文化互动指标，是中国文化健康运行最凝练的反应。

二、文化是撬动城乡融合的杠杆

东晋陶渊明《桃花源记》是关于城乡关系的隐喻。它描写了一位渔人偶然进入桃花源的见闻，结尾是："数日，辞去。此中人语去：'不足为外人道也。'既出，得其船，便扶向路，处处志之。及郡下，诣太守说如此。太守即遣人随其往，寻向所志，遂迷不复得路。南阳刘子骥，高尚士也，闻之，欣然规往，未果，寻病终，后遂无问津者。"在这里，作为城市的"郡下"是无法进入桃花源的，再也无人问津的桃花源，实际上就是不归之乡。

或许，还可以把《桃花源记》理解成一千六百多年前陶渊明留待我们打开的时间胶囊，为今天继续展开的城乡故事——一个梦想变成现实的史诗级大剧埋下的伏笔，因为我们终于守得云开见月明。

桃花源是一个传说，还是真实存在，这不重要。重要的是，陶渊明笔下的桃花源，作为一个与世隔绝的乡村社会，最具特征的是它的乡村文化，包括它的村容村貌、生产生活、精神状态、邻里关系等，可以说，就是千百年来我们这个民族关于美丽乡村的"原型"，是今天《中华人民共和国乡村振兴促进法》关于文化振兴要求，特别是乡风文明要求的精神源头。

与世隔绝的乡村在今天很难存在，即便是在历史上，真正与世隔绝的乡村也不可能像《桃花源记》描述的那么美好。乡村与城市互视、互动，是不可避免的，在今天也是必需的。新型的城乡关系，应该是唇齿相依、相濡以沫的。因此，如果把《桃花源记》看作一个隐喻的话，它告诉我们，文化在乡村与城市的融合中是何等重要！

文化融合不仅是城乡融合的重要组成部分，而且可以成为整体撬动城乡融合的杠杆，成为促进城乡各类要素流动并产生化学反应的催化剂。

新时期之初，以开展家庭承包责任制成为改革滥觞的乡村，一度生机盎然，但由于历史的包袱太重，很快又成为中国经济社会平衡发展中的短板，引起中央和社会各方面的高度关注。"一号文件"成为中央强调农村农业重要性的标志性符号。1982—1986年，中央连续五年发布以农业、农村和农民为主题的中央一号文件。进入21世纪，从2004年开始，又连续十五年发布以"三农"为主题的中央"一号文件"。这些文件记录了中国农村发展的脚印，从中可以看到，乡村文化逐步增加权重，最终成为乡村振兴"五大振兴"任务之一。与乡村振兴高度关联的解决城乡矛盾的方略也在发生着变化，经历了从城乡统筹，到城乡一体化，再到城乡融合。三个阶段既一脉相承，又不断深化。党的十九大报告指出，推动实施乡村振兴战略，坚持农业农村优先发展，按照"产业兴旺、生态宜居、乡风文明、治理有效、生活富裕"的总要求，建立健全城乡融合发展体制机制和政策体系，文化的分量可以说是举足轻重。

在"城乡一体化"阶段，文化领域曾出现了防止乡村按照城市样子一体化、抹杀乡村文化个性的清醒声音。进入"城乡融合"阶段，这个问题在理论上得到了解决。但是，这不意味着一些地方领导，还有文化和旅游领域内的人，认识不再停留在"一体化"阶段上。如果不考虑乡村的主体地位，不考虑乡村文化特征，处处用乡村文化建设来对标城市，这样的认识不仅是落后的，而且是有害的。

"城乡融合"阶段对城乡关系的认识已经发生了一系列深刻的变化，在文化方面表现得更为充分，把握这一点，无论是对于城乡文化发展而言，还是对城乡融合的相关领域乃至全局而言，都至为关键。

特别要关注的变化，就是乡村获得了与城市一样的平等地位、平等待遇和平等发展，具体表现为，乡村与城市互促、互补、互利。"城乡统筹"阶段，核心是要解决城乡收入差距加大、城乡之间发展不平衡、城乡居民享受公共服务不均等问题。"城乡一体化"阶段，进而提出"以工促农、以城带乡"。乡村振兴阶段，又进一步提出要把乡村作为与城市具有同等地位的有机整体，实现经济社会文化共存共荣。

这是城乡定位的历史性变革：

它深化了对乡村的认识，特别是对乡村禀赋、地位的认识，体现了对乡村作用于城市发展规律的把握。新型城乡关系应该是，城市和乡村各自凭借优势，相互促进，相互带动。不是单向带动，不是单方主动，不是单一主体，而是乡村与城市互相带动，双方都是主动作为、都是行为主体，以此充分释放农村要素，激发农村活力。这就有可能改变乡村被迫、被动、附庸的角色，改变城乡之间扭曲、紧张的关系，扭转长期以来城乡发展不协调的格局。

它认识到乡村与城市各自的优势与存在的问题，这些问题只有通过彼此取长补短、互通有无，在互利共赢中得到解决。尺有所短、寸有所长，乡村固然有很多问题需要得到城市的带动，城市在经济社会发展中确实占有优势，但摊大饼式的扩张，带来了城市承载力的一系列问题，资源流费、环境污染、交通堵塞、就业困难等"城市病"丛生，与此相关的人的精神疾病也日渐突出，这些问题有些也需要面向乡村才能得到缓解。

它更认识到，无论城市如何发展，乡村将永远存在。而且，中国过去是一个农业大国，今天农业仍然是经常由"一号文件"确定的中国经济社会发展的第一"工程"。在城市化进程中，农业人口不断下降，但仍然占有相当大的比例。城乡发展，如乾坤并生，阴阳协调，没有城乡的和谐，就没有中国的和谐，必须让乡村与城市成为社会发展的两核，双轮驱动，比翼齐飞。

城乡发展不平衡，是目前中国最突出的矛盾。这种认识，与当今关于城乡关系的全球性认识是一致的，但它更源自对中国历史演进和现实发展的深刻洞察。党的十九大把当前中国经济社会发展的主要矛盾确定为人民群众日益增长的美好生活需要和不平衡不充分的发展之间的矛盾，其主要指向，应该是乡村发展的不平衡与不充分。

我们正处在一个文化的时代。解决城乡矛盾，最初是由经济问题导出，但从发轫之始就由人文情怀起着推动作用。而且，随着这项工作在中国的深入展开，文化的分量也在加重。在城乡统筹和城乡一体化这两个阶段中，公共文化服务已经进入了视野，在城乡融合阶段，也会随着乡村振兴中文化振兴的突显，文化彰显更大的能量。

这样的城乡融合，事关当下、传统和未来：

一是当下。当前城乡发展的差距，不仅体现在图书馆、文化馆、博物馆、美术馆等基础公共文化设施上，也体现在乡村文明建设、艺术创作生产、文化产业、文化市场等多个方面。这些差距的解决，有的通过以城带乡起到了明显作用，比如图书馆，不少地方在地市级建立总馆，向下延伸到县级建立分馆，再继续向下延伸到乡镇、村，把触须扎到了最基层；有的方面则差强人意，比如发展特色文化产业，多年前在有关文件里提出"以城带乡"，但带动力不强，必须考虑用城乡互促的办法来推进。现在，乡村文化产业，特别是与乡村旅游结合在一起的乡村特色文化产业，在越来越多的地方获得成功并取得经验，一方面整体带动了当地农业文化遗产和非物质文化遗产保护传承，另一方面带动了当地其他产业特别是特色农业的发展，显示了乡村在特色文化产业领域的独特优势和巨大潜力，也显示了它在供给侧发力、对城乡文化产业和市场的带动力量。

　　二是传统。千百年来的中国文化都是在城乡的穿插过程中发展的，多少年轻人从耕读传家的乡间走出来，进城参加科举入仕，成为城市文化的参与者。过了些年，他们告老回乡，作为乡贤，又影响着乡间文化的延续。这是城乡文化互动的一个缩影。科举制度是中国古代以及受中国影响的朝鲜、日本、越南等国家采取的选拔官吏的方法，虽然有消极的一方面，而且后来积弊严重，但总体上是世界公认的最公平的人才选拔形式，仅从城乡文化关系上，就有值得深入研究的价值。至少可以说，在打破城乡壁垒上，有过重要的贡献，这些从乡间走出去又返回来的古人，他们的行为、诗文，至今影响着我们，酝酿和强化了今日的"乡愁"。这还只是观察我们这个农耕文明大国城乡关联的一个角度。中国古代文学艺术样式的演变，走过的基本路线，是从乡间进入城市，然后又反哺乡间。城乡文化互促互动关系的终止，以至于恶化，是从近代以来乡村的凋敝开始的。在一定意义上，重建城乡文化互促关系，是对中华优秀文化的传承和弘扬。

　　三是未来。从历史上看，很多经济现象最终都演变为文化现象。城市、乡村作为最初的经济体现，最终都发展出城市文化、乡村文化，成为文化的载体和符号。今天在城乡融合的整体工作中，从怎样的思想、战略出发，在哪些方面推进，实施了哪些政策措施，等等，不仅决定了这些方面的最终工作结果，而且决定了未来会留下怎样的城乡融合文化。这个"文化"，包括城乡互动中形成的各项文化建设任务，也包括在这个过程中形成的文化理念和人文精神，它关涉自古以来我们中国人的城乡观念，关涉对中华优秀传统文化的认识，关涉中国特色社会主义文化的发展。

　　文化在城乡融合中能够发挥杠杆作用，是因为文化自信在今天深入人心，是支持开展各方面城乡融合的思想指引、精神动力和智力支持。而且，在乡村振兴的"五大振兴"中，文化除了文化振兴的任务之外，它还可以在其他振兴方面，即产业振兴、人才振兴、生态振兴、组织振兴中，全面融入，与它们相互赋能，并在这样的相互实现中，促进文化自身的振兴。

　　要发挥文化的杠杆作用，在文化上必须做到以下三个方面：

　　一是文化任务。这既是城乡融合中的基本任务，也是文化对城乡融合发挥作用的前提和基础。城乡融合的主要矛盾在乡村，因此要把关注点和着力点放在乡村。应该对标《中华人民共和国乡村振兴促进法》中的"文化振兴"任务，主要是乡风文明建设、乡村艺术创作生产、公共文化服务、农业文化遗产和非物质文化遗产保护传承、文化产业和旅游业、文化市场繁荣与管理，等等，从当地实际出发，补缺补漏。而且，在城乡互动中，乡村要改变被动接受的心态，以主体的角色、主动的心态、主人的身份，发挥自己的优势，激发自己的潜能，实现乡村的发展，并在这个过程中，在城乡文化的两极张力中，促进城乡的发展乃至整个中国文化的发展。

城乡融合中的城市文化发展，要自觉增加与乡村文化互动的维度。地方主管部门应准确把握城乡融合背景下文化融合的原则是城乡平等，重在互促、互补、互利，不能仍然停留在简单的以城带乡的思维方式上。在制定全局性工作规划和政策时，把乡村振兴摆在更加突出的位置，并且把城乡融合作为解决乡村问题和城市问题一举两得的工作，尽可能体现城乡融合的思路，"宜融尽融、能融尽融"。这是一项能够让城乡两方面居民受益，并且具有开创性的工作。诚然，城市与乡村现实基础不同，不是不切实际地拉平城乡发展水平，在很多方面城市应该先行一步。还有一些方面只适宜于在城市投入的基础设施及其他方面的建设或活动，还是要在城市进行，从趋势上看，一方面还会有越来越多的人进入城市，这是城市化进程决定的，要让他们融入城市，融入市民文化生活；另一方面，也会有越来越多的活动进入乡村，包括演出、展览、展示活动，包括文化与其他领域相互搭台、唱戏的活动。这是积极的角度互换、场景互移。要密切城乡关系，就必须形成更多的联动。要激活和培育乡村的主体地位，特别是要发挥农民作为文化主人的作用，让他们有意愿、有能力在家门口参与城乡的互动。还要下功夫解决乡村目前存在的公共文化服务能力薄弱、文化产业和旅游业刚刚起步等方面的困难，加快公共文化服务设施建设和乡村文化队伍建设。参与乡村文化建设的社会组织、企业家、艺术家、设计师、乡村创客，也应增强城乡融合的意识，在这个领域有更多的作为。

二是文化情怀。参与乡村文化建设和城乡文化融合，是需要有一点情怀的。有人担心，迄今为止，进入各级领导岗位和主管部门的人，还有介入乡村的各路文化、旅游人，很多还是出生在乡村，是农家子弟，与乡村有联系、有感情，也有情怀。随着时间推移，这样的情怀就淡了，乡村的事就没有这一代人这么用心了。这样的担心不是没有道理。但是，乡村毕竟是中国文化的故土，在长期的文化熏陶中，这样的文化基因已经深植在我们的体内。今天中国文化自信的基础建立在优秀民族文化的基础上，随着中华优秀传统文化回归社会，会强化全社会的乡愁意识，也会丰富和深化对于乡村的情怀。在城乡融合的背景下，对乡村的反哺，可以体现在对目前还处于发展弱者地位的同情，这也是应该的，但更应有尊重和敬畏。只有这样的态度，才可能让乡村以平等的地位与城市共生共荣。

更重要的还是要把这份情怀转化为产业动力和市场智慧。曾听到一位乡村创客在演讲时说，在乡村，"所有只讲情怀不讲效益的，都是耍流氓"，这话听起来有些刺耳，但不无道理。情怀还是要有的，有情怀，就会有激情、有克服困难的勇气，也会有创造力。但是，情怀不能代替实干，还得懂市场，懂运营，懂与村民相处。这些对于从城市进入乡村的艺术家、设计师、创客来说更重要，他们的情怀可能更浓厚些，但如何把自己的专业与乡村实际结合起来，把城市的文化优势与乡村文化特色结合起来，并且找到一条打开市场的路子，还需要做很多功课。至于有些人，打着情怀的幌子，到乡村投机取巧，是不足为训的。进入乡村，参与公共文化服务，就要体现文化事业的本质，真心为民，让农民得实惠。如果是从事文化产业和旅游业，则要把社会效益放在首位，让自己的产品和服务能够体现社会效益与经济效益的统一。

三是文化创意。创意经济的年代，人人能够创意，事事可以创意。而文化创意的特点，是利用文化要素与相关行业融合，产生兼具文化与实用功能的新成果。创意的关键是想象力和创造力，把看似没有关联的文化与其他事物融合在一起，或是通过文化的作用把看似没关联的两个事物融合在一起。这样的创意，可以体现在产品和服务上，也可以体现在活动的组织、安排上。文化创意在当今中国风起云涌，不仅与世界性的创意潮流相融合，而且中国审美传统是生活美学，历来崇尚审美与生活融合、与实用融合，在今天，还可以与市场、与消费融合。在国家大力推动下，文化创意与设计服务与相关产业融合，取得了突出成效，文化创意和科技创新实际上已经成为经济转型升级的两个轮子。产业融合是城乡融合的关键，而创意恰恰可以促进产业融合。

要发挥文化在城乡融合中的杠杆作用，就必须更充分地运用文化创意。否则，文化就只能是"文化"而已，只能在自己固有的空间运行。只有通过创意的组织，通过"有意味的"形式或方式，把城乡联结起来，把专业艺术与乡村特点联结起来，把政府、企业、艺术家、设计师、创客和农民联结起来，把城乡融合中的各类公共服务、各类产业发展联结起来。文化创意能够将它们联结起来，起到穿针引线、发酵酝酿的作用，其基础是乡村文化的发展、文化氛围的形成和文化情怀的激励，再就是文化创意的想象力和创造力。比如，乡村民宿，本是简单的旅游居住场所，但是经过文化创意，它已经成为当地乡土文化，特别是非物质文化遗产的传承枢纽，国家关于乡村民宿的标准，也要求民宿的经营者、管家熟悉乡土文化，有责任引导客人参与当地的农事活动和非物质文化遗产活动。乡村民宿有效地拉近了城市游客与村民的距离，而且拉近了城市文化市场与乡村文化市场、城市文化产业与乡村文化产业的距离。乡村民宿有一个意想不到的副产品，而且是城市居民需求量最大的产品，即当地的农特产品。而以上种种，都还只是文化创意在乡村产业融合中小试锋芒。

乡村的种子在乡村的土壤中发芽，它要接受乡村的阳光雨露，同时也要接受八面来风。有这样的底子，有风风雨雨的滋养和磨砺，桃花源就能跳离"见光死"的魔咒。实际上，这些年在不少地方出现了以"桃花源"为名称的美丽乡村，它不仅不排斥"郡下"，而且像当年桃花源中人欢迎渔人一样，欢迎城里人。可以说，这样的美丽乡村，是这里的村民与城里来的游客共创共享的桃花源，是城乡良性互动的桃花源，或许它们还有很多美中不足，但至少是在往这方面努力。在城乡融合中，会有更多的地方实现城市与乡村、浪漫与现实的无缝对接，会涌现出更多的桃花源，虽不能至，心向往之。

三、防止城乡融合中的傲慢与偏见

要实现城乡融合，必须摒弃城市的傲慢与偏见，文化融合尤其应如此。体现在工作中，就是以乡村需求为导向。

如果说以往在解决城乡文化关系上有什么教训的话，就是处处以城市为标的，没有抓住乡村需求。抓住乡村需求，就抓住了牛鼻子。这将是城乡关系认识上的重要演进，也是中国文化建设的一个范式革命。乡村文化发展属于中国文化发展的慢变量，但一定时期会是关键变量，现在就是这个"一定时期"，在这样的关节点上，明确城乡融合中的乡村导向，是根本性问题。

人在文化上往往有自我中心的倾向，能克服这种倾向，就是一种超越。有记载说当年希腊人看到波斯的体制与自己的不一样，除了军事上的征服感，还有文化上的优越感。文化上的自我中心主义是长期而且普遍存在的。按皮亚杰的观点，人在婴幼儿阶段就开始形成自我中心主义。即便是黑格尔这样的伟大理论家，不仅不能免俗，而且这还是他观察美学世界的主要视野和判断标准。美国学者奥尔波特在《偏见的本质》中说，世界上没有一处完全不存在群体性的歧视，我们受到各自文化的约束，是"一束偏见的集合群"。费孝通先生提出"各美其美，美人之美，美美与共，天下大同"，是非常了不起的见解，这也是我国对外文化交流、合作的基本主张，其渊源则可以追溯到先秦时期"声一无听""物一无文"的和谐理念和美学思想。

在城乡文化关系上，始终存在着文化观念的差距和矛盾，乃至对峙、冲突，城里人与农村人互相看不上，总认为自己的生活理念、方式是最正确的，并且作为衡量对方的标尺，进行"降维打击"。而矛盾的主要方面，是长期以来城市的优势感。一直以来，城乡是当地政治经济中心，信息畅通，人才集聚，部分人甚至专事文化艺术，这使得它站在制高点上。在有些方面，比如时尚文化，永远是引领的角色。《后汉书·马援传》记载了东汉初期的童谣："城中好高髻，四方高一尺；城中好广眉，四方且半额；

城中好大袖，四方全匹帛"，可以看出，这首《城中谣》对乡村模仿城市的戏谑中多少带有鄙视。唐代杜甫在诗中写他女儿的憨萌，其中"狼藉画眉阔"，用了这个典故，可见影响之大。费孝通先生最早提出过"文化自觉"，就是在承认别人文化长处的同时，充分肯定自己文化的长处，相互欣赏、学习。在城乡文化关系上，也应该有城市文化自觉和乡村文化自觉。

中国作为一个农耕文明大国和代表性国家，作为一个迄今还为人类守护着丰富的农业文化遗产和非物质文化遗产的国家，对乡村有着不同于一般国家的深厚感情和浓烈乡愁。今天的中国社会把自己的主要矛盾锚定为人民群众日益增长的美好生活需要和发展不平衡不充分之间的矛盾，其指向主要是乡村。因此，当今中国正在开展的城乡融合，虽然是在城乡两极的张力中运动，需要在城乡两方面发力，但实际上是以乡村为基准。明确了这一点，就应将它体现在以下三个方面：

第一，乡村本位。城乡融合是从乡村振兴的需要出发的，因此在《中华人民共和国乡村振兴促进法》中单列《城乡融合》一个章节，是要解决农村与城市之间发展不平衡不充分的问题，也就是说，出发点是要解决乡村的问题，而非城市的问题。当然，在客观效果上，它要实现城乡双赢，让城乡都能获得发展，让城乡居民都能获得实惠。但它强调坚持农业农村优先发展，要以缩小城乡发展差距和居民生活水平为目标。因此，在城乡文化中，理应把乡村作为本位。这是开展所有城乡融合工作的基础。"城乡融合"的最大特点，是不再简单地采取以城带乡、以工促农的办法，而是城乡互促、工农互促。通俗地说，不是城里吃什么，乡村跟着吃什么，而是城乡在互动中共同做出一桌好饭。这是城乡理念的根本性转换，也是思维方式和工作方式的重大转变。

文化上的城乡融合，加强乡村本位尤其重要。近代以来，乡村经济地位的衰落，进而导致文化地位的下降。一方面是城市的迅猛发展和文化领先，一方面是乡村的处处滞后，形成明显的马太效应。中华人民共和国成立后，特别是改革开放后，乡村文化发展步伐加快，但城市更快，差距越来越大。与此相对应的是，城乡文化理念也由差距变为矛盾，甚至对峙。将工业文明与农业文明对立起来，是城乡文化对立的另一种表现。长期以来，一些人在强调农业文化遗产和非物质文化遗产的重要性时，往往把工业文明、城市文明视为洪水猛兽，认为是工业文明必然碾压农耕文明。针对这种意识，我曾撰文说明中国工业文化对中国农业文化的传承，希望纠正一部分人对中国工业文明的错误认识。除了认识上的问题，前一个时期，相对于卫生、教育、科技等公共服务，公共文化服务在乡村欠账更多，滞后更严重，使得在新形势下确立乡村本位，任务更迫切，面临的困难也更多。

第二，村民本体。乡村振兴，以人为本。实现城乡融合，人也是关键，要以村民为主体。《中华人民共和国乡村振兴促进法》强调，坚持农民主体地位，充分尊重农民意愿，保障农民民主权利和其他合法权益，调动农民的积极性、主动性和创造性，维护农民的根本利益。在"城乡融合"部分强调，按照尊重农民意愿、方便群众生产生活、保持乡村功能和特色的原则，因地制宜安排村庄布局，依法编制村庄规划，分类有序推进村庄建设，严格规范村庄撤并，严禁违背农民意愿、违反法定程序撤并村庄。生于此长于此的乡村百姓，他们是城乡融合必须依靠的力量。依靠他们，就是庄稼把根扎进了土地。他们是这方土地的真正主人。他们熟悉这里，对这里有真正的感情，有负责任的态度，如果把他们的积极性、创造性调动起来，他们就会表现得有智慧、有办法。他们是这里发展的向导，离开了他们，任何工作都只会成为盲人瞎马。以往的城乡融合有种种失误，最大的失误是未能把他们的作用发挥出来。而参与乡村建设的企业家、艺术家、设计师以及种种新农人，也是城乡融合前沿上需要发挥力量的队伍。

《中华人民共和国乡村振兴促进法》强调，加强乡村文化人才队伍建设，培育乡村文化骨干力量。而长期以来，在城乡文化关系上，村民是被动者，消极接受者。改革开放以来，农民的文化生活问题受到关注，经历了城里人从"送文化"到"种文化"再到"找文化"的过程。这个过程中，确实发生了城里对乡村从俯视到平视再到仰视的转变，但农民基本上是被动地参与。在这样的情况下，城乡互动的结果是要大打折扣的。本意是要拉平城乡公共文化服务的乡村文化站、图书室，很多都是闲置的，无人问津。有些设施被破坏，有些图书被当作废纸变卖，甚至铁制的图书架也被当作废品处理。送戏下乡，本是要解决农村看演出难的问题，可是有的地方因为是老区或者其他因素，来送的多了，村民如果发现没有歌星、大腕就不满意。这种填鸭式的以城带乡，不仅不利于乡村正常文化生活的形成，而且剥蚀了它的传统根基。在乡村文化发展上，在城乡文化互动中，农民不能永远只是当观众，他们应该参与进去，而且是唱主角。

第三，乡村文化本色。这应该是最有中国特色的城乡融合内容。《中华人民共和国乡村振兴促进法》强调，在制定乡村规划时要坚持因地制宜，顺应村庄发展规律，根据乡村的历史文化、发展现状、区位条件、资源禀赋、产业基础分类推进，并且要求坚持以社会主义核心价值观为引领，大力弘扬民族精神和时代精神，加强乡村优秀传统文化保护和公共文化服务体系建设，繁荣发展乡村文化，并把每年农历秋分日作为中国农民丰收节写入法中。在《中华人民共和国乡村振兴促进法》"城乡融合"部分又提出，应当发挥农村资源和生态优势，支持特色农业、休闲农业、现代农产品加工业、乡村手工业、红色旅游、乡村旅游、康养，支持休闲农业和乡村旅游重点村镇等的建设，鼓励社会资本到乡村发展与农民利益联结型项目，包括鼓励城市居民到乡村旅游、休闲度假、养生养老等，但不得破坏乡村生态环境，不得损害农村集体经济组织及其成员的合法权益。在国家法律中，对保持乡村文化本色提出这么具体的要求，在世界上应该不多见吧。

实际上，无论是其他国家，还是中国，从解决城乡问题的最早动机来说，都不是文化问题，而是经济问题，以及由此可能带来的社会问题、政治问题。当今世界，文化突显为时代主题，在解决城乡问题上先行一步的国家，在实践上也表现出尊重、保护和展示乡村文化的态度。从这些国家开展的乡村旅游、举办的大地艺术节等，就清楚地表明了这一点。但是，今天的中国，乡村在城乡融合中具有不同寻常的分量，既与我们是一个脱胎于农耕文明的大国有关，也与中华优秀传统文化回归中国社会有关，更是根据当今中国城乡融合的实际需要做出的抉择。在此前的"城乡一体化"阶段，就有清醒的声音担心在这个过程中泯灭了乡村文化、城市文化，把乡村特色一体化了。事实上，直到现在，许多乡村没有保护乡村老建筑的意识和规划，推倒了不少老房子，也推倒了乡村的老记忆，模仿城里建起了一排排洋楼。在文化自信日渐成为中国社会的集体意识的背景下，乡村文化本色应该会受到政策的更多关注。

因此，在城乡融合中，必须突出乡村需求的导向。具体说，就是突出乡村本位、村民本体、乡村文化本色的定位，按照这样的定位去找需求。如何找出这样的需求，实现这样的需求，还得下很多功夫：

一是针对乡村普遍性文化问题。《中华人民共和国乡村振兴促进法》中"文化振兴"部分，是乡村文化建设的重要方向。它分别涉及乡风文明建设、公共文化服务、农业文化遗产和非物质文化遗产保护传承、文化产业、文化市场等，旅游业在这部分和其他部分都有体现。作为法律的组成部分，这些内容是多年来乡村文化建设经验教训的总结，也反映了绝大多数乡村文化发展都无法绕过去的问题。要老老实实地面对这些问题，扎扎实实地解决。

二是针对乡村地方性文化问题。十里不同风，百里不同俗，必须结合各地乡村实际，准确找出问题，准确施策。同样是要填平城乡之间的数字化鸿沟，发达省份与欠发达省份的做法和要求都不一样。作为基本公共文化服务，全国当然会有统一的尺子，但进一步具体化就要从本地实际出发了。各地乡村经济发展水平、人文环境、市场环境不一样，乡村干部能力和村民素质也不一样，面对的乡村文化发展问题和解决方法也不一样。但在同一区域，地缘、文缘、亲缘上的联系，恰恰是本地城乡可以通过联动，共同解决，共同受益。

三是针对乡村阶段性文化问题。阶段不同，赛道也不同，解决乡村文化问题，越具体、越有针对性，就越科学。在文化发展受到高度重视，特别是乡村文化建设力度明显增强的背景下，城乡融合要关注乡村文化现有的发展程度和水平。乡村文化问题，很多是阶段性的，解决这些问题在一定的历史阶段是突出的文化任务，比如说村民的学文化问题。有的是长期性的乡村文化问题，也是分步解决的。比如农民看书难，国家多个部门想了很多办法，效果一直不理想，这又是与当地城市图书馆的发展水平以及文化和旅游其他方面的工作高度关联的。

由此出发，必须注意解决好以下三方面的问题：

第一，处理好政府与市场的关系。城乡融合需要政府积极作为，也需要发挥市场机制的作用，二者不可偏废，必须理顺关系，实现有机统一。处理好政府与市场的关系，是改革中各领域普遍遇到的一大难题，具体到城乡融合，又进而具体到城乡文化融合，都需要注意一方面要各自发力，另一方面要有边界。

解决城乡融合中的文化融合，政府与市场关系的复杂性就是文化体制改革的复杂性。要把握的关键点是，要在社会主义市场经济体制的背景下，始终拿捏准政府与市场的各自角色，按照文化事业与文化产业的分类，各自有所作为。在文化事业方面，政府要从保障公民的基本文化权益、保护中华优秀传统文化、维护国家文化安全等方面，切实承担起责任，把《中华人民共和国乡村振兴促进法》中关于各级政府的要求落到实处。另一方面，发挥市场机制的作用，能交给市场的就交给市场，效果也会更好。不能因为感觉城乡融合意义重大、政治性强，政府就把手伸得太长，越俎代庖。比如对乡村文旅游产业，在目前的情况下，政府要做并且能做的就是加强政策驱动，做好对乡村文旅企业和创业者的服务，积极为城乡融合牵线搭桥，为产业发展营造氛围、创造条件，并且在文旅市场管理中坚持社会效益与经济效益统一的导向，体现繁荣与管理并用，但把繁荣放在首位。

第二，体现城市文化与乡村文化双赢的原则。城乡融合的着力点在乡村，但是解决城乡矛盾的出发点却是兼顾城乡两个方面。无论是从世界看还是从中国看，都是因为乡村发展滞后，给城市发展带来直接问题，也因为影响国家经济社会大局给城市带来间接问题，由此启动城乡融合进程。满足人民群众日益增长的美好生活需要和不平衡不充分的发展之间的矛盾，是当前中国经济社会发展的主要矛盾，短板在乡村，但短板效应却同时落在城市身上。这一点在文化上表现得更加充分。如果说在一定的历史时期采取限制乡村发展、剥夺农民利益的办法来发展重工业，是出于经济、政治、军事等方面的压力，那么当时就应该已经掂量过在文化上付出的代价，即公平正义的社会价值观问题。这种状况日积月累，又会产生和扩大城乡之间的文化裂隙，伤害的是城乡两方面的居民，现在到了解决这个问题的时候了。强调城乡融合是城市对于乡村的"反哺"，已经表明了这样的人文情怀和文化立场。

下一步的城乡融合，不仅要在理论上、间接效果上体现城乡融合的作用，而且要让城乡居民都能现实地、直接地享受融合的好处。比如说，加大乡村公共文化服务投入力度，完善乡村公共文化设施，公共文化服务网络实现城乡全覆盖，无论是城里人还是乡村人，都能随时随处享受这样的服务，而这恰恰体现了公共文化服务的本质，随着城乡大流动的加快，特别是大量城市消费者、游客进驻乡村，这样的公共服务作用会更加突出，像现在基层图书馆已经把图书摆放进乡村民宿，受益的就是住客和村民。又比如乡村农业文化遗产和非物质文化遗产得到保护、利用，以及以此为资源开展的特色文化产业和旅游业，在给村民带来经济收益的同时，也丰富了城市居民的精神文化生活。再比如进入乡村旅游的城市居民，不仅消费了文旅内容，还买走了当地乡村的农特产品，而这是打上乡村文化烙印并且有利于身体健康的绿色食品。随着乡村发展后劲的增强，与城市的互动能力提升，城乡融合中双方受益将会表现得更充分、更直接。当然，前提是我们能把握住正确的方向和路径。

　　第三，把握城乡文化融合的规律。城乡文化融合是城乡融合的组成部分，要遵循城乡融合的一般规律和方法。城乡融合是乡村振兴的基本内容和手段，因此《中华人民共和国乡村振兴促进法》有专门的章节提出要求。值得注意的是，它位居产业发展、人才支撑、文化繁荣、生态保护、组织建设"五大振兴"之后，扶持措施、监督检查、附则之前，它实际上是乡村振兴的任务和途径，具有刚性要求的特征。它提出各级人民政府应当协调推进乡村振兴战略和新型城镇化战略的实施，整体筹划城镇和乡村发展，科学有序统筹安排生态、农业、城镇等功能空间，优化城乡产业发展、基础设施、公共服务设施等布局，逐步健全全民覆盖、普惠共享、城乡一体的基本公共服务体系，并强调国家发展农村社会事业，促进公共教育、医疗卫生、社会保障等资源向农村倾斜，提升乡村基本公共服务水平，推进城乡基本公共服务均等化。它还强调，国家健全乡村便民服务体系，提升乡村公共服务数字化智能化水平，支持完善村级综合服务设施和综合信息平台，培育服务机构和服务类社会组织，完善服务运行机制，促进公共服务与自我服务有效衔接，增强生产生活服务功能。这些要求，都应该结合乡村文化建设实际，有效推动城乡文化融合。

但是，现在能给城乡文化融合提供参考的研究实在太少了。行业内关注也不够，说起这个话题，绝大多数人可能只知道公共文化服务的城乡一体化，而且对乡村在城乡关系中地位的转换也一无所知。千百年来的中国文化，实际上是在城乡两维构成的磁场中发展演进的，在城乡的相互依存中，乡村始终是关键性角色，但是长期的城乡割裂，尤其是乡村的积贫积弱，已经造成了城乡文化关系的断档。应该在文化和旅游领域全方位增强城乡文化融合的理念，从艺术生产创作、中华优秀文化传承、公共文化服务、文化产业和旅游业、文化市场、对外交流等各个方面，逐一梳理城乡的对接点和融合点，并从文化、旅游的特殊规律出发，分清政府与市场在城乡融合中的各自责任，确定基本方略，寻找合理路径，有所规划，有所推动。目前，文化和旅游领域都面临着不少困难和问题，有的涉及体制改革、机制转变，不妨在城乡文化融合中探寻突破点。有些具体的文化艺术问题和旅游问题一直找不到有效的解决办法，可以试着在城乡融合中寻找创新点。比如说，一直强调文艺工作者扎根基层、扎根群众，如果在城乡融合的框架里，或许还能摸索出一些日常化甚至市场化的办法来，效果比几十年一贯制的做法会有效得多。又比如，目前文化产业多是集中在大城市，特色文化产业资源和市场则在乡村，如果在城乡融合中重视发展县域的枢纽作用，而且这是在《中华人民共和国乡村振兴促进法》中得到明确的，那么这会不会是县域文化产业和文化市场的新机会？这些在未来几年内或许会有答案。

今日乡村，万山初醒。"我见青山多妩媚，料青山见我应如是"。新型的城乡文化关系应该是相济相成，和而不同，抵掌共生。自然、乡村是中国文化的皈依。以乡村需求为导向，不是出自对乡村的悲悯，而是出自对乡村文化、城市文化的双重救赎。突出乡村需求导向，就是点亮了一盏走出城市昏蒙的渔火，就是将中国文化引上城乡文化各擅胜场的旅程，四季更替，日月流转，一路皆是好风景。

第十二章　城市更新与乡村振兴的文创联动

一、城市更新，文化何为

"生存还是毁灭，这是个问题"，哈姆雷特的沉痛也是长期以来城乡建筑的沉痛。围绕城乡历史建筑的博弈已经很久了。到了今天，"保护派"与"大拆派"的力量对比发生逆转。大拆大建，逆潮流而动，不得人心。但要注意到，在保护与大拆的力量消长中，前者明显在道义上占据了上风，但工作也更繁重、复杂了，主要表现在，它乘势而上，拓展了自己的关注范围——以往的重点是单体建筑、街区、村镇，虽然也认识到周边环境的重要，但从实践上看，经常是节节败退，对保护城乡老的结构、保护其风貌和肌理则鞭长莫及，而这部分现在也纳入了保护核心。以往把单体建筑物破坏了，如同在人的脸上划了一刀；要是把城市结构改变了，这个城市就眉歪眼斜了。虽然很多城市更新工作都还只是在局部范围内展开，但要防止日复一日对城市老结构的蚕食。

多年来，相关部门采取了不少措施。而我的观察是，这种保护视野的拓展、保护对象的"泛化"，在理论和实践上，最初主要是从地方、艺术界、民间开始酝酿、启动的，其中经历曲折跌宕，今天则表现为中国社会的广泛共识，从一个角度印证了文化自信的社会基础和民意风向。联想到十几年前的一个电视节目，文化专家与企业家一起谈论城市改造与文物保护的矛盾，文化专家说是"仇人相见分外眼红"，文化在资本面前的弱势，恍如隔世。

　　每一轮城市更新，大到规划，小到细节处理方案，都可能是城市特色文化的"生死约"，今天也不例外。如果还不制止种种破坏老旧建筑和老的城市结构的行为，那么这些文化遗产将永劫不复。在这样的关键时期，真当推土机轰隆隆驶过来，挖掘机的大抓手从天而降，你不会是那个叫不醒的人吧？

　　城市更新，涉及的对象和重点不同，与文化的关系看似或近或远，或直接或间接，文化方面可做的事情看似或多或少，但文化不能缺席。可能有些人认识到文化的重要性了，就是不知道文化在哪里，不知道该怎么做，可以问一下当地的文化、文物和史志部门，问一下专家、艺术家。

　　城市更新，文化的作为主要在以下三个方面：

　　第一是文化内容。城市是文化容器，如果把老的城市结构改没了，把老的城市风貌和文化肌理像垃圾一样丢弃了，这个容器就扭曲、破损了，文化也就会加速流失、面目全非。当今城市文化丰富多彩，日新月异，而需要更新的城市部分，盛放的可能是当地的特色文化，这可都是这个城市压箱底的宝贝。乡土文化是各地特色文化的主干，是城市之根。乡土文化不只存留在乡村，城市也有，它是城市与乡村共有的"文化母语"。与世界其他国家相比，中国城市的特点是历史上长期依附乡村，因此乡土文化是城市与生俱来的胎记。这些乡土文化，有的已经列入非物质文化遗产名录，可能是国家级、省级、地县级的，也可能够不上任何一个级别，但它们是前人终生厮守的本地文化。还有历史文化，包括发生在这个城市而且对城市有过影响的历史事件、人物事迹，其年头可能是几千年，也可能是几十年，同样是城市文化的财富。这些年来，不少地方用老厂区、老矿区、老仓库、老校园做文创园区，尽可能留下一些历史印记，包括建筑、内部装饰、机器设备，以及当年的口号、标语等，由于有了这些历史信息的积累，就有了文化氛围，有了精神积淀，在这里做文创或相关文化产业和旅游业的人，不是孤零零地站在荒原上，不是"前不见古人后不见来者"，而是与前人站在一起，进入这里曾有过的创造创业过程中，进行新的文化创造。为什么那些天马行空的艺术家、设计师喜欢选择看起来有些刻板甚至压抑的老厂房、老仓库进行创作、创业？原因就在于这个空间里有着前人创新创业的气息，这里已经是当地文化繁衍的栖息地。每一代人都在历史蓝本上进行新的演绎。

　　保护利用这些文化，是为官一任对地方和历史必须有的交代，也是当地社会各界共同的责任。如果能通过特色文化产业和旅游业达到目的，是最好不过的，毕竟市场的办法、产业的手段，既能产生社会效益，又能产生经济效益，让游客能沉浸到一个主客共创的情境中，让这里的居民享受前人创造的文化福荫。事实证明，这方面的可能性不可限量。如果暂时不能产生经济效益，也要放长眼量，先把它们保护下来，传承下去。

　　第二是文化创意。城市更新要解决好历史与现实、文化与生活的关系，创意的转换作用至为关键。这是一个创意的时代，理论上说，文化创意在哪里都可以彰显身手。2014年2月，国务院出台《关于推动文化创意和设计服务与相关产业融合发展的若干意见》，从国家层面大力推动创意经济，取得突出成效。在创意经济方面影响最大的英国学者约翰·霍金斯，曾结合中国现实提出，人人都是创意产业的一部分，每个人都可以投入创意。从历史上看，是创意直接导致了发明的产生，在中国古代，有很多世界级的贡献，如造纸术、印刷术等，这说明中国人自古以来的创意意识就很好，科学技术水平也非常强。他认为过去的几十年中国发展得很快，与创意作用的发挥有着密切的关系。他的判断，说明旁观者清。

　　霍金斯把创意分为不断升级的版本，他本人最初也是从文化产业的角度切入创意这个题目的，并且推动了英国的文化产业，然后再泛化为把文化元素融入相关行业，特别是融入实体经济。在城市更新中，也可以按照这样的阶序，发挥创意的作用。首先看能否把红色文化、历史文化、乡土文化等地域性文化元素，通过创意与现代生活结合起来，有条件的话，还能以此形成特色文化产业或旅游业。进而考虑通过创意，把地域性文化元素与城市其他产业融合在一起，相互赋能。不止如此，创意还可以在城区发展规划、活动组织等方面发挥作用。

　　第三是文化情怀。文化情怀是一个民族或人类共有的价值判断、生活方式、行为模式和情感表达，是理性与感性的结合体，它更多地表现在平常的工作和生活中，每当面临困难、危机，面对弱势和将要毁灭的对象时，又会得到唤醒和强化。这是维护和推动文化发展、推动民族和人类进步的力量，是有理想、有温度、有激情的力量，铁一般坚定，水一般柔情。这些年，很多社会方面进入乡村，特别是艺术家、设计师、创客，是带着一份强烈的情怀的，面对城市更新，同样需要这种情怀。乡村振兴与城市更新两方面从边缘化进入社会视野，就已经体现了这个大文化时代的大情怀。

还是与乡村振兴一样，在城市更新中，情怀可以表现为慷慨激昂的家国大义，也可以表现为"最抚凡人心"的烟火气息；可以表现在宏观布局上，也可以表现在末端细节处。情怀当然要宣讲，要向各相关部门、合作企业表达，向当地居民表达，但是，政府工作最终要落实在政策规划、项目举措上，企业家、艺术家、设计师、创客也最终要落实在产品和服务中，而不是停留在口号上，或者是自我安慰甚至自欺欺人。

文化内容、文化创意、文化情怀，可以形成由外及里、由实向虚的三个梯次，相互配合、推动和深化：

首先，文化内容是基础。这是一个城市的天赋与经历的结晶。文化内容无处不在，有道是，你心中有什么才能看到什么，只有想发现价值才会发现价值。要让文化在一个地方的城市更新中有所作为，就要做一些功课，争取扎得深一些，才能认识这个地方的文化，把有价值的东西发掘出来；也只有打好这个基础，才能更好地发挥创意，表达情怀。

其次，文化创意是纽带。文化创意是文化内容呈现必然要经过的环节，只有经过它的转化，或者说"点化"，才能解决旧与新、审美与实用之间的矛盾。文化内容的自我呈现需要创意，把从文化内容中提炼出来的文化元素、文化符号与相关行业、相关产品和服务融合，或者是把它们巧妙地镶嵌在经过更新的建筑、街区、厂区里，这更需要创意。

最后，文化情怀是关键。汤显祖在《牡丹亭》中说："情不知所起，一往而深，生者可以死，死可以生。"在城市更新中，情怀也有这种起死回生之力。情怀是发酵剂、发动机。带着情怀，面向老城区的一切，才会有感情、有激情，真正走进来、扎下去，才会对文化内容有所发现，有所感悟，激发创意灵感，有创新创造的激情。

任何城市的历史都有独一无二的价值，都值得穿过大半个世界来看你。保护和利用它们，是我们这一代人的又一次文化历练，也是这个地方的文化重生——这将是一个因为承载历史而自带流量的新IP，它确实有些沧桑，却是这个城市的颜值担当。

即便是从功利的需要出发，城市更新如果有文化的介入，这个地方就能从脏乱差的角落翻转为城市窗口，出彩、出政绩。对参与城市更新的企业来说，做其他的谁不会做？只有在文化上见高低，显示竞争力。

二、城市更新与乡村振兴只隔一层窗户纸

城市更新与乡村振兴是中国城乡贯穿文化旋律的两件大事。现在已有将二者并列提出的声音，但要实现二者相向而行，在工作上既相互区别，又有所统筹，还需做一些探讨，为加强彼此联系"做个媒"。

每个地方的文化都是城乡文化综合体，乡村是经度，城市是纬度，构成了当地的文化版图和精神磁场。文化的地域性比现在一般地理上所说的地带性要小得多，有很强的可接近性，城乡文化一起被时光风化，一起被时光滋养。如果你翻开各地介绍，城乡文化共用着一个索引或导览，不可分割。文化城市更新与乡村振兴，看似隔着这山那水，其实就是一层窗户纸。

诚然，城市更新与乡村振兴不在一个层级上。乡村振兴是要举全党全社会之力去完成的任务。与乡村振兴对应的是城市发展，城市更新只是城市发展的一个方面。城市更新与乡村振兴之所以会让人感到它们不期而遇，出现了"时代同框"，是因为面对着同样的矛盾和发展契机：

一是旧与新的矛盾。无论是更新城市，还是发展乡村，相对而言，都要解决老建筑与新功能、旧风貌与新生活的矛盾，不是把旧的东西都当作累赘、包袱，而是要在转换的过程中，点石成金，化腐朽为神奇，把这个城市或乡村传统的、残破的建筑，还有老的风貌和肌理，保留住、修复好、发挥作用。

二是劣势与优势的矛盾。破旧的老城、落后的乡村，已经被拉开了与时代的距离，尤其是在公共设施和服务方面，在居民生活便利方面，到了不得不改的时候。但是，事实又证明，走得太快并不一定都是好事，特别是经历了城市发展的狂奔急走，又普遍希望把握好节奏，能抬头看一眼天

光云影；希望留下一些路标，能找到回来的路；希望在历史发展的二律背反中，能取得平衡，有个心灵的港湾。回忆，已经成为今人的一种生活方式，全球如此，中国更是如此。正是在这样的视野中，老城、老村又有着新的价值。

三是困难群众与在地主人的矛盾。需要更新的城区与亟待发展的乡村，居民的主体是基层群众，而且有些是相对困难的群众。条件好的早搬走了，乡里人搬到了城里，城里人搬到了条件更好的地方。这些老居民有改变生活条件的迫切愿望，他们也有享受公共服务、过好日子的权益。他们了解这块土地，知道发生在这里的故事，对这里的一砖一瓦、一草一木有感情，因为这里有自己以及前辈生活的印迹。他们才是这方土地的"天选之人"，他们握有打开这个地方大门的钥匙。

城市更新与乡村振兴的同频共振，深层次原因是发生在城乡的产业转换。城市更新发生的地方，有的是过去的资源枯竭了，有的是过去的产业转移了，有的是曾经的主导产业边缘化了。乡村则是在城市化进程中，农民离开农业进入了城市的其他产业。而现在，就产业而言，城乡又都面临着一个有利的契机，就是加大服务业比重，特别是在农村，发展现代农业的一个突出标志就是融合其他产业，包括服务业——而文化和旅游恰恰是服务业中最具融合力的。

比产业转换更深层次的原因，是文化。

第一，文化需求。这是一个文化的时代。"文化是个筐，什么都往里装"，很多年前，这句话还带有戏谑的成分，如今，文化不只是个筐，而且是整个天地，万物充塞其间。这个判断是世界共识。十几年前，加拿大世界文化项目工程主任D.保罗·谢弗，他也是个教育家，在跑了很多国家之后，写了《文化引领未来》，现在未来已来。党的十九大把当今中国社会的主要矛盾明确为人民群众日益增长的美好生活需要和不平衡不充分的发展之间的矛盾。美好生活需要表现在物质、精神的各个方面，要千方百计地普遍提高人民群众的生活品质，而美好不美好，又在很大程度上表现为一种精神现象，因此文化上的获得感、幸福感尤为重要。从文化享有方面看，发展不平衡不充分，主要是看基层，看乡村和老城区的平民百姓。

而且，如果在城市更新与乡村振兴中充分发挥文化的作用，特别是发挥特色文化产业和旅游业的作用，将对生活在城乡两处的居民发挥其育民、乐民、富民的作用，并为广大消费者和游客提供具有地方特色和民族特色的产品和服务，满足全社会的文化需求。

第二，文化自信。今天的中国，文化自信已经成为社会性意识，有着广泛的群众基础。文化自信的突出方面，是对中国优秀传统文化的自信，而乡村是中华优秀传统文化的根脉所在，老城区也储存着这个城市的历史信息，包括曾在这里生产生活的人们的奋斗和梦想。地域的城乡文化生长于同一片土地，共同见证一方民生，承载一方记忆，"月是故乡明"是古人提出的不证自明的设定。千百年来，我们中国人用修身齐家治国平天下的思维看待世界，由近及远，推己及人，家国一体，将无数对家乡的爱连缀在一起就构成了对国家的爱。保护和建设好老城区和乡村，对增强文化自信有着重要意义。

在城市更新和乡村振兴中，把特色文化产业和旅游业嵌入进去，把地方独特的文化资源转化为产品和服务，这是一个对本地历史文化、城乡文化的再发现和再利用的过程，也是一个深化对家乡认识的过程。而消费者和旅游者购买这些产品和服务，就是用自己掏腰包的方式表达对这种文化价值的认同，是最"货真价实"的认同，会进一步强化这里居民对家乡文化的信心。所以，文化在城市更新、乡村振兴中的复活，是主客双方在心中对这块土地历史的复盘。

第三，文化融合。各地的城市更新与乡村振兴，情况千差万别，所要依托和发展的产业以及环境也大不相同，文化进入的方式、占有的分量也不尽相同。而融合，为文化的普遍介入提供了条件。或者是以其他产业为主业，融入文化元素；或者是以文化产业为主，融入其他行业，文化总能找到合适的位置，在融合中与其他行业相互赋能、相互添彩，共同支撑起老城区和乡村的产业，让这些地方富起来、美起来。

文化与旅游融合在旧城改造和乡村发展中可以更广泛地利用。我们要把城市和乡村都建设成为美丽城市、美丽乡村，建设成为宜居、宜业、宜游的地方。在城市更新与乡村振兴的文化保护和利用中，将旅游产业植入进去，使"旧城游"与"乡村游"相互呼应，成为"周边游""身边游"

的主打项目。

要捅破城市更新与乡村振兴之间的这层纸，除了加强研究，更重要的是付诸行动：

一是政府统筹。无论是城市更新还是乡村振兴，关系国计民生，政府都负有直接责任。推动文化建设，特别是保护优秀文化，政府也是责无旁贷。目前显而易见的抓手是，《中华人民共和国乡村振兴促进法》单列"城乡融合"作为乡村振兴的刚性任务，至少可从这个角度切入城市更新与乡村振兴。

二是企业参与。要发挥文化产业和旅游业作为朝阳产业的优势，吸引企业进入城市更新与乡村振兴，也欢迎相关行业通过跨界进入文化和旅游领域。鼓励企业以市场要素的流通和产业结构的完善，探索城乡联动的新业态、新模式。支持老城区和乡村居民利用文化和旅游行业创业门槛低、产业链长、带动就业能力强的优势，就地创业就业。

三是艺创介入。艺术介入乡村已成为世界性潮流，中国艺术家、设计师也表现出很高的积极性。大量创客进入乡村，更是一种"中国创客现象"。要继续加强引导，并采取切实可行的措施予以支持。同时，要利用乡村振兴与城市更新同样需要挖掘利用地方特色文化的共同点，打通二者通道，让城乡共享地域文化资源的艺创力量。

三、城市肌理、乡村肌理、文化肌理

一个时期以来，"肌理"一词与城市联系在一起，越来越频繁地出现在专业领域。这个概念能够反映文化积累、传承的基本特征，表达中国人自古以来关于"文统"、文脉的认识，应该进一步扩大其应用范围，并为社会大众所熟知。"曲径通幽处，禅房花木深"，从肌理的角度观察城市、乡村、文化，就会发现它们的发展就是一次旅行，每天都在出发，每处各有风情，环环相扣写就了各自的壮丽史诗，步步生花构成了它们的震撼风景，这才有了中华民族和中华文化的瓜瓞绵绵。

城市肌理已经是城市规划、城市更新的常用概念，而且进入了国家政策文件，2021 年 8 月，住建部《关于在实施城市更新中防止大拆大建问题的通知》提出"不破坏老城区传统格局和街巷肌理"。所谓城市肌理，是城市在长期演进中，由地域环境与人文历史交互作用形成的积淀，主要体现在功能布局、道路交通、建筑样式、街区风格等方面，储存着不同时期人们生产生活的信息，以及他们的理念、理想，是后人寻找故乡的路径，也是破解这块土地密码的线索。城市肌理受到业界和政府部门的重视，是文化自觉、文化自信在各地城市建筑中的直接反应。

有城市肌理，当然也有乡村肌理。只是，目前还是偶见做乡村文创的艺术家、设计师和创客使用这个概念。长期以来，乡村规划不像城市规划那样的显学，甚至很多乡村就从来没有过现代意义上的规划。如今，只是在极少古村落，能听到关于先祖选择这方土地时的勘查经历和规划思路。但是，从绝大多数村落看，其形成和演变的过程，还是折射出最初的布局考虑以及后世的延续。东晋陶渊明的《桃花源记》有这样的描写："缘溪行，忘路之远近。忽逢桃花林，夹岸数百步，中无杂树，芳草鲜美，落英缤纷。渔人甚异之，复前行，欲穷其林。林尽水源，便得一山，山有小口，仿佛若有光。便舍船，从口入。初极狭，才通人。复行数十步，豁然开朗。土地平旷，屋舍俨然，有良田、美池、桑竹之属。阡陌交通，鸡犬相闻。"这是一千六百多年前带有理想色彩的乡村肌理写照，实际上仍是今天临摹的样本。

文化肌理。历史上，"肌理"一词常出现在文学作品中，比如东汉蔡邕的《弹棋赋》："肌理光泽，滑不可屡"，指器物表面纹理；杜甫的《丽人行》："肌理细腻骨肉匀"，指人的皮肤纹理。作为对语言表达的比喻也很早，东汉张衡的《西京赋》："剖析毫厘，擘肌分理。"刘勰的《文心雕龙·时序》："擘肌分理，唯务折衷"，"肌理"逐步向文学理论乃至文化理论范畴演进。清代翁方纲提倡"肌理说"，其要义有三：一曰活法，二曰实学，三曰义理，代表了大部分乾嘉学者的诗学观点，包括桐城派在内的文学流派都基本持这样的主张。但当时中国社会和文坛已呈暮气，而与新的生产关系相联系的流派，如公安派、性灵派相继兴起，"肌理说"受到"误把抄书当作诗"的批评（清袁枚《访元遗山论诗》），"肌理"一词由此在文学艺术理论中陷入沉寂。经历社会和文化的螺旋式发展，在现代生活中活化传统、复归中华美学又成为社会目标和文化方向，特别是中华优秀传统文化流失严重，已经危及城乡特色和民族根脉，总结中国文化史上复归传统理论的得失，借鉴其中的经验乃至于概念也非常重要。实际上，无论是城市肌理还是乡村肌理，都具有文化的特征，是城乡生活在物质空间的重重累积，也是城乡文化的层层叠加。因此，应将"肌理"一词"迎回"文化理论，让这个一度是中国文学理论上的热词更广范围、更高层级地活化，也就是翁方纲向往但未能做到的"活法"。

中国的文化传统，是人本位而非神本位，把家族传承、人丁兴旺视为责任，血缘宗法制度规范着国家、家族、个人的生活方式，不仅看重自己姓什么，而且看重在这个姓中属于哪一支、哪一辈，并且用家族规定的姓和辈分取名，由此形成各自家族牒谱，传承有序，如果混乱了，则与禽兽无异，"不知其可也"。推己及人，由近及远，政治关系、社会关系都是这种关系的放大。所以，我们不仅重视自己的根系，而且重视从这个根系长出的树干、树枝、树叶，重视长成枝繁叶茂大树的过程。这使我们的文化能在回望中看清走到今天的每一步，知道自己应该从哪里起步，并且如同每个辈分的前人一样，担起继往开来的责任。

这种既认准源头又沿波讨源，既仰望绿叶又振枝寻叶，既重视起步又重视过程的文化心理，是形成文化肌理的内在动因。这样的文化特征首先表现在文人传统中。孔子从小就喜欢演习周礼，用"述而不作"的方式带学生。中国历史上文学复古运动一次次兴起，并且涌现出韩愈等唐宋八大家为代表的杰出作家，他们一方面继承传统，一方面又像韩愈所说的"唯陈言之务去"。这种传承特征也表现在通俗文学、大众文艺上。《三国演义》来自《三国志》，中间又经过了三国评书阶段，虽然已经成为读本了，但仍然用"章回小说"的方式有意保留评书遗迹，比如"且听下回分解"，用的是"听"而不是"看"。唐代元稹创作了《莺莺传》，到了宋代有赵令畤《商调蝶恋花》鼓子词、《莺莺传》话本、《莺莺六幺》杂剧，金代有董解元《西厢记诸宫调》，元代有王实甫《西厢记》杂剧，明代有李日华《南调西厢记》、陆采《南西厢》，清代有查继祖《续西厢》杂剧、沈谦《翻西厢》传奇等。直到今日，它仍是影视、戏剧的翻新题材。宋词的不少词牌最初都是与具体内容相关的，经过不断"新翻杨柳枝"，只是在基调上保留着原有意味。这是文学艺术创作上的一种很重要、很独特的"中国现象"。

由城市肌理推及乡村肌理，又进而推及文化肌理，是希冀在城市更新、乡村振兴和文化复兴中，能从"肌理"的角度把握其共同规律：

一是传承。文化发展是代际传递、层层累积的过程，城市肌理、乡村肌理、文化肌理，就是在这种年复一年、日复一日的光阴荏苒中形成的年轮挂图。每一代人都是在前人的基础上迈开自己新的步伐，积跬步以致千里，聚细壤以成泰山。这种文化接力，中间某一棒可能因为时代或个人原因，表现出非同一般的爆发力，如在家族，则是族人光荣，如在国家，则是国家英雄。但是，每一棒也都很重要，都有跑好自己这一棒的责任，既要守成，也要创新。从文化肌理的角度强调文化传承，意在梳理文化发展的每个环节、细节，突出每代人的角色分量。

二是特色。不同国家、民族、城市、乡村乃至家族，由于禀赋、渊源、经历不同，都有自己的特色。每一代人的传承过程，也都是坚守特色并且不断强化特色的过程。站在文化多元的立场上，文化特色没有优劣之分，尤其是不同城市、乡村之间的特色各有其价值，各有其祖祖辈辈既受之哺育，又为之奉献的精神力量。标出文化肌理的理念，是希望通过"肌理"这个对于皮肤肌肉纹理的比喻，唤醒对不同城市、乡村、文化的独特感知，包括由点、线、面、色彩等构成的质感，平滑或凹凸、细腻或粗犷、优雅或明亮、阴柔或阳刚，犹如不同的地质节理、植物纹理给人不同的体验。

三是有机。城市、乡村、文化都是有机体，都有其生命基因和发展轨迹，有时如草蛇灰线、伏脉千里，有时如山岭腾浪、逶迤天际。不同的元素，依照各地的内在规律组织、排列、构造，也接受外在力量的镌刻、浸润、冲蚀、锻打，沉积成体，混成一物。这种文化构造运动，看似羚羊挂角，无迹可求，在平常日子里感觉不到它的发生，但只要从"肌理"角度去寻绎，便会有鲜活的视觉传达扑面而来，还有生机勃勃的触觉、听觉、嗅觉等综合性审美感受。这种有机性保证了城市、乡村、文化肌理的整体性、生态性，也由此带来审美创造与体验的立体式、沉浸式。

　　四是繁盛。历史上，中国社会的基础是血缘宗制，人丁兴旺、立国兴邦是深及国家、城乡、家庭的理想。《诗经》中的《国风·周南·螽斯》以繁殖力很强、生命力旺盛的螽斯，表达"宜尔子孙的祝愿"；《国风·周南·麟之趾》以古代传说中的神兽麒麟为喻表达"于嗟麟兮"的祝愿，祝福其子孙昌隆，品行高洁。一部《诗经》，其"风""雅""颂"三个部分，很多都是这种关于从家族到城乡，再到国家兴盛的史实、祝愿。而《孟子》说的"君子之泽，五世而斩"则给我们这个注重家族传承特别是文化传承的民族以警醒。在今天仍然留存的古村落中，特别是在祠堂中，还有这类薪火相传、克绍箕裘的励志族训和家规，既有成家立业的现实要求，又有光宗耀祖的宏大愿景，人的繁衍与文化的繁衍具有同步性和共生性，家族香火与文化香火烛照每一片土地、每一代人。只有理解了这种中国传统，才会理解中国人独特的经典意识和创作经典的过程，才会理解作家、艺术家既渴望作品名动一时，又可以像司马迁说的那样，让自己的作品"藏诸名山，传诸后世"。而今天我们期待文化的发展繁荣，是历史上这种梦想的回响。

　　历史是我们生活的另一个维度，它与未来形成了生活诗意的张力。人不可能生活在对历史无感的世界，正如同不同处于完全不认识、够不着、被不可知力量支配的黑箱。生活的光亮既来自对未来的畅想，又来自对过去的发掘。我们所处的城乡，是保存过去的容器，文化肌理则是指引我们回忆的路标。拂去尘封，凝视这些文化肌理，如同抚摸布满岁月痕迹的老物件，正是它使得每一片土地都被独特的节奏、符号、韵律所笼罩，也让生活在这些土地上的人摆脱了千篇一律的生命模板。

　　我们熟悉脚下的这片土地，是因为熟悉这片土地的文化肌理。文化肌理既受时空加持，又穿越时空。提出"文化肌理"的理念，是期待从中国优秀传统文化的角度，理解各地文化的演变逻辑和展开脉络，在历史中爬罗剔抉，兴象深微，并把这样的肌理融为今人的内在血肉。

四、城乡文化用三针：插针、扎针与绣针

在城市更新与乡村振兴中发展文旅产业，当然不排除做大项目，但是在大多数情况下，还是要用"三针"：插针、扎针、绣针。它在当今中国的巨型屏风上，纳入生活和理想的丝线，在方寸之间盛放山水天地，用冲沙细浪形成历史视野中的波澜壮阔——这将是文旅发展的深化，是有关城乡故事的新的叙事方式。

第一针：插针，即所谓见缝插针。文旅产业固然需要大的空间施展身手，大开大阖，大刀阔斧，大手笔，大制作，但是这样的机会毕竟是有限的。文旅产业是现代产业的后起之秀，异军突起是近些年的事，很多城乡规划并没有为它预留位置。这是如今发展文旅产业的客观条件限制，解决用地问题，仍是需要突破的政策瓶颈。但换个角度看，做文旅产业，大有大的好处，也有大的难处。以中小微企业为主体，仍然是文旅行业的基本特征，利用零零碎碎、边边角角的地方做项目，也是这个行业的拿手好戏。即便是大型文旅企业，特别是平台类企业，主要也是依托聚沙成塔的城乡空间和市场力量。因此，采取柔软的身段、灵活的技巧、四两拨千斤的力道，把项目楔入进去，纳须弥于芥子，藏日月于壶中，化有限为无限，这是现实的选择，也是智慧的选择。

第二针：扎针，即所谓针灸。在城市更新和乡村振兴中做文旅产业，面对的往往是沉睡的文化资源，需要找准位置，拿捏方法，把它们激活。有乡村创客说："先把地方特色激活，变成资源；再进而变成资产。"可谓经验之谈。要有发现城乡文化资源价值的慧眼，特别关注能够反映当地历史和特色的文化，关注能够承载那片土地发展肌理的文化，将它们转化为适应今天消费者的文旅产品和服务。疏通经络，打通任督二脉，是针灸的优势，也是文旅产业的优势。文旅产业是社会窗口行业，给点阳光就灿烂，具有渗透、覆盖的特征，在文化自信已经成为社会集体意识的背景下，特别是在人民群众对美好生活需要日益增长带来新的供需的环境下，文化与各类产业，包括实体经济和服务经济的融合趋势明显增强，在相互

赋能、相互借力中，不仅能促进文旅产业与这些产业之间的融合，而且能成为各个相关产业之间联系、合作的媒介。

第三针：绣针，即绣花功夫。2021 年 8 月，住建部发布的《关于在实施城市更新中防止大拆大建问题的通知》，明确提出要采用"绣花"功夫，对旧厂区、旧商业区、旧居住区等进行修补、织补式更新。笔者认为，在穿针引线中，一是针要细。粗针大线，只会毁了老的城乡面目，伤及它们的文化肌理。要有耐心和定力，小心翼翼地呵护这里的文化资源，不动用造成不可逆影响甚至是破坏的任何"手术"。二是针要巧。要有飞针走线的好技能，就必须遵循文旅规律和方法，得心应手地调动各种手段，包括科技、金融等手段，还要增强适应市场的能力。三是针要活。既然是"绣花"，就要有好的创意和表现手法，精思巧构，画龙点睛。要发挥文旅的审美长项，精准把握文旅消费特征和趋势，特别是把握当地文旅市场的需求，实现特色文化资源与现代文化、时尚文化、流行文化的有效对接。

这"三针"应根据各地条件，因地制宜，因势施针。归纳起来，主要方式是：

聚焦式。城市更新、乡村振兴中可利用的片区、单体建筑乃至单间，要把文旅内容装进去。首先可考虑安排公共文化服务，比如图书室、电子阅览室、文化室，以及用于其他文化活动、培训等。各地图书馆正在往社区拓展城市书房（尚不知有没有"乡村书房"）等新型服务方式，把种种公共文化服务嵌入城乡居民的生活空间。城乡居民公共文化服务过去欠账多，尤其是乡村，而居民的文化需求在增长，腾退出的空间用于这类以便民利民为宗旨，具有公益性、开放性特征的文化服务，"性价比"是最高的。还可以把目前普遍生存困难但大众喜欢的实体书店纳入支持范围。在这样的地方发展文创产业也是很好的选择，文创的特点就是不仅自身产生效益，还能产生辐射作用，优化生产生活空间。一个时期以来，全国众多地方在利用旧厂房建设文创园区方面有成功实践。而文创园区的新一轮转型升级，也是山雨欲来。要千方百计地增强其吸引力，强化品牌意识，做到小而美、小而特、小而精。

散点式。城市更新与乡村振兴中腾挪出来的空间，应根据情况布置文旅内容，既可以独立运作，又可以采取网格化联动运作；既可以由小微企业独立承担，也可以由中型乃至大型企业发挥平台大、资源多、抗风险能力强的优势，统一规划和利用。这些年发展文创园的经验表明，太小规模的厂区、厂房做文创园区困难较大，以至于有专家呼吁避免园区因"小而散"带来一系列问题，提出要防止园区一哄而上。笔者认为，这类"小而散"的空间，可以用于做文创，甚至只适用于做文创，应该用创新的思路去解决存在的问题，而不是弃之不用。比如，探索由实力较强的文旅企业统筹运作这类空间，如果涉及的产权所有方或相关利益方较多，各地相关主管部门应发挥牵线搭桥作用，积极促成相关合作，并提供有效的服务。

融合式。在城市更新与乡村振兴中，把单独的或连片的文化项目嵌入进去，当然很好。如果没有条件，也可以整体上把城乡空间当作"可居、可业、可游"的场景来运作。理论上，老城区、乡村，各有历史累积，也各有文化特色，因此具备了旅游开发的资源，把老城游、乡村游、周边游、研学游、亲子游等旅游业态植入进去，在当地已有的或将做的其他业态的基础上做加法，与这些业态相互赋能、相互带动。其实，在上述聚焦式、散点式方法的基础上，实施融入式，效果会更好——毕竟是有了小小的根据地，有了打进去的楔子，有了发酵的菌株。

以"小"为特征的"三针"，区别于大拆大建、大轰大嗡、大兴土木。一个时期以来，有些通过大投入建成的大体量仿古建筑，里面摆满了这个"玉"，那个"木"，都是名贵之物，可以说令人震撼，也可以说触目惊心。如此重视文化，后人会不会认为我们这代人太愚蠢了？这些所谓的"传统文化建筑"，使用率极低，建成之日就是死亡之日，不管资金来自政府还是社会，都是对资源的一种浪费。不只如此，还形成了不好的文化导向，它不符合中华民族节俭戒奢的传统，不符合基本国情，没有看清当今中国的主流仍然是崇真尚朴。这种土豪式做法，是资本驱动下的任性妄为，品位很差，趣味很低，吃相难看，它不是爱传统文化，而是毁传统文化。

建设现代风格的文化设施，也要考虑我们中国人的审美心理。诚然，目前城市建筑普遍需要在创意设计上下功夫，鼓励创新。迄今出现的很多借鉴西方建筑风格的作品，不乏成功之作，丰富了我们的建筑文化，更重要的是营造了中国文化开放包容的氛围。但是，一些建筑刻意与中国传统文化与生态理念叫板，超大超高，炫富显贵，媚俗浮夸，甚至违反建筑的基本逻辑和审美规律，以致有网友说"气到令人晕厥"，这应引起相关部门的关注。社会建筑归属各个方面，但在建筑文化上，文化设施建设要带个好头。

从本质上说，城乡文化用"三针"，就是文化工作进一步下沉，面向基层，面向生活，面向群众。为文化找位置，如水银泻地，无孔不入，并且随形就赋，笔随意转。在方法上，如同轻骑兵，以小博大，以少胜多；又如满天星斗，照亮生活的每个角落。这是文化工作的返璞归真，回归大地，是用平实的方法向平实的百姓发出邀请，进入他们心中的柔软一隅。人在哪里，文化就在哪里，旅游就在哪里，文化旅游地图将不只是几个地标式的建筑或著名景区，而是蜂巢般的文化、旅游布局，文化和旅游成为时时可享的生活，文化创造的灵感和幸福也俯拾即是。豆子都有一颗发芽的心，城乡处处细末空间都可能是文旅生长的微环境，而中国百姓人人可以成为享有与创造的"文旅达人"。